Christopher Grey-Wilson & Victoria Matthews

# Kletterpflanzen

# INHALT

# Das Reich der Kletter-pflanzen

# EINFÜHRUNG

In duftende Heckenkirschen gehüllte Bögen und von Waldreben oder blau blühenden Glyzinen bewachsene Mauern bilden im gemäßigten Klima wunderschöne Blickfänge. In den Tropen und Subtropen sind die Blütenfarben oft lebhafter und die Blätter eher unauffällig – denken Sie an Bäume, die von wüchsigen, violett blühenden Bougainvilleen eingehüllt werden, an durch Goldtrompeten *(Allamanda)* gelb gefärbte Bögen oder von orange blühender Feuerranke *(Pyrostegia)* geschmückte Mauern. Kletterpflanzen bilden eine große, faszinierende Gruppe von Gartenpflanzen und gedeihen an vielen vertikalen Flächen.

Die Auswahl an reizvollen Kletterpflanzen ist sehr groß und manchmal fast überwältigend. Oft ist es spannend und schön, passende Kletterpflanzen für den Garten auszuwählen; die schier unendliche Vielfalt von Formen, Farben, Düften und Blättern bereitet Gartenfreunden viel Freude. Kletterpflanzen verleihen dem Garten eine zusätzliche Dimension. Wenn man sie sorgsam aussucht und geeignete Standorte wählt, können sie ein unentbehrliches Element der Gartengestaltung sein und wichtige vertikale Blickpunkte bilden. Schon für sich allein lassen sich mit Kletterpflanzen interessante Effekte erzielen; in Verbindung mit anderen Pflanzen, vor allem Bäumen und Sträuchern, verschönern sie den Garten jedoch besonders und erfreuen uns viele Monate im Jahr. Manche Kletterpflanzen wie zum Beispiel Efeu eignen sich sogar als Bodendecker!

Mauern und Zäune lassen sich besonders gut mit Kletterpflanzen begrünen. Die Mauern von Gebäuden sind oft so hoch, dass auch wüchsige Arten hervorragend an ihnen gedeihen. Hässliche Mauern und Zäune lassen sich sehr gut unter dichten Trieben und Blättern verstecken und werden dann zu bestimmten Jahreszeiten durch schöne Blüten, hübsche Früchte oder auffälliges Herbstlaub geschmückt. Es gibt jedoch noch viele

LINKS *Ein von Rosen bewachsener Bogen aus Gitterwerk spendet dem Eingang eines »Raums« im Garten während des Sommers einladenden Schatten.*

RECHTS *Die Rostrote Rebe* (Vitis coignetiae) *färbt sich im Herbst leuchtend rot. Ihr dichtes Laub kann eine Mauer oder einen Zaun vollständig verdecken.*

andere Möglichkeiten, Kletterpflanzen Halt zu verschaffen, zum Beispiel durch Gitterwerk, Bögen, Pergolen, Obelisken und Lauben. Speziell für Kletterpflanzen aufgestellte, stabile Holzpfähle oder dreibeinige Gerüste können zu Blickpunkten im Garten werden. Natürlicher wirken Kletterpflanzen, die in Bäumen und großen Sträuchern emporwachsen. Die eindrucksvolle Wirkung, die dabei entsteht, ist keineswegs nur in Gärten warmer Gebiete zu erzielen. In kühlerem Klima wirkt eine wüchsige Sorte der Berg-Waldrebe *(Clematis montana)* oder Kletterhortensie *(Hydrangea petiolaris)* in einem Baum oft sogar viel exotischer.

Mauern und Zäune geben aber nicht nur Halt, sondern auch Schutz. In kühleren Gebieten kann man an geschützten Mauern empfindlichere Kletterpflanzen halten, die in den offenen Bereichen des Gartens erfrieren würden. Zudem bieten Mauern und Zäune unterschiedliche Lebensräume – sie eignen sich für Arten, die sonnige Standorte benötigen, ebenso wie für Pflanzen, die Halbschatten oder Schatten bevorzugen.

Kletterpflanzen gedeihen nicht nur im Freiland. Immer mehr Gärten verfügen über Gewächshäuser oder Wintergärten, in denen sich etwa tropische und subtropische Kletterpflanzen kultivieren

lassen, die zum Teil nur sehr wenig Wärme benötigen, um den Winter unbeschadet zu überstehen.

Kletterpflanzen besitzen unterschiedliche Lebensformen. Einjährige müssen jedes Jahr neu aus Samen angezogen werden. Sie sind raschwüchsig und schön, eignen sich besonders für weniger dauerhafte Standorte und sind meist preisgünstig, weil man sie gut aus Samen anziehen kann. Kletternde Stauden sterben alljährlich im Herbst bis zum Erdboden ab und treiben im Frühjahr erneut aus. Die meisten Kletterpflanzen jedoch besitzen ein dauerhaftes Astgerüst und sind kletternde Sträucher. Kletternde Heckenkirschen und viele andere Kletterpflanzen sind sehr eng mit nicht kletternden Sträuchern verwandt. Das Astgerüst kann zart und leicht sein, im Laufe der Zeit aber auch sehr massig, schwer und ausladend werden. Alle beschriebenen Typen von Kletterpflanzen eignen sich für Gärten. Viele bevorzugen sonnige oder halbschattige Standorte, doch können manche sogar in tiefem Schatten noch gedeihen.

*OBEN Großblütige Waldreben (Clematis) passen hervorragend zu im Sommer blühenden Sträuchern.*

*LINKS Bei männlichen Pflanzen des Amur-Strahlengriffels (Actinidia kolomikta) sind die Blätter ebenso dekorativ wie die Blüten. Hier sorgt eine Ölweide (Elaeagnus pungens 'Variegata') für schöne Kontraste.*

# KLETTERPFLANZEN IN DER NATUR

Kletterpflanzen kommen fast überall auf der Welt vor. Sie wachsen in kühl-gemäßigten Gebieten ebenso wie in den Tropen und Subtropen, wo ihre Vielfalt am größten ist. Wo es feucht und heiß ist, finden sich in fast jedem Wald Schling- und Kletterpflanzen, die bis hoch ins Blätterdach wachsen und ein Gewirr von Trieben bilden, das sich über beträchtliche Entfernungen erstrecken kann. Auch in Bergwäldern und Strauchgesellschaften kühlerer Gebiete sind Kletterpflanzen ein wesentlicher Bestandteil der natürlichen Flora. Sie füllen eine wichtige ökologische Nische aus: Kletterpflanzen benutzen andere Pflanzen, manchmal auch Felsen, um nach oben zum Licht zu gelangen und an Standorten zu gedeihen, an denen nur wenige andere Pflanzen ihrer Konkurrenz standhalten können.

Die meisten Kletterpflanzen sind raschwüchsig und bilden lange, dünne, peitschenähnliche Triebe, die bereits einen Halt suchen, bevor die Blätter sich entfalten und das Dickenwachstum einsetzt. So verankern sie die Pflanzen stabil, bevor die Triebe schwer werden und keinen tragenden Halt mehr finden. Viele Kletterpflanzen blühen im obersten Bereich und besitzen weiter unten lange kahle oder beblätterte Triebe. Die Blüten schmücken Triebe, die in das Blätterdach von Bäumen oder Sträuchern hineingewachsen sind.

Den Tropen verdanken wir einige der prächtigsten, farbenfrohesten Kletterpflanzen. Aus Südamerika kommen die goldgelb blühende Goldtrompete (*Allamanda cathártica*), viele *Philodendron*-Arten, die bekannten Bougainvilleen mit ihren oft knalligen Blütenfarben und die prachtvolle Feuerranke (*Pyrostegia venusta*). Aus der Karibik stammen die Prunkwinde (*Ipomoea horsfalliae*) und die duftende Königin der Nacht (*Selenicereus grandiflorus*), ebenso die Goldkelcharten *Solandra grandiflora* und *S. longiflora* mit ihren riesigen Blüten. Australien ist die Heimat von *Pandorea jasminoides* und *Cissus discolor*.

Aus der vielfältigen und reichen südafrikanischen Flora kommen die Bleiwurz (*Plumbago auriculata*) mit ihren blauen Blütenköpfen und die orangefarbene Kap-Trompetenwinde (*Tecomaria capensis*), die wie die Trompetenblume (*Campsis*) und die Schönranke (*Eccremocarpus*) zur Familie der *Bignoniaceae* gehört. Aus Madagaskar stammt die Kranzschlinge (*Stephanotis*) mit stark duftenden, weißen, wachsartigen Blüten, aus Indien der Arabische Jasmin (*Jasminum sambac*) und die prächtigen blaumalvenfarbenen Thunbergien (*Thunbergia grandiflora* und *T. mysorensis*). Aus

Südostasien kommen *Jasminum rex* (Thailand und Kambodscha), *Epipremnum aureum* (syn. *Scindapsus*) (Salomonen) und der legendäre *Strongylodon macrobotrys* (Philippinen) mit prachtvollen, türkisgrünen Blütenständen.

Doch auch in kühleren Gebieten sind attraktive Kletterpflanzen beheimatet. In den südlichen Anden kommen etwa *Mutisia*-Arten mit großen, leuchtend gefärbten Blütenköpfen und *Solanum crispum* und *S. valdiviense* vor. Aus China stammen viele Strahlengriffelarten (*Actinidia*), Waldreben (*Clematis*), Scheinreben (*Ampelopsis*) und Rosen, aus Japan

*LINKS* Rosa longi-cuspis *klettert durch eine Kiefer im Nord-westen Yunnans. Diese Art ist eine von mehreren wüch-sigen Kletterrosen aus Westchina.*

*OBEN* Bougain-villea *ist in Brasilien beheimatet.*

*RECHTS* Clematis tibetana *ssp.* vernayi *an einem Hang in Nepal.*

verschiedene Arten und Sorten der Gly-zine *(Wisteria)*. Als westliche Pflanzen-sammler und Botaniker diese schönen Pflanzen erstmals in ihrer natürlichen Umgebung sahen, waren sie so von ihnen begeistert, dass sie die Pflanzen mit in ihre Heimat nahmen, damit sie dort in Gärten wachsen und deren Besitzer er-freuen konnten.

Waldreben *(Clematis)* kommen so-wohl auf der nördlichen als auch auf der südlichen Erdhalbkugel vor. In der freien Natur wachsen sie meist in Wäl-dern, Gebüschen und Hecken. Waldre-ben blühen sehr schön, und viele sind mit ihren flauschigen Samenständen auch im Herbst dekorativ. Die Gemeine Wald-rebe *(C. vitalba)* ist in weiten Teilen West-, Mittel- und Südeuropas in Hecken und Wäldern verbreitet. Dort wächst häufig auch das Waldgeißblatt *(Lonicera periclymenum)*, dessen Triebe in Bäumen und Sträuchern emporklettern.

Ohne Zweifel wird man in der Natur noch weitere dekorative Kletterpflanzen finden, die noch nicht im Garten ver-wendet werden. So wurden in jüngster Zeit zum Beispiel bei Expeditionen nach China Samen verschiedener neuer *Cle-matis*-Arten gesammelt.

# WIE PFLANZEN KLETTERN

Pflanzen haben verschiedene Mechanismen entwickelt, mit deren Hilfe sie klettern. Im einfachsten Fall handelt es sich um klimmende Triebe, die ein Gerüst bilden und an den Zweigen anderer Pflanzen emporwachsen. Manchmal finden sich Dornen und Stacheln, die an Widerhaken erinnern und den Pflanzen helfen, sich an ihrem Halt zu befestigen. Viele Kletterpflanzen besitzen jedoch ausgefeiltere Mechanismen, die für eine besonders sichere Befestigung sorgen. Verschiedene Arten bilden windende Triebe, die sich um einen geeigneten Halt legen und sich fest an ihn schmiegen. Die Triebe winden stets nur in eine Richtung (im Uhrzeigersinn oder gegen ihn), und diese ist für jede Art konstant.

Manche Kletterpflanzen besitzen Ranken, die nach Halt zu greifen scheinen, wenn die Triebe länger werden. Indem sie sich um den Halt winden, befestigen sie die Triebe ganz nahe und sicher an der Unterlage. Ranken sind einfach oder verzweigt und können aus unterschiedlichen Pflanzenorganen hervorgehen. Meist sind sie abgewandelte Blätter oder Sprossachsen. Bei manchen Pflanzen enden die (meist verzweigten) Ranken mit einer Haftscheibe, die dem Halt fest aufliegt. Bei anderen Pflanzen, vor allem bei Waldreben, finden sich keine Ranken, sondern die Blattstiele winden sich rankenartig um den Halt.

Einige wenige Kletterpflanzen bilden zahlreiche, von der Sprossoberfläche ausgehende, kurze Haftwurzeln, die sehr fest haften, besonders auf rauhen Flächen, etwa einer alten Ziegelmauer, aber auch an Baumstämmen und an Felsen.

*Rechts ist die Vielfalt der verschiedenen Mechanismen illustriert, mit deren Hilfe Pflanzen klettern.*

**a** *Haftwurzeln*

**b** *Windende Triebe*

**c** *Rankende Blattstiele*

**d** *Haftscheiben*

**e** *Blattranken*

**f** *Sprossranken*

**g** *Hakige Stacheln*

---

MECHANISMEN, MIT DENEN
PFLANZEN KLETTERN –
MIT BEISPIELEN

KLIMMEND:
*Jasminum nudiflorum, Solanum crispum*

HAKENARTIGE STACHELN
ODER DORNEN:
*Bougainvillea,* die meisten Kletterrosen

HAFTWURZELN:
Trompetenblume *(Campsis),*
Efeu *(Hedera),* Kletterhortensie
*(Hydrangea petiolaris)*

WINDENDE TRIEBE:
Hopfen *(Humulus),* Prunkwinde
*(Ipomoea),* Glyzine *(Wisteria)*

SPROSSRANKEN:
Scheinrebe *(Ampelopsis),* Passionsblume
*(Passiflora),* Rebe *(Vitis)*

BLATTRANKEN:
Glockenrebe *(Cobaea),* Wicke
*(Lathyrus), Mutisia*

RANKENDE BLATTSTIELE
ODER BLATTSPINDELN:
Waldrebe *(Clematis),* Kapuzinerkresse
*(Tropaeolum)*

HAFTSCHEIBEN:
Jungfernrebe *(Parthenocissus),*
*Tetrastigma*

# KLETTERPFLANZEN AUSWÄHLEN

Es bereitet viel Freude, Pflanzen für den Garten auszuwählen. Beim Aussuchen von Kletterpflanzen sollte man sehr sorgfältig vorgehen, denn viele Kletterpflanzen sind sehr wüchsig und werden für so manchen ihnen zugedachten Standort rasch zu groß, selbst wenn man sie regelmäßig schneidet. Daher ist es ratsam, genau zu berücksichtigen, wie viel Platz sie benötigen. Pflanzen, die an Mauern und Zäunen emporklettern sollen, benötigen geeignete Kletterhilfen wie Gitterwerk oder Drähte. Diese werden am besten vor der Pflanzung angebracht *(siehe S. 22)*. Vor allem bei alten Gebäuden sollte man besser auf selbstklimmende Pflanzen verzichten, weil sie Mauern und besonders den alten Mörtel schädigen könnten.

Zu den optischen Merkmalen, die bei der Pflanzenauswahl eine Rolle spielen, gehören die Farben von Blättern und Blüten. Diese sollten stets zum Halt passen – zum Beispiel einer grauen Natursteinmauer, einer roten Ziegelmauer oder einem Holzzaun. Man sollte sich auch fragen, ob die Kletterpflanzen mit den benachbarten Gewächsen harmonieren, wann und wie lange sie blühen, ob sie immergrün sind oder ihr Laub im Herbst verlieren. Sommergrüne Kletterpflanzen eignen sich kaum dazu, hässliche Strukturen zu verstecken!

Für welche Pflanzen Sie sich entscheiden, hängt natürlich von Ihrem ganz persönlichen Geschmack ab. Achten Sie aber darauf, dass die ausgewählten Pflanzen mit den Standortverhältnissen Ihres Gartens zurechtkommen! Im Zweifelsfall können Besuche in nahe gelegenen Gärten und Parks sehr aufschlussreich sein. Sie müssen hierbei jedoch berücksichtigen, dass die Bodenverhältnisse sich auch auf kleinem Raum stark ändern können. Wenn Sie schauen, welche Pflanzen in Ihrer Nachbarschaft wachsen, erhalten Sie oft weitere wertvolle Informationen.

Kaufen Sie nur kräftige und gesunde junge Pflanzen! Es lohnt sich immer, bei großen, renommierten Baumschulen oder Gärtnereien zu kaufen und seine Pflanzen dort selbst auszusuchen, denn dadurch ist gewährleistet, dass Sie gesunde Pflanzen kaufen und genau das bekommen, was Sie haben möchten. Kaufen Sie niemals Pflanzen, die Anzeichen von Schädlings- oder Krankheitsbefall aufweisen, oder Pflanzen, die schon alt sind und in zu kleinen Töpfen wachsen.

*OBEN LINKS Die Kletterhortensie* (Hydrangea petiolaris) *klettert ohne Hilfe an Mauern und Zäunen empor.*

*LINKS Wählen Sie blühende Kletterpflanzen, deren Farben zueinander passen und mit dem Untergrund harmonieren. Hier wachsen Waldreben* (Clematis) *und Amur-Strahlengriffel* (Actinidia kolomikta) *neben Storchschnabel* (Geranium psilostemon) *an einer Mauer.*

Bei der Auswahl Ihrer Kletterpflanzen sollten Sie die folgenden Kriterien beachten, von denen einige in späteren Abschnitten noch genauer besprochen werden.

### Größe

Wie groß wird die ausgewachsene Pflanze? (In diesem Buch finden sich zahlreiche Angaben hierzu.)

### Gewicht

Wie schwer wird die ausgewachsene Pflanze? Manche Kletterpflanzen bilden lange Triebe, bleiben aber relativ leicht. Andere, zum Beispiel Glyzinen und Bougainvilleen, werden mit der Zeit oft sehr voluminös und schwer. Sie benötigen einen robusten, dauerhaften Halt.

### Pflege

Wie viel Pflege benötigt die ausgewählte Kletterpflanze? Wenn sie oft geschnitten und angebunden werden muss, sollte ihr Standort gut zugänglich sein, und man sollte nicht über andere Pflanzen steigen müssen, um sie zu erreichen. Kletterpflanzen, die einen regelmäßigen Schnitt benötigen, sollte man nicht in Bäume klettern lassen, weil man sie darin kaum mehr erreichen kann.

### Kletterhilfen

An Zäunen, die gestrichen werden müssen, und anderen Kletterhilfen, die regelmäßige Pflege brauchen, sollte man keine Klettersträucher ziehen, sondern lieber eine der zahlreichen kletternden Stauden pflanzen, deren oberirdische Triebe im Herbst absterben.

*UNTEN LINKS Mit goldblättrigem Hopfen (Humulus lupulus 'Aureus') kann man sehr gut Gitterwerk begrünen, das man oft streichen muss, denn er stirbt jedes Jahr bis zum Erdboden ab.*

*UNTEN Prachtvolle Blüten schmücken diese Kapuzinerkressenart (Tropaeolum tricolorum) im zeitigen Frühjahr. Die Mauer speichert Wärme und gibt zusätzlichen Schutz.*

Es kann viele Jahre dauern, bis man eine gelungene Pflanzenkombination gefunden hat. Hier sind Gartenbücher hilfreich, die zahlreiche Möglichkeiten vorstellen. Was für einen Garten passend ist, kann anderenorts unpassend sein; was einem Gartenbesitzer gefällt, mögen andere überhaupt nicht. Vorlieben für Farben, Formen und Wuchsbilder sind etwas ganz Individuelles. Zusammenstellungen von Pflanzen können sorgfältig geplant werden, doch oft ergeben sich die besten Kombinationen per Zufall. Viele Kletterpflanzen passen gut zu verschiedenen Bäumen und Sträuchern, aber auch zu anderen Kletterpflanzen. Die meisten Kletterpflanzen sind sehr wüchsig und können benachbarte Pflanzen leicht überwuchern. Wenn sie sehr schwer werden, können sie alte Mauern und sogar recht große Bäume zum Umstürzen bringen.

### Waldreben mit anderen Pflanzen kombinieren

Bestimmte Kletterpflanzen harmonieren sehr gut miteinander, zum Beispiel Kletterrosen und Waldreben. Vor allem die großblütigen und die Viticella-Sorten passen sehr gut zu Rosen, unabhängig davon, ob beide gleichzeitig oder nacheinander blühen. Wenn beide zur gleichen Zeit geschnitten werden müssen, ist die Pflege sehr einfach. Dagegen wäre es unpraktisch, die wüchsigeren Formen von *Clematis montana,* die nur wenig oder überhaupt nicht geschnitten werden müssen, mit Kletterrosen zu kombinieren, die einen regelmäßigen Schnitt benötigen.

Auch Waldreben und Heckenkirschen passen gut zusammen. Die verschiedenen Farbtöne der Pflanzen und der angenehme Duft der Heckenkirschen sorgen für eine gelungene Kombination. Setzen Sie zum Beispiel *Clematis* 'Mrs. Cholmondeley' (blüht glyzineblau) oder *Clematis* 'Lady Northcliffe' (lavendelblau) neben *Lonicera × tellmaniana* (leuchtend gelb). Alle diese Pflanzen blühen im Frühsommer.

Man kann verschiedene Kletterpflanzen in große Bäume wachsen lassen und

LINKS *Die leuchtend rosafarbenen Blüten von* Clematis 'Madame Julia Correvon' *werden durch die rosa blühende Astilbe und den purpurblättrigen Fächerahorn* (Acer palmatum) *betont. Die Waldrebe klettert über die niedrigeren Pflanzen und wurde nicht über eine Kletterhilfe geleitet.*

RECHTS Clematis montana var. rubens *harmoniert sehr gut mit dem großblättrigen Efeu, der hier neben ihr an einem Zaun wächst. Die gelben Staubbeutel der Berg-Waldrebe ergänzen dabei sehr schön die golden panaschierten Efeublätter.*

vollkommen sich selbst überlassen. Beispiele hierfür sind *Akebia,* Baumwürger *(Celastrus)* und *Sinofranchetia* sowie die robusten Sorten von *Clematis montana* und *C. viticella.* Bäume, die ohne Blüten oder Früchte eher unauffällig sind, können zu unterschiedlichen Jahreszeiten Blickpunkte im Garten werden, wenn Kletterpflanzen in ihnen wachsen.

Auch Sträucher bieten Kletterpflanzen sehr gut Halt. Viele Gartenfreunde finden, dass Waldreben viel natürlicher und hübscher aussehen, wenn sie in Sträuchern wachsen, so wie in der freien Natur. Am besten eignen sich Sträucher von recht offenem Wuchs, denn dann werden

Strauch und Kletterpflanze zusammen nicht zu dicht. Man muss jedoch darauf achten, dass die Kletterpflanze den Strauch nicht überwuchert, sondern beide in einem harmonischen Gleichgewicht miteinander stehen.

Verschiedene Sorten von *Clematis viticella,* zum Beispiel 'Royal Velours' und 'Ville de Lyon', können im zeitigen Frühjahr stark zurückgeschnitten werden und passen gut zu *Euonymus* 'Red Cascade', Bluthasel (*Corylus avellana* 'Purpurea') und anderen Sträuchern, deren schöne Herbstfärbung und dekorative Früchte nach dem Ende der sommerlichen *Clematis*-Blüte ins Auge fallen.

*OBEN   Rosen und Waldreben bilden eine klassische Kombination. Hier wurde* Clematis *'Etoile Violette' neben die zur gleichen Zeit blühende* Rosa soulieana *gepflanzt.*

*LINKS   Vor allem in seiner Herbstfärbung ist* Vitis *'Brant' ein prächtiges Beispiel für Kletterpflanzen, die auch allein sehr gut zur Geltung kommen.*

## Kletterpflanzen einzeln

Viele Kletterpflanzen wirken für sich allein sehr schön und brauchen nicht mit anderen Pflanzen kombiniert zu werden. Glyzinen mit ihren herrlichen, herabhängenden Blütentrauben, Kletterhortensien mit flachen, cremeweißen Blütenständen, Rostroter Wein *(Vitis coignetiae)* mit seiner wunderschönen Herbstfärbung und der Amur-Strahlengriffel *(Actinidia kolomikta)* mit weiß, rosa und rot gefärbten Blattbereichen bilden bereits als Einzelpflanzen auffällige Schwerpunkte im Garten und müssen nicht noch zusätzlich hervorgehoben werden.

## Kletterpflanzen kombinieren

Es ist oft nicht leicht, Lauben und Bögen so zu bepflanzen, dass ein harmonisches Gleichgewicht entsteht. Man kann sie mit nur einer Art oder Sorte bepflanzen, aber eine Kombination verschiedener Pflanzen ist oft sehr viel schöner. Versuchen Sie es an einer Seite eines Bogens mit der Rose 'New Dawn', die im Frühsommer rosa blüht, und an der anderen mit *Clematis* 'Jackmanii Superba', die zur selben Zeit violett blüht, oder kombinieren Sie *Jasminum officinale* (trägt im Sommer weiße, duftende Blüten) mit *Clematis macropetala* 'Maidwell Hall' (blüht im Frühjahr

tiefblau und fruchtet im Sommer, wenn der Jasmin blüht). Wer schöne Blätter besonders liebt, kann die goldblättrige Hopfensorte *Humulus lupulus* 'Aureus' mit einer goldfarben panaschierten Efeusorte oder mit einer kleinblütigen, staudenartig wachsenden Waldrebensorte (zum Beispiel 'Madame Correvon' oder 'Etoile Violette') kombinieren.

Im Mittelmeerraum wird die Goldtrompete *(Allamanda)* neben *Bougainvillea* mit aprikosenfarbenen oder blauvioletten Blüten gepflanzt. Bei den zahllosen Möglichkeiten, Kletterpflanzen miteinander zu kombinieren, sollte man aber auf eine ähnliche Wüchsigkeit achten.

# WINTERHÄRTE, BODEN UND PFLANZUNG

Die Winterhärte von Kletterpflanzen ist ein sehr wichtiger Gesichtspunkt. Es ist sinnlos, Geld für Pflanzen auszugeben, die auch im Schutz von Mauern und Zäunen bereits im ersten Winter erfrieren. Auch im kühl-gemäßigten Klima gedeihen jedoch erstaunlich viele verschiedene Kletterpflanzen, sodass die Auswahl überall groß genug ist. In subtropischen und mediterranen Gärten spielt die Winterhärte meist nur eine untergeordnete Rolle. Hier kommt es vielmehr auf Widerstandsfähigkeit gegen Dürre und Hitze an, und viele Pflanzen gemäßigter Breiten eignen sich nicht für diese Gebiete. Wer kälte- und frostempfindliche Pflanzen in kühlen Gegenden halten möchte, muss das in einem beheizten Wintergarten tun.

Angaben zur Winterhärte sollten jedoch stets mit gewisser Vorsicht betrachtet werden. Eine Pflanze, die in einer warmen, geschützten Ecke des Gartens winterhart ist, kann in einem offenen Bereich desselben Gartens erfrieren; und die Winterhärte kann auf leichten, trockenen Sandböden größer als auf schweren, nassen Tonböden sein.

## Der Boden

Wie alle anderen Pflanzen müssen Kletterpflanzen in gut vorbereiteten Boden gesetzt werden, damit sie nicht kümmern oder gar eingehen. Neben Mauern, Zäunen und Bäumen ist der Boden meist trocken und nährstoffarm. Am besten gräbt man ihn 45 bis 60 cm tief um und entfernt dabei Unkräuter und große Steine. Bei sehr schweren Tonböden oder stark verdichteter Erde kann man das Pflanzloch mit neuer Erde füllen. Reichliche Gaben an verrottetem Stallmist oder Kompost leisten vor allem auf leichten Sandböden gute Dienste, ebenso Knochenmehl und andere organische Düngemittel. Der Boden wird gut mit diesem Dünger gemischt und vor der Pflanzung ein wenig verdichtet.

Saure Böden können durch Kalken basischer gemacht werden, doch kalkreiche Böden lassen sich nicht ohne weiteres in Böden verwandeln, in denen Säure liebende Kletterpflanzen gedeihen. Wer saure Bereiche anlegen will, muss abgetrennte Räume mit saurem Boden schaffen und darauf achten, dass dieser kalkfrei bleibt. Das erfordert oft viel Geld und Zeit, und in den meisten Fällen ist es besser, auf das große Sortiment von Kletterpflanzen zurückzugreifen, denen der vorhandene Gartenboden zusagt.

### Die Pflanzung

In Containern herangezogene Kletterpflanzen können fast das ganze Jahr über ins Freie gepflanzt werden. Bei winterharten Kletterpflanzen kommt jeder Monat infrage, sofern das Wetter günstig ist. Frostempfindlichere Arten werden am besten im Frühjahr oder Frühsommer gepflanzt, damit sie vor dem nächsten Winter gut anwachsen können. Im Sommer muss gut angegossen, in trockenen, heißen Perioden regelmäßig gewässert und die frisch gesetzte Pflanze oft auch vor der heißen Sonne geschützt werden. Nachdem sie angewachsen ist (was sich meist am Austreiben zeigt), ist eine Schattierung nicht mehr nötig.

In kühleren Gebieten setzt man immergrüne Pflanzen am besten im Spätwinter oder zeitigen Frühjahr, damit die Pflanzen viel Zeit haben, um vor dem nächsten Winter anzuwachsen. Einige Gärtner bevorzugen jedoch eine Pflanzung im Frühherbst. Gibt es bereits Frost, werden immergrüne Containerpflanzen am besten an einen geschützten Ort gestellt und im folgenden Jahr ausgepflanzt, wenn es nicht mehr friert.

Sehr nahe am Fuß von Mauern, Zäunen und Bäumen sind die Verhältnisse für Kletterpflanzen trotz des geschützten Standorts nicht ideal, denn hierher gelangt kaum Regen. Man sollte den Pflanzen außerdem genug Platz lassen, damit ihre Triebe dicker und zahlreicher werden können, manche werden mit der Zeit sehr kräftig. Mauern heizen sich im Sommer oft stark auf, und dies kann Pflanzen schädigen, die zu nahe an die Mauer gepflanzt wurden. Werden sie dagegen zu weit von Mauern und Zäunen entfernt gesetzt, geht der wertvolle Schutz verloren, den diese bieten; in zu großer Entfernung vom Fuß eines Baums oder einer Pergola ist es schwieriger, junge Triebe so anzubinden, dass sie an den Kletterhilfen emporwachsen. Je nach Wüchsigkeit der Pflanzen ist ein Abstand von 15 bis 30 cm zur Kletterhilfe meist am günstigsten.

Für den Wurzelballen wird ein ausreichend großes Loch ausgehoben, sodass die Wurzeln nicht dicht gedrängt liegen. Ineinander verschlungene Wurzeln von Containerpflanzen werden etwas auseinander gezogen, damit die Pflanzen rascher anwachsen und ihre Wurzeln gut in den umgebenden Boden vordringen können. Man setzt die Pflanzen so tief, wie sie zuvor im Boden wuchsen. Waldreben können jedoch tiefer gepflanzt werden, damit sie an der Basis kräftige neue Triebe bilden.

Nach dem Pflanzen verfestigt man den Boden und gießt die Pflanzen gut an. Wenn man frisch gesetzte Pflanzen mit einer Mulchschicht umgibt, trocknet der Boden bei heißer, trockener Witterung nicht so rasch aus.

Ist am Fuß einer Mauer kein geeigneter Boden vorhanden, kann man Kletterpflanzen sehr gut in großen Kübeln kultivieren, die ebenfalls sehr dekorativ aussehen können. Als Substrat kommt fast jede Topferde infrage. Für Säure liebende Pflanzen sollten Sie ein saures Substrat wählen. Die Erde in den Kübeln darf niemals austrocknen!

# KLETTERHILFEN

Kletterhilfen müssen sicher und stabil sein, damit sie das Gewicht der Pflanzen tragen können. Es ist sehr frustrierend, wenn eine Kletterpflanze in voller Blüte zu Boden fällt, weil ihre Kletterhilfe instabil war oder man die Pflanze nicht richtig festgebunden hatte. Instabile Kletterhilfen können überdies eine Gefahr darstellen. Denken Sie daran, dass Kletterhilfen auch sehr starkem Wind standhalten müssen!

Während manche Kletterpflanzen sich selbst an Mauern und Zäunen festhalten, müssen andere sicher an den Kletterhilfen befestigt werden.

*OBEN Drähte sorgen dafür, dass die Rose 'Kew Rambler' an dieser alten Ziegelsteinmauer sicheren Halt findet.*

*RECHTS Eine von verschiedenen Kletterpflanzen bewachsene Pergola ist ein wichtiges gestalterisches Element im Garten.*

## Mauern

Hauswände zählen zu den Standorten im Garten, an denen verschiedene Kletterpflanzen besonders gut gedeihen. Pflanzen lockern die schroffen Umrisse mancher moderner Gebäude auf und betonen die schönen Fassaden vieler älterer Häuser. Bei alten oder historischen Gebäuden sollte man darauf achten, dass die Kletterpflanzen die architektonischen Details des Gebäudes nicht verdecken; bei sorgsamer Auswahl können sich beide gegenseitig besonders gelungen zur Geltung bringen. Es ist wunderbar, beim Blick aus einem Fenster durch einen hübschen »Rahmen« aus blühenden Kletterpflanzen zu sehen und den angenehmen Duft von Heckenkirschen im Haus wahrzunehmen.

Kletterpflanzen wachsen so gut an Mauern, weil diese ihnen Schutz bieten. Nahe am Haus ist es das ganze Jahr über etwas wärmer als in den offeneren Bereichen des Gartens, und so gedeihen auch weniger winterharte Pflanzen an Hausmauern in geschützten Lagen. Dadurch vergrößert sich das Sortiment an Kletterpflanzen, die im Freiland gedeihen. Mauern, die in unterschiedliche Himmelsrichtungen weisen, eignen sich für verschiedene Kletterpflanzen. Schattige Mauern sind in dieser Hinsicht ebenso wertvoll wie sonnige. Wo es sehr heiß wird, sind schattige Mauern besonders wichtig, denn sie sorgen für eine kühlere Umgebung, in der Kletterpflanzen gedeihen, denen die volle Sonne nicht zusagt.

Vielfach liest man, dass Kletterpflanzen den Mauern schaden. Angeblich zerstören sie den Mörtel, lassen den Putz abblättern und schädigen Tür- und Fensterrahmen. Dabei richten die meisten Kletterpflanzen kaum Schaden an, sondern tragen eher dazu bei, die Mauern zu schützen. Selbstklimmende Kletterpflanzen können lockeren alten Mörtel jedoch schädigen oder Rauputz abblättern lassen, und dies muss bei der Pflanzenauswahl berücksichtigt werden. Vor allem in windigen Lagen können kräftige Stacheln und Dornen den Anstrich zerkratzen, insbesondere, wenn die Pflanzen nicht fachgerecht erzogen und geschnitten werden. Das Wurzelwerk von Kletterpflanzen ist nur ausnahmsweise, etwa bei sehr wüchsigen tropischen Kletterpflanzen, so stark und ausgedehnt, dass es Fundamente schädigen kann.

### Kletterhilfen aus Holz

Alle Kletterhilfen im Garten sollten aus behandeltem Holz bestehen, damit sie nicht an der Basis faulen und bereits nach wenigen Jahren erneuert werden müssen. Robuste Pergolen und Bögen aus behandeltem Holz können viele Jahrzehnte halten!

Schon vorhandene Kletterhilfen kann man mit einem geeigneten Holzschutzmittel behandeln. Bedenken Sie aber, dass manche Mittel, etwa Kreosot, Pflanzen auch lange nach der Anwendung stark schädigen können! Neuere Holzschutzmittel bereiten in dieser Hinsicht keine Probleme, nachdem sie getrocknet sind (was meist nur wenige Stunden dauert). Vielfach wird druckimprägniertes Holz verwendet. Holzpfosten großer Kletterhilfen betoniert man am besten im Boden ein oder verwendet spezielle Haltevorrichtungen aus Metall, die in den Boden getrieben werden.

Verschiedene Hersteller bieten ein ganzes Sortiment an vorgefertigten Pergolen, Bögen und Lauben an, die man problemlos und schnell selbst zusammenbauen kann. Diese Kletterhilfen bestehen aus behandeltem Holz, rostfreiem oder mit Kunststoff ummanteltem Metall. Manche Heimwerker haben aber auch Freude daran, ihre Kletterhilfen selbst zu entwerfen und zu bauen.

Kletterhilfen sollten sich stets harmonisch in den Garten einfügen. Versuchen Sie sich vorzustellen, wie eine neue Kletterhilfe aussieht, wenn sie bewachsen ist. **Bögen** können uns in einen Teil des Gartens führen und uns einen Weg entlang oder eine Treppe hinunter auf den Rasen leiten. Beim Passieren mehrerer hintereinander liegender Bögen eröffnen sich unterschiedliche Aussichten – als ob man verschiedene Zimmer in einem Haus betritt. **Pergolen** erinnern uns an Tunnel und lenken das Auge auf entfernte Blickpunkte. **Gitterwerk** kann für Abwechslung sorgen und unterschiedliche Teile des Gartens voneinander abgrenzen, zum Beispiel den Blumengarten vom Gemüse- oder Obstgarten. **Kolonnaden** können ähnliche Effekte erzeugen, wirken aber weniger formal. Sie eignen sich besonders gut als Hintergrund für Staudenrabatten. Von Kletterrosen bewachsene Kolonnaden passen sehr gut zu Strauchrosen, und man erreicht damit, dass sich auch in einiger Höhe über dem Boden Blüten entfalten.

Von einzelnen Kletterpflanzen bewachsene **Pfähle** können eindrucksvolle Schwerpunkte in Rabatten bilden und kommen zwischen niedrigen Pflanzen besonders gut zur Geltung. Mehrere hintereinander stehende Pfähle wirken recht formal. **Obelisken, Drei-** und **Vierfußgestelle** wirken ähnlich und eignen sich vor allem für schwere und voluminöse Pflanzen. Bei den Besitzern von Cottage-Gärten waren zwanglose, zeltartige Gerüste aus Bohnenstangen besonders beliebt, denn sie waren preiswert und leicht zu bauen. An solchen Konstruktionen kommen einjährige Kletterpflanzen besonders gut zur Geltung, etwa süß duftende Edelwicken oder Schönranken *(Eccremocarpus)* mit glühend orangefarbenen Blüten. Man kann auch einen Kreis aus 2 bis 3 m hohen Stangen anlegen, der jedoch strenger und formaler wirkt. An solchen Stangen kann man etwa die zahlreichen Stangen- und Feuerbohnensorten im Blumengarten ziehen.

OBEN   Eine von der Feuerranke (Pyrostegia venusta) *bewachsene Pergola spendet willkommenen Schatten und sorgt für schöne Farben.*

*RECHTS   Eine mit Kletterrosen geschmückte Laube ist ein idyllischer Sitzplatz, an dem man den Duft der Rosen genießen kann.*

# FÜR HALT SORGEN

*OBEN Maschendraht ist unauffällig und gibt Duftwicken oder anderen zarten einjährigen Kletterpflanzen Halt.*

Glyzinen, Pfeifenwinden und andere beliebte größere Kletterpflanzen können mit der Zeit sehr voluminös und schwer werden. Sie brauchen entsprechend robuste Kletterhilfen. Mit Ausnahme von Efeu und anderen selbstklimmenden Kletterpflanzen benötigen die meisten Kletterpflanzen irgendeinen Halt. Lässt man sie zwischen Sträuchern oder anderen Pflanzen wachsen, so finden sie ihren eigenen Halt, und man braucht die Triebe nur in die gewünschte Richtung zu leiten. Wenn man Kletterpflanzen so ihren eigenen Weg finden lässt, entsteht ein zwangloses Bild, das ganz besonders den Gartenfreunden gefällt, die nicht zu viel Wert auf Ordnung und Formalität legen.

Kletterpflanzen, die an Mauern, Zäunen oder Pergolen wachsen sollen, müssen meist in die Höhe geleitet werden, damit sie nicht nur ganz unten an der Kletterhilfe wachsen, und ihrem Gewicht entsprechend stabil befestigt sein. Der Halt muss dauerhaft genug (manche Kletterpflanzen sind sehr langlebig) und leicht und sicher zu befestigen sein, ohne das Mauerwerk zu schädigen – dies ist vor allem bei alten oder historischen Gebäuden sehr wichtig.

Einjährige Kletterpflanzen und kletternde Stauden kann man an **Stäben oder Ästen** (Bohnenstangen) halten, die vielfach selbst recht dekorativ aussehen. Viele schwach verholzte Kletterpflanzen wachsen gut an einfachem **Gitterwerk**, das an einer Mauer befestigt wurde. Große und schwere Pflanzen benötigen ein aufwendigeres, stabiles System aus **starkem Draht, Halterungen und Drahtspannern**. Die meisten Gartencenter bieten verschiedene Arten von Gitterwerk an, die teilweise zusammenklappbar und leicht zu transportieren sind, ebenso verschiedene Haltevorrichtungen, mit denen man Drähte oder Holzlatten an Mauern und Zäunen, aber auch an Pergolen, Säulen und Dreifußgestellen befestigen kann.

**Gitterwerk** kann in verschiedenen Farben gestrichen werden, damit es gut zu seinem Untergrund passt. Fügt es sich optisch nicht ein, wirkt es hässlich und lässt die Kletterpflanzen nicht gut zur Geltung kommen. Man sollte das Gitterwerk stets anbringen, bevor man Pflan-

zen setzt. Gitterwerk und Drähte werden im Abstand von etwa 5 cm vor der Mauer befestigt, damit die Pflanzen genug Platz haben.

Selbst Drahtzäune können dekorativ aussehen, wenn sie mit blühenden Kletterpflanzen bewachsen sind. Sie eignen sich besonders für einjährige Kletterpflanzen wie Edelwicken oder die Zierliche Kapuzinerkresse *(Tropaeolum peregrinum)*.

### Den Halt befestigen

Die richtige Befestigung von Kletterpflanzen ist sehr wichtig und muss gut überlegt werden. Man kann nicht oft genug betonen, dass der Halt dem Gewicht der Pflanze entsprechen und so stabil sein muss, dass er sie lange Zeit, oft viele Jahre, trägt. Es ist sehr frustrierend, wenn die Befestigung unter dem Gewicht einer Pflanze nachgibt und diese auf dem Boden liegt. In solchen Fällen ist es sehr schwierig, die Pflanze erneut zu befestigen, und oft sind die Blüten beschädigt. Selbstklimmende Pflanzen müssen natürlich nicht befestigt werden, man leitet nur ihre Triebe in die erwünschte Richtung und lichtet sie aus. Für windende Arten genügen oft vertikale Drähte oder Latten, an denen die Pflanzen emporklettern können. Einige in regelmäßigen Abständen gesetzte horizontale Streben verhindern, dass die jungen Triebe bei windigem oder sehr regnerischem Wetter nach unten rutschen.

**Verzinkter Draht** unterschiedlicher Stabilität und Stärken eignet sich besonders gut, um Pflanzen an Mauern und Zäunen zu befestigen, und ist viel unauffälliger als Gitterwerk und Maschendraht. Man kann ihn mit Hilfe verzinkter, 7,5 bis 10 cm langer Schraubösen befestigen, die im Abstand von etwa 1,5 bis 2 m in das Holz oder Mauerwerk getrieben werden. Die horizontalen Drähte müssen etwa 50 cm auseinander liegen, beginnend etwa 30 cm über dem Boden. Die vertikalen Drähte werden in ähnlichen

*OBEN   Clematis montana 'Tetrarose' klettert mit Hilfe von Drähten an einem Holzzaun empor.*

Abständen voneinander angebracht. Bis etwa 3 m lange Drähte lassen sich gut mit der Hand spannen, für längere sollte man Drahtspanner verwenden, damit sie sich nicht lockern. Als Drahtspanner eignen sich verstellbare Schraubösen, die in Gartencentern und Baumärkten in verschiedenen Ausführungen erhältlich sind: Der Draht wird per Hand möglichst stramm gespannt, das endgültige Festziehen erfolgt durch Einschrauben der Öse. Für jeden Draht ist eine Schrauböse nötig. Spezielle Stahlnägel, die schnell und leicht zu installieren sind, halten die Drähte zwischen den endständigen Schraubösen. Diese Nägel sind kräftige, zugespitzte Stahlkeile, die am breiten Ende ein Loch für den Draht besitzen. Auch wenn es zeitaufwendig ist, die Drähte zu befestigen und zu spannen, lohnt sich die Mühe.

Für leichtere Kletterpflanzen eignen sich verschiedene **Nägel, Schrauben und Ösen**, mit denen man einzelne Triebe ebenso wie kurze Drähte oder Schnüre befestigen kann. Sie sind in Gartencentern erhältlich und werden direkt in die Unterlage geschlagen oder geschraubt; bei Mauern muss man zuvor Spreizdübel anbringen.

### Pflanzen am Halt festbinden

Zum Anbinden eignen sich unterschiedliche **Schnüre.** Für junge Triebe nimmt man weiche Schnur, denn sie werden leicht beschädigt. Die Pflanzen dürfen nie zu stramm festgebunden werden, denn dies kann sie einschnüren und das Dickenwachstum hemmen. Auch robuste, dauerhafte Schnüre halten in der Regel höchstens drei oder vier Jahre, manche Schnüre sogar nur ein Jahr. Mit **Kunststoff ummantelter Draht** ist beständiger, preiswert und rasch zu befestigen.

Bei schweren Trieben, die für mehrere Jahre befestigt werden sollen, sind andere Verfahren nötig. Um die Triebe gelegte Gummischlaufen (zum Beispiel Stücke alter Fahrradschläuche), die mit Draht und Nägeln an Mauer oder Zaun befestigt werden, sind besonders robust und dauerhaft. Statt Gummi kann man auch festen Stoff verwenden. Unabhängig davon, welches Material man verwendet, muss man dafür sorgen, dass die Pflanze durch das Anbinden keine Schäden erleidet.

### Kletterpflanzen erziehen

Nach der Pflanzung müssen junge Kletterpflanzen oft etwas erzogen werden. Die Kletterhilfe wurde bereits installiert, sodass die wachsenden Triebe leicht in die erwünschte Richtung geleitet werden können. Anfangs bindet man die Triebe in unregelmäßigen Abständen locker mit weicher Schnur auf, später können die Triebe ohne Hilfe klettern.

Bei Kletterrosen und anderen Pflanzen müssen die jungen Triebe regelmäßig angebunden werden. Dies braucht jedoch erst nach der Blüte zu erfolgen, wenn die Pflanzen zurückgeschnitten werden. Damit die Pflanze nahe an der Basis kräftige neue Triebe entwickelt, kann man die jungen Triebe entspitzen

*OBEN   Die Purpurwinde (Ipomoea purpurea 'Huberi') windet sich an jedem Halt empor, hier an Gitterwerk.*

und die kräftigsten von ihnen davon ausnehmen, damit sie später das Astgerüst bilden. Bei vielen Kletterpflanzen erzieht man am besten in den ersten Jahren ein Astgerüst, das fest an den Halt gebunden wird und in späteren Jahren aufeinander folgende Generationen weiterer Triebe bildet. Da diese Triebe schließlich Blüten hervorbringen, ist es wichtig, dass sie gleichmäßig verteilt sind.

Es kann recht lange dauern, bis Efeu, Kletterhortensien und andere selbsthaftende Pflanzen festen Halt gefunden haben. Vor allem starker Wind verhindert, dass die Triebe sich an den Untergrund heften. Hier ist es ratsam, lange Triebe parallel zum Fuß der Kletterhilfe am Erdboden festzuhaken. Die daraus wachsenden Seitentriebe befestigen sich viel rascher an der Kletterhilfe als die Haupttriebe und sitzen meist sehr fest.

Selbstklimmende Triebe, die nicht mehr an der Kletterhilfe haften, müssen entweder angebunden oder entfernt werden, denn sie ziehen bei windigem Wetter leicht weitere Triebe von der Unterlage fort.

# KLETTERPFLANZEN SCHNEIDEN

Viele Gartenfreunde schrecken davor zurück, ihre Pflanzen zu schneiden. Ein fehlender oder zu starker Schnitt ist jedoch nirgends auffälliger als bei Kletterpflanzen, die an Mauern, Zäunen oder Pergolen wachsen. Der Schnitt hat nichts Bedrohliches an sich – wenn man die wichtigsten Regeln kennt, kann er sogar viel Freude bereiten. Eine fachgerecht geschnittene Kletterpflanze sieht hübsch aus und zeugt vom Geschick ihres Besitzers. Ein schlechter Schnitt, der die Pflanze verunstaltet, ist dagegen ungünstiger als gar kein Schnitt. Es ist wichtig, dass der Schnitt die natürliche Wuchsart und Schönheit der Pflanze nicht beeinträchtigt.

Manche Kletterpflanzen muss man nicht schneiden. Große Pflanzen, die in hohen Bäumen emporwachsen, können meist sich selbst überlassen werden – ein Schnitt wäre ohnehin oft nicht möglich. Wo wenig Platz ist, dient der Schnitt oft der Begrenzung des Wachstums. Heckenkirschen und Rosen können Bögen und Mauern rasch überwuchern und ausfüllen, wenn man sie nicht sorgfältig schneidet und erzieht; widerspenstige Kletterpflanzen können in dieser Hinsicht Sorgen bereiten. Einige Kletterpflanzen sollten regelmäßig geschnitten werden, damit sie in die gewünschte Richtung wachsen und reich blühen. Glyzinen und viele andere Pflanzen, die an seitlichen Kurztrieben blühen, reagieren besonders gut auf einen regelmäßigen Schnitt.

Einjährige Kletterpflanzen und kletternde Stauden müssen nicht geschnitten werden. Oft muss man nur ihre Triebe leiten oder ein wenig anbinden, damit sie in die gewünschte Richtung wachsen. Am Ende des Jahres werden die abgestorbenen Triebe nahe an der Basis der Pflanze abgeschnitten.

Der Schnitt holziger Kletterpflanzen ist aufwendiger. Hier sollten Sie nicht einfach loslegen, sondern sich erst über Zeitpunkt und Art der Schnittmaßnahmen informieren, sonst fördern Sie allzu leicht das vegetative Wachstum auf Kosten der Blüte. Wie stark der Schnitt ausfallen sollte,

hängt von Ihrem Geschmack und vor allem vom verfügbaren Platz ab. Ein leichter Schnitt sorgt für ein lockeres, natürlich und weich erscheinendes Wuchsbild, das meist besonders ansprechend aussieht. Eine fachgerecht erzogene und sorgsam geschnittene Glyzine sieht mit ihren windenden Trieben oft sogar im Winter sehr schön aus, wenn sie keine Blätter trägt.

Am wichtigsten ist die Jahreszeit, in der die Pflanze blüht. Pflanzen, die im Frühjahr blühen, tragen die Blüten meist an den vorjährigen Trieben. Pflanzen, deren Blüten sich im Hochsommer und Herbst entfalten, blühen dagegen in der Regel an den diesjährigen Trieben. Der Schnittzeit-

punkt sollte so gewählt werden, dass die Pflanzen zwischen Schnitt und Blüte möglichst lange wachsen und neue Triebe für die nächste Blühperiode bilden können. Bei zu spätem Schnitt wird die Blüte beeinträchtigt, bei zu frühem Schnitt blühen die Pflanzen oft überhaupt nicht.

### Schnitt von Kletterpflanzen, die an den vorjährigen Trieben blühen

Die meisten Kletterpflanzen **blühen an den vorjährigen Trieben**. Sie sollten gleich nach dem Ende der Blüte geschnitten werden, in der Regel also im Spätfrühling oder Frühsommer. Man schneidet die abgeblühten Triebe so zurück, dass kräftige junge Triebe, die im folgenden Jahr blühen, gefördert werden. Man kann auch bis zu einer kräftigen Knospe schneiden, die anschließend austreibt. Sind zu viele kräftige junge Triebe vorhanden, lichtet man vorsichtig aus, ohne die erwünschten Triebe zu beschädigen, und entfernt dabei schwache Triebe und Äste. Das Ergebnis sollte eine dekorative, ausgewogen wachsende Pflanze mit zahlreichen Trieben sein, die im folgenden Jahr blühen.

## Schnitt von Kletterpflanzen, die an den diesjährigen Trieben blühen

**Kletterpflanzen, die an diesjährigen Trieben blühen** – meist im Sommer und Herbst –, werden am besten im Winter oder zeitigen Frühjahr geschnitten. Weil der Schnitt während der Vegetationsruhe oder zu Beginn des Austriebs stattfindet, sind zum Schnittzeitpunkt keine jungen, kräftigen »Ersatztriebe« vorhanden. Die abgeblühten Triebe werden bis zu einer kräftigen Knospe (oder einem Knospenpaar) an ihrer Basis eingekürzt, wobei das Astgerüst der Pflanze intakt bleiben sollte. Aus diesen Knospen gehen später Triebe hervor, an denen die Pflanzen blühen. Wenn man zu spät im Frühjahr schneidet, können die Pflanzen oft nicht so stark austreiben, dass eine reiche Blüte möglich ist. Kälteempfindliche Pflanzen schneidet man am besten erst, wenn keine strengen Fröste mehr zu erwarten sind. Beim Schnitt werden schwache, kranke und störende Triebe mit entfernt.

## Schnitt weiterer Kletterpflanzen

Von den oben beschriebenen Regeln gibt es natürlich auch Ausnahmen. Kletterpflanzen wie etwa Efeu, die man **wegen ihrer schönen Blätter** und nicht wegen ihrer Blüten hält, können fast das ganze Jahr über geschnitten werden. Allgemein sollte man Laub abwerfende Arten im Herbst und Immergrüne im Frühjahr schneiden. **Pflanzen, die hübsche Früchte bilden**, sollten nicht nach der Blüte geschnitten werden – sonst entfernt man die Früchte, bevor sie reifen. Solche Pflanzen

müssen, wenn überhaupt, sehr umsichtig oder gar nicht geschnitten werden. **Kälteempfindliche Pflanzen** müssen in gemäßigten Gebieten besonders sorgsam geschnitten werden. An diesjährigen Trieben blühende Arten schneidet man im Frühjahr, wenn keine strengen Fröste mehr zu erwarten sind, welche die geschnittenen Triebe oder sogar die ganze Pflanze absterben lassen könnten. **Kletterpflanzen,**

**die an den vorjährigen Trieben blühen**, müssen gleich nach der Blüte geschnitten werden, damit sie kräftige neue Triebe bilden und vor dem nächsten Winter möglichst lange wachsen können. Vom Frost stark geschädigte Triebe werden an den Pflanzen belassen und erst zurückgeschnitten, wenn unten an ihnen oder an der Basis der Pflanze neue Triebe wachsen.

## Das Astgerüst

Hat die Pflanze ein Astgerüst ausgebildet, kann man beginnen, sie regelmäßig zu schneiden. Bei allen Kletterpflanzen entfernt man im Spätwinter oder zeitigen Frühjahr alle schwachwüchsigen, kranken und abgestorbenen Triebe. Die übrigen Schnittmaßnahmen richten sich nach der Blütezeit (siehe oben). Lassen Sie nie abgeschnittene Triebenden ohne Knospen an den Pflanzen stehen, denn sie sterben nach einiger Zeit ab und sind Eintrittspforten für Krankheitserreger.

Nicht alle Kletterpflanzen benötigen einen regelmäßigen Schnitt. Viele Arten müssen nur in den ersten Jahren ein wenig geschnitten werden. Bei schwachwüchsigen Arten und jungen Pflanzen entfernt man nur so viel, dass die Bildung neuer Triebe und das Wachstum angeregt werden.

Im Laufe des Jahres wachsen oft einige Triebe von der Kletterhilfe weg und

*OBEN Bei Rosen sorgt ein fachgerechter Schnitt dafür, dass die Pflanzen reich blühen und zugleich dicht an der Mauer wachsen.*

*LINKS Wüchsige Kletterpflanzen wie diese Kletterhortensie (Hydrangea petiolaris) kann man in großen Bäumen emporwachsen lassen. Sie müssen nur wenig oder gar nicht geschnitten werden.*

stören, vor allem, wenn die Pflanze nahe am Weg wächst. Solche Triebe werden angebunden oder – wenn die Pflanze ohnehin ausgelichtet werden muss – vollständig entfernt. Beim Schnitt kontrolliert man auch Schnüre und Drähte, mit denen die Pflanzen angebunden sind, um sie gegebenenfalls zu lockern oder zu ersetzen.

Manche Kletterpflanzen (zum Beispiel *Muehlenbeckia*) bilden zahlreiche **Ausläufer**. Die meisten Ausläufer sollten an den Pflanzen belassen und allenfalls etwas ausgelichtet werden. Bei Kletterpflanzen mit einem ausgeprägten verholzten Astgerüst sind Ausläufer aber unerwünscht und werden entfernt. Dies geht am einfachsten, solange die Ausläufer jung sind. Man kann sie mit der Hand von der Pflanze abreißen. Werden sie abgeschnitten, treiben sie fast immer neu aus.

### Schnitt von Kletterpflanzen in Wintergärten

Viele tropische und subtropische Kletterpflanzen blühen sehr lange, manche sogar fast das ganze Jahr. Hier ist der Schnittzeitpunkt weniger wichtig, denn nach dem Schnitt setzt rasch neues Wachstum ein. Man sollte die Pflanzen aber nicht in voller Blüte schneiden. Bei vielen immergrünen tropischen Kletterpflanzen muss man nur störende Triebe entfernen und darauf achten, dass die Pflanzen nicht zu groß werden. In beheizten Wintergärten wachsen die Pflanzen schneller und stärker als in unbeheizten. Sie können sehr stark ineinander wachsen oder benachbarte Pflanzen überwuchern und dadurch im Wachstum beeinträchtigen. Es ist einfacher, regelmäßig ein wenig zu schneiden, als zu warten, bis man sehr stark schneiden muss.

### Der Verjüngungsschnitt

Viele Kletterpflanzen verlieren mit der Zeit an Wuchskraft und blühen nur noch spärlich. Bei einigen ist das bereits nach wenigen Jahren der Fall, bei anderen erst

*LINKS   Viele tropische Kletterpflanzen, zum Beispiel* Petraea volubilis, *sind wüchsig und blühfreudig. Man kann sie in jeder Jahreszeit schneiden, denn sie treiben stets rasch wieder aus.*

viel später. Glyzinen können 20 Jahre oder länger brauchen, um den ihnen zugedachten Platz auszufüllen, und wachsen noch viele Jahre gut weiter. Manche Kletterpflanzen profitieren von einem starken Verjüngungsschnitt, bei dem man alle Äste bis auf die Haupttriebe einkürzt oder die ganze Pflanze 30 cm über dem Boden abschneidet. Anschließend bringt die Pflanze kräftige Triebe hervor, die von Beginn an erzogen und ausgelichtet werden müssen, wenn sie zu zahlreich sind. Rosen und Heckenkirschen vertragen einen Verjüngungsschnitt sehr gut, ebenso die meisten Waldreben, vor allem wüchsige Arten wie *Clematis armandii* und *C. montana*.

Andere Kletterpflanzen, etwa Glyzinen und viele andere Schmetterlingsblüt-ler, dürfen nicht so stark geschnitten werden, sie könnten dadurch sogar absterben. Hier werden überalterte Pflanzen am besten entfernt und durch junge, gesunde Exemplare ersetzt. Wenn Sie nicht genau wissen, ob Ihre Pflanze einen Verjüngungsschnitt verträgt, können Sie einige Äste zurückschneiden und schauen, wie die Pflanze darauf reagiert. Bildet sie an der Basis neue Triebe, können Sie im folgenden Jahr die übrigen Triebe zurückschneiden und die im Vorjahr gebildeten Triebe erziehen. Dieser Verjüngungsschnitt kann sich über zwei oder drei Jahre erstrecken, falls dies nötig erscheint.

Ein Verjüngungsschnitt sollte nicht zu häufig ausgeführt werden, denn zu rasch aufeinander folgende Schnittmaßnah-

*LINKS Diese Prunk-windenart* (Ipomoea horsfalliae) *ist eine starkwüchsige, immergrüne subtropische Kletterpflanze, die fast das ganze Jahr über blüht. Wenn man sie schneidet, wird sie nicht zu groß.*

*RECHTS Glyzinen* (Wisteria) *sind wüchsige Kletterpflanzen, die auch zu einem frei stehenden, baumartigen »Hochstamm« erzogen werden können.*

men können ein starkes Wachstum nicht blühender Triebe anregen oder die Pflanzen stark schwächen. Viele Kletterpflanzen wachsen nach einigen Jahren nicht mehr so stark, tragen aber besonders viele Blüten. In diesem Stadium schneidet man sie am besten nur ganz wenig, damit sie nicht zu groß werden.

### Seitentriebe einkürzen

Glyzinen und einige andere Kletterpflanzen blühen an Kurztrieben, die von den Haupttrieben abzweigen. Der Schnitt zielt darauf ab, die Bildung dieser Kurztriebe zu fördern, denn je mehr die Pflanze hat, desto reicher blüht sie. Hier kann der Schnitt in zwei Schritten erfolgen. Im Sommer werden lange Seitentriebe um etwa die Hälfte eingekürzt. Im Winter schneidet man diese Triebe bis auf ungefähr drei Knospen (von ihrer Basis aus gesehen) zurück. Hiervon nimmt man lange junge Triebe aus, die das Astgerüst der Pflanze vergrößern sollen. Die aus den geschnittenen Trieben herauswachsenden Triebe werden im nächsten Jahr in gleicher Weise geschnitten, und so

fort. So nimmt die Zahl der Kurztriebe immer mehr zu, und die resultierenden Knospen bringen schließlich Blüten hervor. Eine ausgewachsene Glyzine besitzt ein kompliziertes System von Kurztrieben und relativ wenigen langen Leittrieben. Glyzinen erfordern Geduld, denn zwischen Pflanzung und erster Blüte können leicht acht Jahre vergehen.

Glyzinen und Bougainvilleen lassen sich auch **zu Hochstämmen erziehen**. Dazu schneidet man die jungen Pflanzen bis auf einen kräftigen Trieb zurück und bindet diesen an einen starken Pfahl. Hat der Haupttrieb die gewünschte Höhe erreicht (1 bis 3 m), wird er entspitzt, damit die Bildung von Seitentrieben angeregt wird. Die untersten Triebe werden entfernt, sodass der »Stamm« astfrei bleibt

und die Pflanze baumförmig wächst. Die anderen Triebe werden wie oben beschrieben geschnitten. Bei Hochstämmen werden alle Seitentriebe geschnitten, wenn die Bildung des Astgerüsts abgeschlossen ist; Langtriebe, die für weiteres Längenwachstum sorgen könnten, werden nicht geduldet.

Abschließend möchten wir darauf hinweisen, dass die beschriebenen Regeln des Pflanzenschnitts nicht starr und universell gültig sind. Manche erfahrene Hobbygärtner schneiden bestimmte Pflanzen lieber auf andere Weise oder zu einer anderen Zeit.

Die Symbole für den Schnitt sind auf *Seite 31* erläutert. Der Schnitt von Waldreben und Rosen wird in den entsprechenden Kapiteln besprochen.

# PFLEGE VON KLETTERPFLANZEN IM JAHRESVERLAUF

Kletterpflanzen, die keine starken Fröste vertragen, benötigen einen Winterschutz, wenn sie im Freiland wachsen, vor allem in strengen Wintern sowie bei kaltem, austrocknendem Wind und stärkeren Kahlfrösten ohne schützende Schneedecke. Besonders wichtig ist ein Schutz unmittelbar an der Erdoberfläche und an der Basis der Triebe. Wenn nämlich die Wurzeln der Pflanze oder die Triebbasis Schäden erleiden, sterben die oberirdischen Teile vollständig ab. Manche Arten treiben im folgenden Frühjahr aus ihren unterirdischen Teilen jedoch erneut aus. Die Basis oder sogar die ganze Pflanze kann mit Farnwedeln, Jute, Gartenvlies oder auch Zeitungspapier geschützt werden. Der Schutz muss gut befestigt werden, damit der Wind ihn nicht fortweht. Plastikfolie ist ungeeignet, denn sie erzeugt ein feuchtes Kleinklima, in dem Schimmelpilze und Fäulnisbakterien gedeihen und sich gern Schnecken aufhalten. Moderne Gartenvliese eignen sich hervorragend und sind nicht allzu teuer, müssen aber von dornigen und stacheligen Pflanzen fern gehalten werden.

Viele Kletterpflanzen, die selbst mit einem solchen Winterschutz und in milden Lagen den Winter im Freien nicht überstehen würden, gedeihen gut unter Glas, wo es im Winter nicht so kalt wird. Wintergärten eignen sich gut für Kletterpflanzen, denn sie sind hell, warm und hoch genug, Wände und Säulen bilden hervorragende Kletterhilfen. Hier sorgen die Pflanzen oft das ganze Jahr über für Farbenfreude und Schönheit. Sie machen den Wintergarten selbst bei schlechtem Wetter zu einem Ort, an dem man sich besonders wohl fühlt.

*RECHTS Ein als zusätzlicher Wohnraum genutzter Wintergarten kann mit kälteempfindlichen Stauden, Sträuchern und Kletterpflanzen in Töpfen verschönert werden. Dank der Pflanzen ist es das ganze Jahr über angenehm, in ihm zu sitzen. Hier wächst eine Schönmalve (Abutilon) mit dekorativen gelben Blüten in die Höhe.*

## PFLEGEKALENDER

**Frühjahr**

- Schließen Sie den Schnitt von Kletterpflanzen ab, die an diesjährigen Trieben blühen (im Text mit ⚘ gekennzeichnet). Schneiden Sie auch Pflanzen, die bereits an vorjährigen Trieben blühten (im Text mit ⚘ gekennzeichnet).
- Entfernen Sie abgestorbene, beschädigte und störende Triebe.
- Harken Sie den Boden neben der Pflanze leicht, geben Sie einen langsam wirkenden Dünger (zum Beispiel Knochenmehl), und entfernen Sie Unkräuter.
- Achten Sie auf Krankheits- und Schädlingsbefall, vor allem Blattläuse, Raupen und Schnecken, und setzen Sie gegebenenfalls ein Pflanzenschutzmittel ein.
- Kälteempfindliche Pflanzen und die immergrünen Arten werden im Frühjahr gesetzt, aber erst dann, wenn keine strengen Fröste mehr zu erwarten sind. In subtropischen Gärten pflanzt man im Frühjahr oder während der kältesten Jahreszeit und wässert danach regelmäßig, bis die Pflanzen angewachsen sind.

**Sommer**

- Kletterpflanzen, die an den vorjährigen Trieben geblüht haben, werden möglichst gleich nach der Blüte geschnitten, aber nicht solche, die im Herbst hübsche Früchte tragen. Der Sommer ist auch die Zeit für den ersten Schnitt der Seitentriebe von Glyzinen und vergleichbaren Pflanzen.
- Achten Sie weiterhin auf Krankheits- und Schädlingsbefall, vor allem Blattläuse und Raupen sowie, besonders in Wintergärten, auf Rote Spinnmilben und Rüsselkäfer. Rosen können unter Mehltau und Sternrußtau leiden. Setzen Sie bei Bedarf ein Pflanzenschutzmittel ein.
- Triebe, die in Wege oder Durchgänge ragen, werden angebunden oder abgeschnitten.
- Wässern Sie Pflanzen, die zu welken beginnen, und regelmäßig die frisch gesetzten Pflanzen. Mulchen Sie die Pflanzen, damit möglichst wenig Wasser verdunstet. Hierfür eignen sich zum Beispiel gut verrotteter Stallmist, Kompost, Rindenmulch und Kokosfaser.
- Schneiden Sie bei Bedarf von holzigen Kletterpflanzen Stecklinge aus halb reifem Material und Steckhölzer, etwa bei Pflanzen, die im folgenden Jahr ersetzt werden sollen.
- Geben Sie einen Dünger mit ausgewogener Nährstoffzusammensetzung, am besten mit wenig Stickstoff und viel Spurenelementen. Besonders wichtig ist die Düngung für Pflanzen, die nur schlecht wachsen oder deren Blätter deutliche Anzeichen eines Nährstoffmangels aufweisen, etwa vorzeitiges Vergilben, Scheckung, teilweises Absterben und eine unnatürliche Purpur- oder Bronzefärbung.

**Herbst**

- Sammeln Sie Samen interessanter Arten, vor allem einjähriger Kletterpflanzen und kletternder Stauden, um sie im Winter auszusäen.
- Entfernen Sie von Krankheiten oder Schädlingen befallene Blätter, die neben den Pflanzen liegen, denn in ihnen können die Schädlinge und Krankheitserreger überwintern.
- Setzen Sie winterharte, Laub abwerfende Kletterpflanzen.
- Schützen Sie in kälteren Gegenden die unteren Teile und die Wurzeln kälteempfindlicher Pflanzen mit Stroh, Farnwedeln, Jute, Gartenvlies oder auch Zeitungspapier, wenn es vor Nässe geschützt ist.

**Winter**

- Beenden Sie den Schnitt der Seitentriebe bei Kletterpflanzen, die bereits im Sommer geschnitten wurden (siehe S. 27).
- Entfernen Sie störende Triebe von Dachrinnen und Fenstern, damit diese nicht in Mitleidenschaft gezogen werden.
- Schauen Sie, ob Holzpfähle faulen. Die Gefahr hierfür ist in Bodennähe und im Boden am größten. Ersetzen Sie die Pfähle bei Bedarf.
- Kontrollieren Sie, ob die Pflanzen zu stramm oder zu locker angebunden sind; ersetzen Sie Schnur oder Draht bei Bedarf.
- Säen Sie Samen holziger Kletterpflanzen aus. Verwenden Sie hierzu gegebenenfalls ein kleines Anzuchttreibhaus, damit die Samen gut keimen; unterziehen Sie diese bei Bedarf einer Kältebehandlung.
- Beginnen Sie mit dem Schnitt von Kletterpflanzen, die an diesjährigen Trieben blühen. Schneiden Sie zunächst die winterhärtesten Pflanzen.
- Bereiten Sie die Stellen vor, an denen neue Kletterpflanzen gesetzt werden sollen.
- Mauern und Zäune werden am besten im Winter instand gesetzt.

# KLETTERPFLANZEN FÜR FREILAND UND WINTERGARTEN

## Laub abwerfende Kletterpflanzen für Gärten gemäßigter Klimazonen

### Sonnige und halbschattige Standorte

Actinidia deliciosa
Ampelopsis-Arten
Aristolochia durior
Campsis radicans, C. × tagliabuana
Clematis 'Bill Mackenzie', C. flammula,
   C. montana, zahlreiche großblütige
   Clematis-Sorten
Jasminum officinale
Lonicera etrusca, L. periclymenum
Parthenocissus-Arten
Schizophragma hydrangeoides
Vitis coignetiae, V. vinifera und
   Sorten
Wisteria floribunda, W. sinensis und
   Sorten

### Schattige Standorte

Akebia quinata
Celastrus orbiculatus
Clematis macropetala, C. montana und
   Sorten
Hydrangea petiolaris
Lonicera caprifolium, L. periclymenum
   und Sorten, L. × tellmanniana,
   L. tragophylla
Rosa 'Aloha', 'Danse du Feu',
   'Gloire de Dijon', 'Madame Alfred
   Carrière', 'Madame Grégoire
   Staechelin'
Parthenocissus-Arten
Schisandra chinensis
Schizophragma hydrangeoides

## Immergrüne Kletterpflanzen für Gärten gemäßigter Klimazonen

### Sonnige und halbschattige Standorte

Berberidopsis corallina
Clematis armandii, C. cirrhosa
Hedera-Arten und -Sorten
Jasminum officinale

Lonicera giraldii, L. henryi,
   L. japonica 'Halliana'
Passiflora caerulea
Rosa banksiae, R. bracteata
Stauntonia hexaphylla
Trachelospermum asiaticum,
   T. jasminoides

### Schattige Standorte

Euonymus fortunei var. radicans und
   Sorten
Hedera helix und Sorten
Holboellia coriacea
Hydrangea serratifolia
Lapageria rosea und Sorten
Pileostegia viburnoides

## Kletterpflanzen gemäßigter Klimazonen, die wegen ihrer hübschen Blätter kultiviert werden

* Laub abwerfend, + Staude

Actinidia kolomikta*
Ampelopsis-Arten*
Euonymus fortunei var. radicans und
   Sorten
Hedera-Arten und -Sorten
Holboellia coriacea
Humulus lupulus 'Aureus'+
Jasminum officinale 'Aureum'
Lonicera japonica 'Aureomarginata'
Parthenocissus henryana*,
   P. quinquefolia*, P. tricuspidata*
Sinofranchetia chinensis*
Vitis 'Brant'*, V. coignetiae*,
   V. vinifera*

## Kletterpflanzen für Wintergärten, die wegen ihrer hübschen Blätter kultiviert werden

Cissus discolor
Epipremnum aureum und Sorten
Ficus pumila und Sorten

Monstera deliciosa
Philodendron bipennifolium,
   P. erubescens und Sorten,
   P. melanochrysum, P. scandens

## Kletterpflanzen mit schönen Früchten

* Laub abwerfend, + einjährig oder
   Staude

Actinidia deliciosa*, A. polygama*
Ampelopsis brevipedunculata*
Billardiera longiflora
Celastrus orbiculatus*, C. scandens*
Humulus lupulus+
Kadsura japonica
Lablab purpureus+
Lagenaria siceraria+
Lardizabala biternata
Lonicera etrusca*, L. henryi,
   L. periclymenum* und Sorten
Periploca graeca*, P. laevigata
Stauntonia hexaphylla
Trichosanthes cucumerina+
Tropaeolum speciosum+
Vitis vinifera und Sorten

## Kletterpflanzen gemäßigter Klimazonen mit Haftwurzeln oder -scheiben

Asteranthera ovata
Campsis radicans
Decumaria sinensis
Euonymus fortunei var. radicans
Hedera canariensis, H. colchica,
   H. helix und Sorten
Hydrangea petiolaris
Parthenocissus henryana,
   P. quinquefolia,
   P. tricuspidata
Pileostegia viburnoides
Schizophragma hydrangeoides

## Kletterpflanzen für besonders saure oder basische Böden

*Campsis*-Arten und -Sorten
*Fallopia baldschuanica*
*Hedera*-Arten und -Sorten
*Jasminum*-Arten und -Sorten
*Lonicera*-Arten und -Sorten
*Parthenocissus*-Arten
*Passiflora caerulea*
*Rosa*, die meisten Arten und Sorten
*Solanum*-Arten und -Sorten
*Wisteria*-Arten und -Sorten

## Kletterpflanzen für Küstengebiete gemäßigter Klimazonen

*Clematis*, viele Arten und Sorten
*Hydrangea petiolaris*
*Passiflora caerulea*
*Solanum crispum*

## Blühende Kletterpflanzen für den Wintergarten

\* benötigt kühle, schattige Standorte

*Allamanda cathartica*
*Beaumontia grandiflora*
*Bomarea caldasii*
*Bougainvillea*-Sorten
*Cobaea scandens*
*Hardenbergia violacea*
*Hoya carnosa*
*Ipomoea*-Arten und -Sorten
*Jasminum mesnyi, J. polyanthum*
*Lapageria rosea* und Sorten
*Mandevilla*-Arten
*Mitraria coccinea*\*
*Mutisia decurrens*
*Pandorea jasminoides* und Sorten

*Passiflora antioquiensis,*
  *P. quadrangularis*
*Plumbago auriculata*
*Solandra maxima*
*Solanum jasminoides,*
  *S. seaforthianum*
*Stephanotis floribunda*
*Tecomaria capensis*

## Kletternde Stauden

*Aconitum hemsleyanum*
*Bowiea volubilis*
*Codonopsis convolvulacea, C. forrestii,*
  *C. nepalensis*
*Dicentra chrysantha, D. scandens*
*Humulus lupulus* und Sorten
*Ipomoea purpurea*
*Lathyrus grandiflorus, L. latifolius*
*Thladiantha dubia*
*Tropaeolum speciosum,*
  *T. tuberosum*
*Vincetoxicum ascyrifolium*

## Einjährige Kletterpflanzen

\* in frostfreien Gebieten mehrjährig, aber kurzlebig; in wärmeren Klimazonen langlebiger

*Cobaea scandens*\*
*Eccremocarpus scaber*\*
*Gloriosa superba*\*
*Ipomoea purpurea, I. tricolor*
*Lablab purpureus*\*
*Lathyrus odoratus* und Sorten
*Maurandya barclaiana*\*
*Mina lobata*
*Rhodochiton atrosanguineus*\*
*Thunbergia alata*\*
*Tropaeolum majus,*
  *T. peregrina*\*
*Tweedia caerulea*\*

Um Wiederholungen zu vermeiden, werden am Ende jeder Pflanzenbeschreibung wichtige Informationen in Symbolform angegeben.

**Standort:**

☼  sonnig
◗  halbschattig
●  schattig

**Winterhärte** *(siehe S. 18):*

−18 °C  winterhart
− 5 °C  frostverträglich
  0 °C  frostempfindlich
 10 °C  kälteempfindlich
*Diese Angaben liefern Anhaltspunkte für die voraussichtliche Winterhärte.*

**Schnitt** *(siehe S. 24):*

✄  gleich nach der Blütezeit
✄F  im Frühjahr
✄W  im Winter
✄  nicht regelmäßig erforderlich

**Boden:**

▯  nur für saure Böden geeignet

Ein Beispiel:
☼ ◗ −5 °C ✄F ▯
*Diese Pflanze benötigt einen sonnigen oder halbschattigen Standort mit saurem Boden und erträgt Temperaturen bis etwa −5 °C. Die Pflanze wird im Frühjahr geschnitten.*

Neben dem Namen einer Art oder Sorte können folgende Symbole angegeben sein:

✓  von den Autoren besonders empfohlene Pflanze
▦  für den Wintergarten besonders gut geeignete Pflanze
○  einjährige Kletterpflanze oder kletternde Staude, für tropische und subtropische, aber auch gemäßigte Klimazonen geeignet
♛  ausgezeichnet mit dem »Award of Garden Merit« der britischen Royal Horticultural Society

# Sommergrüne Kletterpflanzen gemäßigter Klimazonen

# EINFÜHRUNG

Unter den sommergrünen Arten und Sorten sind einige der schönsten Kletterpflanzen zu finden, die in Gärten kultiviert werden: die Kletterhortensie (*Hydrangea petiolaris*), die beliebten Glyzinen – die für viele die schönsten Kletterpflanzen sind, die es überhaupt gibt – und verschiedene Rebengewächse (*Vitis, Ampelopsis, Parthenocissus*). Zu den Laub abwerfenden Kletterpflanzen gehören auch Heckenkirschen, Rosen und Waldreben. Diese drei Gattungen sind mit ihren zahlreichen Arten und Sorten jedoch so umfangreich, dass sie in separaten Kapiteln vorgestellt werden.

Laub abwerfende Kletterpflanzen werden wegen ihrer Blüten, aber auch wegen ihrer Belaubung kultiviert. Einige zeichnen sich durch prachtvolle Herbstfarben aus, die denen mancher Ahornbäume nicht nachstehen. Eine hohe Mauer mit Wildem Wein (*Parthenocissus quinquefolia*), dessen kräftiges Grün sich im Herbst in ein leuchtendes Purpur und Scharlachrot verwandelt, ist ein unvergesslicher Anblick. Bei anderen Arten wie etwa Baumwürgern (*Celastrus*) sehen die farbenfrohen Früchte noch lange nach dem Laubfall sehr schön aus. Sogar im tiefen Winter besitzen die unbelaubten Zweige dieser Kletterpflanzen eine dezente Schönheit. Nur wenige Pflanzen schließlich können es mit der majestätischen Pracht einer gut entwickelten Glyzine mit ihren knorrigen und verdreht erscheinenden Trieben aufnehmen.

## Wie Laub abwerfende Kletterpflanzen am besten eingesetzt werden

Weil diese Kletterpflanzen ihr Blätterwerk im Herbst verlieren, eignen sie sich nicht sehr gut, eine hässliche Mauer oder einen unansehnlichen Zaun zu verbergen. Dazu nimmt man lieber immergrüne Kletterpflanzen, die für eine ganzjährige Bedeckung sorgen und in großer Vielfalt zur Verfügung stehen (*siehe S. 84*). Laub abwerfende Kletterpflanzen eignen sich besonders gut dort, wo nicht dauerhaft etwas begrünt zu werden braucht. Sie sind gut geeignet für Mauern und Zäune,

die oft gestrichen werden müssen, denn hinter ihnen kann man besser arbeiten als hinter immergrünen Pflanzen.

Wo im Sommer tiefer, im Winter aber nur lichter Schatten gewünscht wird, sind Laub abwerfende Pflanzen ideal. Den besten und am längsten anhaltenden Gesamteindruck liefert meist eine Mischung aus immergrünen und Laub abwerfen-

den Kletterpflanzen in Verbindung mit sorgsam ausgewählten Bäumen, Sträuchern und Stauden.

Die meisten Laub abwerfenden Kletterpflanzen können im Spätherbst, Winter und Frühjahr gepflanzt werden, wenn das Wetter es erlaubt, in Containern angezogene Pflanzen sogar fast das ganze Jahr. Im Frühjahr oder Sommer gesetzte

*OBEN    Viele Laub abwerfende Kletterpflanzen besitzen ein üppiges Blattwerk – zum Beispiel männliche Pflanzen des Amur-Strahlengriffels* (Actinidia kolomikta) *mit ihren rosa überlaufenen Blattspitzen.*

*LINKS    Die Kletterhortensie* (Hydrangea petiolaris) *klettert neben einem Torbogen an einer Mauer empor und belebt den Garten im Sommer mit ihren weißen Blütenständen.*

*RECHTS    Glyzinen* (Wisteria) *gehören zu den beliebtesten und dekorativsten Laub abwerfenden Kletterpflanzen. Ihre süß duftenden, hängenden Blütentrauben öffnen sich im Frühsommer.*

Pflanzen müssen regelmäßig gewässert und gut gemulcht werden, damit ihre Wurzeln nicht austrocknen.

Kälteempfindliche Arten werden am besten im Frühjahr gepflanzt und bei kaltem, windigem Wetter zunächst geschützt. Außerdem gibt man ihnen jedes Jahr guten Winterschutz und sichert sich gegen mögliche Verluste durch Stecklinge ab, die man im Sommer schneidet. Sie können in einem Frühbeetkasten oder im Gewächshaus überwintert werden und die Mutterpflanzen ersetzen, wenn diese den niedrigen Temperaturen zum Opfer fallen.

## Actinidia
### (Actinidiaceae)

STRAHLENGRIFFEL

Zu den Strahlengriffeln gehören zahlreiche windende, meist Laub abwerfende Arten, die wegen ihrer schönen Blätter und zum Teil auch wegen ihrer Früchte kultiviert werden. Die bekannteste Art ist die Kiwipflanze.

Die Blätter sind wechselständig, ungeteilt und oft herzförmig. Die kleinen, meist weißen Blüten stehen büschelig, selten einzeln, an den Seitentrieben. Die Pflanzen tragen entweder nur männliche, nur weibliche oder aber zwittrige Blüten. Die fleischigen Beeren sind bei manchen Arten essbar.

Die Pflanzen gedeihen in den meisten Gartenböden problemlos, solange diese nicht zu trocken sind. Mit ihnen kann man Mauern, Zäune und Pergolen, aber auch dicke Pfähle hervorragend begrünen. Die meisten lieben halbschattige Standorte, an denen sie der Mittagssonne nicht ausgesetzt sind. *A. kolomikta* gedeiht jedoch am besten an sonnigen Mauern in Süd- oder Westlage.

Junge Pflanzen werden am besten im Frühjahr an den endgültigen Standort gesetzt. Von Arten und Sorten, deren Früchte man ernten will, sollten zwei oder drei Exemplare gepflanzt werden, um den Fruchtansatz zu fördern. Vermehrt wird im Spätsommer durch Ableger oder Stecklinge, die man in einem Anzuchttreibhaus hält, bis sie sich bewurzelt haben.

Einige Arten, vor allem *A. kolomikta* und *A. polygama*, locken Katzen stark an. Die Tiere lieben es, Blätter und junge Triebe dieser Pflanzen zu kauen.

### ✓ *A. arguta*

Wüchsige, bis 15 m hoch kletternde Art. Blätter oval oder länglich, 8 bis 13 cm lang, oberseits glänzend dunkelgrün, unterseits heller und an den Adern flaumig behaart; Blattstiele lang und rosa. Blüten duftend, weiß, kugelig, 1,5 bis 2 cm groß, mit violetten Staubbeuteln. Männliche und weibliche Blüten an unterschiedlichen Pflanzen. Blütezeit im Sommer. Beerenfrüchte grünlich gelb, länglich, 2,5 cm lang, werden in Japan gern verzehrt, sind in unserem Klima aber etwas fade.
Japan, Korea, Mandschurei.
◑ –20 °C ⅄w

'Ananasnaya': wüchsig mit dekorativen, duftenden Blüten und großen Büscheln kleiner Früchte. 'Issai': selbstfruchtbarer Klon. 'Meader Female': einer der besten Frucht tragenden Klone. 'Meader Male': männlicher Klon, wertvoller Pollenspender.

Die **var. *cordifolia*** besitzt im Vergleich zur Art stärker herzförmige, violett gestielte Blätter.

### *A. callosa*

Wüchsige, bis 10 m hoch kletternde Art. Junge Triebe unbehaart, Blätter oval oder länglich, 7,5 bis 12,5 cm lang, mit rundlichem oder etwas keilförmigem Grund, unbehaart. Blüten weiß oder cremefarben, bis 2,5 cm groß, im Spätfrühling und Frühsommer. Frucht eiförmig, 2,5 cm lang, grün, rot überlaufen und gefleckt.

*Kiwi (Actinidia deliciosa), zwittriger Klon*

Nordindien, Himalaja, Westchina.
◑ –5 °C ⅄w

### *A. coriacea*

Wüchsige, oft halb immergrüne, bis 8 m hoch kletternde Art. Junge Triebe unbehaart, später dunkelbraun mit weißen Flecken. Blätter ledrig, lanzettlich oder oval, beidseitig zugespitzt, 7,5 bis 12,5 cm lang, oberseits dunkelgrün, unterseits heller. Im Frühsommer etwa 1 cm große Blüten, knallig tiefrot mit gelben Staubbeuteln. Früchte rund bis eiförmig, knapp 2 cm lang, saftig, braun mit weißen Flecken. Diese Pflanze wird in Baumschulen manchmal unter dem Namen *A. henryi* angeboten, doch *A. henryi* ist eine andere, wenn auch nahe verwandte Art.
Westchina (Setschuan).
◑ –5 °C ⅄w

### ✓ ⊞ *A. deliciosa*
### (*A. chinensis*)
KIWIPFLANZE

Diese schöne, wüchsige Kletterpflanze gedeiht besonders gut an großen alten Mauern und klettert mit ihren rötlichen, behaarten Trieben bis 10 m hoch. Blätter herzförmig, zugespitzt, 10 bis 20 cm lang, oberseits kräftig dunkelgrün, unterseits gräulich behaart. Blätter an blühenden Trieben kleiner, rundlich und oben

gekerbt. Blüten zunächst weiß, später cremefarben, dann beigegelb, bis 4 cm groß, duftend, im Spätsommer und Frühherbst. Früchte eiförmig, rötlich braun behaart, von stachelbeerähnlichem Geschmack. 1900 von E. H. Wilson aus Hupeh eingeführt. Für einen Fruchtansatz benötigt man männliche und weibliche Pflanzen oder eine der zwittrigen Auslesen und warme, geschützte Lagen.
☀ – 17 °C 🍂w

'**Aureovariegata**': Blätter gelb und cremefarben panaschiert. Wichtige, für den Fruchtanbau kommerziell genutzte Klone sind: '**Bruno**' (großfrüchtig, weiblich), '**Hayward**' (weiblich), '**Jenny**' (zwittrig), '**Matua**' (männlich), '**Tomuri**' (männlich).

### A. henryi
(*A. callosa* var. *henryi*)
Ähnelt *A. deliciosa*, junge Triebe aber leicht gerippt, mit hakigen, borstigen rötlichen Haaren. Blätter eirund oder länglich, 7,5 bis 12,5 cm lang, Grund herzförmig oder rundlich, oberseits grün, unterseits bläulich grün. Blüten weiß, gut 1 cm groß, im Spätfrühling und Frühsommer. Früchte zylindrisch, 1,5 bis 2,5 cm lang.
China (Yunnan).
☀ – 5 °C 🍂w

### ✓ A. kolomikta ☿
AMUR-STRAHLENGRIFFEL
Schöne, auffällige Art, klettert mit dünnen Trieben 2 bis 4 m hoch. Blätter herzförmig, grob gezähnt, bis 15 cm lang, bei den männlichen Pflanzen einige, manchmal auch alle Blätter in der oberen Hälfte cremefarbenweiß und dabei rosa oder rot überlaufen. Die kleinen, weißen, leicht duftenden Blüten

sind gut 1 cm groß und öffnen sich im Frühsommer, männliche und weibliche Blüten an verschiedenen Pflanzen. Früchte gelblich, oval, 2,5 cm lang, süß. Diese Art wurde etwa Mitte des 19. Jahrhunderts erstmals kultiviert, meist trifft man männliche Pflanzen an. Wohl die dekorativste Art der Gattung, verdient einen Platz in jedem Garten mit einer sonnigen, geschützten Mauer. Die auffällige Blattfärbung bildet sich oft erst nach ein bis zwei Jahren aus.
Nordchina, Japan, Mandschurei.
☼ – 20 °C 🍂w

'**Arctic**': sehr winterharte Form. Blätter jung violett, später mit rosafarbenen, weißen und grünen Streifen. '**Krupnoplodnaya**': Blätter im Sommer rot. '**Arnold Arboretum**': Form mit kleinen, süß schmeckenden Früchten.

### A. melanandra
Wüchsige, 10 m und höher kletternde Art mit unbehaarten Trieben. Blätter länglich oder oval, abrupt zugespitzt, bis 10 cm lang, oberseits grün, unterseits bläulich grün. Blüten weiß, bis 2,5 cm groß, die männlichen mit violetten Staubbeuteln. Blüht im Frühsommer und Hochsommer. Früchte eiförmig, 2,5 bis 3 cm lang, rötlich braun, pflaumenfarben bereift.
Zentralchina (Hupeh und Setschuan).
☀ – 5 °C 🍂w

### ✓ A. polygama
SILBERWEIN
Diese Art besitzt dünne Triebe und klettert 4,5 bis 6 m hoch. Blätter elliptisch oder länglich, manchmal auch herzför-

*Amur-Strahlengriffel* (Actinidia kolomikta), *männliche Pflanze*

mig, 7 bis 15 cm lang, am Rand borstig gezähnt, grün, bei männlichen Pflanzen mit weißer oder cremefarbener Spitze, jung bronzefarben überlaufen. Blüten im Frühsommer, duftend, weiß, bis 2,5 cm groß, männlich, weiblich oder zwittrig. Früchte eiförmig, durchscheinend kanariengelb, 2,5 bis 4 cm lang, saftig; essbar, aber nicht sehr wohlschmeckend. Diese Pflanze wird vielfach mit der häufiger kultivierten Art *A. kolomikta* verwechselt, ihre Blätter sind jedoch am Grund spitz bis rund und nur selten herzförmig.
Zentraljapan.
☀ – 17 °C 🍂w

### A. purpurea
Ähnelt *A. arguta*, klettert aber selten höher als 8 m. Blätter oval oder länglich, 7 bis 15 cm lang, oberseits stumpfgrün, unterseits heller grün und flaumig behaart. Blüten weiß, 1 bis 2 cm, im Frühsommer. Früchte eiförmig, etwa 2,5 cm lang, reif violett, süß.
Südwestchina (Westen Setschuans, Yunnan).
☀ – 15 °C 🍂w

### A. venosa
Ähnelt der nahe verwandten Art *A. callosa*, besitzt aber deutlich netzadrige Blätter sowie rostbraun behaarte Kelchblätter und Blütenstiele.

## Akebia
### (Lardizabalaceae)

Akebien sind windende Kletterpflanzen von subtiler Schönheit, die wegen ihrer eleganten Blätter und kleinen, rötlichen oder violetten Blüten kultiviert werden. Sie sind sehr wüchsig und eignen sich zum Begrünen von Mauern, Zäunen, Pergolen und auch alten Baumstümpfen. Die Blüten sind zu überhängenden Trauben vereinigt, die unteren Blüten sind weiblich und größer. Die großen, dekorativen, fleischigen Früchte werden in Kultur leider nur selten gebildet.

Diese Pflanzen gedeihen in jedem guten Gartenboden, nehmen es aber übel, umgepflanzt zu werden.

### A. × pentaphylla
Hybride zwischen *A. quinata* und *A. trifoliata,* die sowohl in der freien Natur als auch in Kultur entstand und in Aussehen und Wuchs zwischen den Eltern steht.

### ✓ A. quinata
Sich selbst überlassen, klettert diese Pflanze 10 m und höher. Blätter lebhaft grün, meist mit 5 länglichen, ganzrandigen Blättchen, in milden Wintern und warmen Gebieten immergrün. Blüten im Spätfrühling, nach Vanille duftend, die weiblichen kräftig braunviolett und 2 bis 3,5 cm, die männlichen blassviolett und kaum 8 mm groß. Früchte bananenförmig, grauviolett oder violett, bis 10 cm lang, werden aber nur selten gebildet.
China, Japan, Korea.
☼ ● –20 °C ✸

Akebia quinata *mit männlichen und weiblichen Blüten*

### A. trifoliata
Diese Art ähnelt *A. quinata,* ist aber stets sommergrün. Blätter mit 3 unregelmäßig gerandeten, an der Spitze eingekerbten Blättchen. Blüten im Frühjahr, violett, die weiblichen bis 2 cm groß. Früchte bananenförmig, blassviolett, bis 12 cm lang, werden nur selten angesetzt.
China, Japan.
☼ ● –20 °C ✸

## Ampelopsis
### (Vitaceae)

SCHEINREBE
Gattung Laub abwerfender, mit Ranken kletternder Pflanzen, die vor allem wegen ihrer dekorativen Blätter kultiviert werden, aber auch wegen des Farbspiels ihrer Früchte. Blüten klein und meist grünlich.

Die meisten Arten benötigen viel Platz, um sich gut zu entfalten, und sind daher für kleine Gärten weniger geeignet. Die Pflanzen bereiten keine Probleme, wenn man ihnen einen warmen, geschützten Platz und lehmigen Boden bieten kann.

Scheinreben werden im Herbst oder im zeitigen Frühjahr gepflanzt. Die jungen Triebe werden zunächst an die Kletterhilfe gebunden. Die Triebe benötigen Halt, die Pflanzen eignen sich daher gut für eine geschützte Pergola, an der die Triebe angebunden und erzogen werden können. Man kann die Pflanzen aber auch an dicken Pfählen emporwachsen und die Triebe schließlich frei herabhängen lassen, wodurch sie sehr schön zur Geltung kommen.

Wie die meisten anderen Rebengewächse lassen sich die Arten und Sorten der Scheinrebe leicht durch kurze Stecklinge vermehren, die im Hochsommer von kräftigen jungen Trieben geschnitten werden.

### A. aconitifolia
(Vitis aconitifolia)
Triebe dünn und unbehaart, Blätter zahlreich, oberseits glänzend grün, unterseits heller und matter, in Größe und Form sehr variabel, meist mit 3 oder 5 Blättchen, die 3 bis 8 cm lang und tief in jeweils 3 bis 5 gezähnte Lappen zerteilt sind. Blüten grünlich, im Spätsommer und Frühherbst. Beerenfrüchte orange, 6 mm lang. China.
☼ ● –20 °C ✸w

**var. *glabra*:** Blätter meist dreiteilt, gelappt und gezähnt.

### A. arborea

*(A. bipinnata, Vitis arborea)*
Schöne, bis 10 m hoch kletternde Art mit dünnen, leicht violetten, kaum behaarten Trieben. Blätter groß, oberseits dunkelgrün, unterseits heller und flaumig behaart, doppelt oder dreifach gefiedert, mit zahlreichen ovalen, bis 5 cm langen Blättchen. Die kleinen, grünlichen Blüten öffnen sich im Sommer. Beerenfrüchte dunkelviolett, 8 mm groß. In sehr milden Gebieten ist diese Art manchmal halb immergrün. Seit ungefähr 1700 in Kultur.
Südosten der USA, Mexiko.
☼ ● −15 °C 🖐ʷ

### ✓ A. brevipedunculata

*(A. glandulosa* var. *brevipedunculata, Cissus brevipedunculata, Vitis heterophylla* var. *cordata* und var. *amurensis)*
KURZRISPIGE SCHEINREBE
Wüchsige Art mit rauen, behaarten jungen Trieben. Blätter hopfenähnlich, drei-, gelegentlich auch fünflappig, mit herzförmigem Grund, 5 bis 15 cm, lang gestielt, oberseits tiefgrün, unterseits heller und rauhaarig. Blüten grünlich, im Sommer. Die dekorativen, hell amethystblauen oder violetten Beerenfrüchte sind nur 6 bis 8 mm groß. Im Unterschied zu den anderen Arten wachsen und fruchten die Pflanzen am besten, wenn ihr Wurzelraum begrenzt ist.
China, Japan, Korea, Ostsibirien.
☼ −20 °C 🖐ʷ

**'Citrulloides':** Blätter tief fünflappig.
▦ **'Elegans'** *(A. heterophylla* var. *variegata)*: junge Triebe rosa, Blätter rosa und weiß gepunktet und überlaufen. Kälteempfindliche Sor-

*Kurzrispige Scheinrebe* (Ampelopsis brevipedunculata), *fruchtend*

te, die nur in milden Gebieten an warmen, geschützten Mauern gut gedeiht. Häufig als Topfpflanze angeboten.

**var. maximowiczii** *(Vitis heterophylla* var. *maximowiczii)*: Blattformen und -größen selbst an einer Pflanze sehr variabel, Beerenfrüchte porzellanblau. Diese Varietät ist weniger winterhart als der Typ, sie wird in Baumschulen häufig als *A.* oder *Vitis heterophylla* angeboten.

### A. chaffanjonii

*(Vitis chaffanjonii)*
Nahe verwandt mit *A. megalophylla*, aber mit kleineren Blättern, die selten größer als 30 cm werden. Blätter mit 5 bis 7 Blättchen, oberseits glänzend grün und unterseits auffallend rötlich violett gefärbt. Beerenfrüchte zunächst rot, später schwarz. Zur Zeit der Jahrhundertwende von E. H. Wilson

aus Hupeh in Westchina nach England eingeführt.
☼ −5 °C 🖐ʷ

### A. cordata

*(Vitis indivisa)*
Wüchsige, bis 10 m hoch kletternde Art mit warziger Rinde. Triebe mit oder ohne Ranken. Blätter rundlich oder oval, 5 bis 13 cm lang, mit leicht herzförmigem Grund und scharf gezähntem Rand. Blüten grünlich, in verzweigten Büscheln an dünnen Trieben, im Hoch- und Spätsommer. Beerenfrüchte klein, blau oder grünlich blau. Die Triebe frieren während des Winters ein Stück zurück und brechen meist an den Knoten ab.
Süden und Südosten der USA.
☼ ◑ −25 °C 🖐ʷ

### A. delavayana

Wüchsige, bis 8 m hoch kletternde Art mit behaarten, rosafarbenen jungen Trieben, die an den Knoten auffallend geschwollen sind. Blätter mit 3 oder 5 schmal ovalen, grob gezähnten, 4 bis 10 cm langen, zugespitzten Blättchen, unterseits schwach flaumig behaart. Blüten klein, grünlich, im Hoch- und Spätsommer. Die dekorativen, dunkelblauen Beerenfrüchte sind 6 mm groß. Diese Art wird nur sehr selten kultiviert.
Westchina.
☼ ◑ −15 °C 🖐ʷ

### ✓ A. megalophylla

*(Vitis megalophylla)*
Wüchsige, unbehaarte, bis 10 m hoch kletternde Art mit bläulich grünen jungen Trieben. Blätter groß, einfach oder doppelt gefiedert, 45 bis 60 cm lang, mit 7 oder auch mit 9 ovalen bis

länglichen Blättchen, oberseits glänzend grün, unterseits bläulich grün. Blüten grün, in locker verzweigen Doldenrispen, im Spätsommer. Beerenfrüchte zunächst dunkelviolett und später schwarz, 6 mm groß. Starkwüchsige Art mit den größten Blättern aller kultivierten *Ampelopsis*-Arten. Klettert sehr gut an dicken, bis 5 m hohen Pfählen und ebenso an alten Bäumen.
Westchina.
☼ ◑ –15 °C ✂w

## Aristolochia
## (Aristolochiaceae)

PFEIFENWINDE
Ungewöhnliche, überwiegend tropische Gattung. Die kletternden, in gemäßigtem Klima kultivierbaren Arten besitzen windende Triebe und sommergrüne, herzförmige Blätter. Die eigentümlichen Blüten sehen sehr interessant, wenn auch nicht besonders schön aus. Sie besitzen keine Blütenkrone, und der seltsam aufgeblasene Kelch ist teilweise röhrenförmig und pfeifenartig gekrümmt (wonach die Pflanzen ihren deutschen Gattungsnamen erhielten).

Pfeifenwinden benötigen gute, lehmige Böden und viel Platz. Im Sommer sollten sie reichlich gemulcht werden. Man kann die Pflanzen leicht vermehren, indem man sie teilt oder Stecklinge schneidet. Die beste Pflanzzeit ist der Frühling.

### ▦ A. californica
(Isotrema californicum)
Wüchsige, 4 bis 6 m hoch kletternde Art mit flaumig be-

haarten Trieben. Blätter ähnlich wie bei *A. tomentosa*. Blüten einzeln, 5 cm lang, dünn gestielt, violett, Röhre zweifach gekrümmt, im Frühsommer und Hochsommer.
Südwesten der USA (Kalifornien).
◑ –5 °C ✂

### ✓ ▦ A. chrysops
Bis 6 m hoch kletternde Art. Junge Triebe und Blätter fein behaart. Blätter oval mit herzförmigem Grund, mattgrün, 4 bis 10 cm lang. Blüten im Frühsommer geöffnet, einzeln oder in Paaren, etwa 5 cm lang, von typischer pfeifenähnlicher Form, mit flaumig behaarter, gelber Röhre, hellgelbem Schlund und tief rötlich violetten, manchmal fast schwarzen, ausgebreiteten Saumzipfeln. Früchte gut 5 cm lang, mit 6 Rippen. 1904 von E. H. Wilson eingeführt.
Westchina.
◑ –5 °C ✂

### ✓ A. durior
(A. macrophylla, A. sipho, Isotrema sipho)
Die bekannteste und am häufigsten anzutreffende Art aus dieser Gattung. Raschwüchsige, 6 bis 10 m hoch kletternde Art. Blätter blassgrün, herz- oder nierenförmig. Blüten im Frühsommer geöffnet, anfangs von einem großen ovalen Hochblatt verschlossen, meist in Paaren auf getrennten Stielen, 6,5 bis 8 cm lang, mit gelblich grüner Röhre und 3 flachen, ausgebreiteten, gelblich braunen, braunviolett gerandeten Saumzipfeln. Zur Begrünung von Mauern, Säulen und Pergolen gut geeignet.
Osten der USA.
☼ ◑ –20 °C ✂

### ✓ A. moupinensis
(Isotrema moupinensis)
Wüchsige, bis 6 m hoch kletternde Art. Blätter herzförmig, 6 bis 12 cm lang, unterseits flaumig behaart. Blüten einzeln, hängend, etwa 4 cm lang, mit bauchiger blassgrüner Röhre und ausgebreiteten gelben Saumzipfeln, rötlich violett gepunktet, mit grünem Rand. Blütezeit Frühsommer. Früchte ungefähr 7,5 cm lang, mit 6 deutlichen Rippen. Diese Art wurde Ende des 19. Jahrhunderts von dem französischen Missionar Père David im chinesischen Distrikt Moupin (Provinz Setschuan) entdeckt.
Westchina.
◑ –15 °C ✂

### A. tomentosa
(Isotrema tomentosum)
Wüchsige, 7 bis 10 m hoch kletternde, überall flaumig behaarte Art. Blätter oval oder rundlich, mit herzförmigem Grund, 7 bis 20 cm lang, matt blassgrün. Blüten einzeln, grünlich gelb mit braunem Schlund und gelblichen Saumzipfeln, 4 cm lang, im Sommer geöffnet. Früchte walzenförmig, 5 cm lang. Nur selten in Kultur.
Südosten der USA.
☼ ◑ –15 °C ✂

## Berchemia
## (Rhamnaceae)

Laub abwerfende, windende Pflanzen mit wechselständigen Blättern und endständigen Rispen kleiner grünlicher Blüten. Man kultiviert diese Pflanzen vor allem wegen ihrer wurstförmigen Früchte, die bei uns aber nur selten gebildet werden. Die Blüten sind eher

unscheinbar, aber fruchtende Pflanzen sehen sehr schön aus.

### B. racemosa
Diese Art ähnelt der folgenden, ist aber oft winterhärter und klettert bis zu 12 m hoch. Blätter oval mit herzförmigem Grund, unterseits hell, im Herbst gelb. Blüht im Hochsommer und Spätsommer. Früchte jung grün, später rot und reif schwarz.
Japan, Taiwan.
☼ ◑ –15 °C ✂

'Variegata': Blätter vor allem nahe den Triebspitzen stark cremefarben-weiß panaschiert.

### B. scandens
(B. volubilis)
Die unbehaarten Triebe dieser Art können 3 bis 5 m hoch klettern. Blätter oval, etwa 4 cm lang; mit feiner, borstenartiger Spitze, welligem Rand und 9 bis 12 Adernpaaren. Blüten klein, grünlich weiß. Früchte dunkelblau oder fast schwarz, ungefähr 1 cm lang, im Hochsommer und Spätsommer an den Pflanzen. Trägt in kühlen Gebieten nur selten Früchte.
Südosten der USA.
☼ ◑ –15 °C ✂

## Campsis
## (Bignoniaceae)

TROMPETENBLUME
Zu dieser Gattung gehören zwei besonders prächtige, Laub abwerfende Kletterpflanzen mit auffälligen, trompetenförmigen Blüten in verschiedenen Rot- und Orangetönen, die den Pflanzen etwas wirklich Exotisches verleihen. Trompetenblumen wachsen am besten

SCHNITT:   ✂ *gleich nach der Blütezeit*   ✂f *im Frühjahr*   ✂w *im Winter*   ✂ *nicht regelmäßig erforderlich*

im subtropischen oder mediterranen Klima. In gemäßigten Gebieten sind sie winterhart, wenn sie an warmen Mauern wachsen. In gutem, lehmigem Boden und an sonnigen Standorten blühen sie sehr reich. Die Wurzeln dürfen im Sommer nicht austrocknen, und man sollte die Pflanzen mulchen, damit der Boden mehr Feuchtigkeit speichert.

Beide Arten und auch ihre Kreuzung sind leicht zu kultivieren. Sie werden am besten im Frühjahr gepflanzt und in den ersten ein bis zwei Jahren nicht geschnitten. Anschließend schneidet man die Triebe nach dem Laubfall oder im zeitigen Frühjahr gerade bis ins alte Holz zurück. Die Vermehrung kann durch Stecklinge oder Wurzelschnittlinge, durch vorsichtig abgetrennte Ausläufer oder durch Ableger erfolgen. Trompetenblumen haben zwar Haftwurzeln, aber es ist sinnvoll, Nägel in die Mauer zu treiben, um den schwereren Trieben einen Halt zu geben.

## C. grandiflora
*(C. chinensis, Bignonia grandiflora, Tecoma grandiflora)*
Die etwas windenden Triebe dieser Art tragen nur wenige Haftwurzeln und klettern 4 bis 10 m hoch. Blätter mit 7 oder 9 ovalen, grob gezähnten, unbehaarten Blättchen. Blüten in endständigen, überhängenden Rispen, kräftig orange und rot, 5 bis 7,5 cm lang, im Spätsommer und Herbst geöffnet. Die länglichen Kapselfrüchte werden in gemäßigtem Klima nur selten gebildet.
China.
☼ –10 °C ⊮F

'**Thunbergii**' *(Tecoma thunbergii)*: härtere Sorte mit kleineren, orangefarbenen Blüten, deren Saum zurückgeschlagen ist. Erträgt salzige Gischt.

## ✓ C. radicans
*(Bignonia radicans, Tecoma radicans)*
Diese Art unterscheidet sich in verschiedenen Merkmalen von *C. grandiflora*. Die Triebe sind wüchsiger, klettern bis 12 m hoch und tragen deutlich mehr Haftwurzeln. Die Blätter besitzen 7 bis 11 unterseits flaumig behaarte Blättchen. Die Blüten sind mit 6 bis 8 cm etwas länger, stehen endständig an den diesjährigen Trieben und erscheinen im Spätsommer und Frühherbst. In der Umgebung von Salt Lake City und in anderen Teilen der USA ist diese Pflanze recht lästig geworden, denn sie klettert über Bäume, Telegrafen- und Strommasten. Südosten der USA.
☼ –20 °C ⊮F

'**Atropurpurea**': Blüten scharlachrot. '**Crimson Trumpet**': Blüten tief samtrot, Blätter tiefgrün. ✓ '**Flava**' (forma *flava*, 'Yellow Trumpet'): Blüten gelb, Blätter blassgrün. '**Minor**': weniger wüchsig, mit schmalen orangefarbenen und scharlachroten Blüten im Hochsommer. '**Praecox**': Blüten scharlachrot, im Hochsommer. '**Speciosa**': eine eher strauchig wachsende Sorte, nur schwach kletternd, 4 bis 5 m hoch, mit tief orangeroten Blüten.

## ✓ C. × tagliabuana
*(Tecoma tagliabuana, T. grandiflora var. princei)*
Hybride zwischen *C. radicans* und *C. grandiflora*. Hinsichtlich des Aussehens und anderer Eigenschaften zwischen den Elternpflanzen stehend.
☼ –15 °C ⊮F

Trompetenblume (Campsis radicans)

'**Coccinea**': Blüten leuchtend rot. ✓ '**Madame Galen**': Blüten kräftig aprikosenfarben und vor den dunkelgrünen Blättern sehr hübsch; häufig angeboten.

## Celastrus
*(Celastraceae)*

BAUMWÜRGER
Zu dieser mit dem Spindelstrauch (*Euonymus*) verwandten Gattung gehören Kletterpflanzen und Sträucher, die wegen ihrer im Herbst sehr prächtig gefärbten Früchte kultiviert werden. Die kletternden Arten eignen sich sehr gut zur Begrünung von alten Mauern, Gitterwerk, Pergolen, Bäumen oder dicken, in die Erde getriebenen Pfählen. Sie gedeihen in den meisten Gartenböden. Als Starkzehrer müssen sie regelmäßig gedüngt und gemulcht werden.

Blätter wechselständig und gezähnt. Blüten klein und unscheinbar, grünlich gelb oder weißlich. Einige Arten tragen zwittrige Blüten, bei den beiden bekanntesten Arten, *C. orbiculatus* und *C. scandens*, befinden sich männliche und weibliche Blüten jedoch meistens an unterschiedlichen Pflanzen, und man muss Pflanzen beiderlei Geschlechts setzen, damit Früchte gebildet werden.

### C. glaucophyllus

Unbehaarte, bis 7 m hoch kletternde Triebe, zunächst grün, später braunviolett, kaum windend. Blätter oval und leicht gezähnt, 5 bis 10 cm lang, oberseits grün, unterseits blaugrün. Blüten klein, grünlich, unscheinbar, im Frühsommer und Hochsommer. Früchte 10 mm lang, reif gelb, aufspringend und den Blick auf die leuchtend scharlachroten Samen freigebend. Diese markante Art wurde 1904 von E. H. Wilson eingeführt, ist heute in Kultur aber nur recht selten anzutreffen.
Westchina.
☽ – 15 °C ✣

### C. hookeri

Bis 7 m hoch kletternde Pflanze mit zunächst rötlich behaarten jungen Trieben. Blätter oval, zugespitzt, grob gezähnt, 7 bis 15 cm lang, unterseits an den Adern rötlich behaart. Blüten unscheinbar, grünlich, in kleinen achselständigen Büscheln, im Frühsommer. Samen mit rotem Mantel in orangefarbenen, ungefähr 7 mm langen Früchten, die in Kultur zahlreich gebildet werden.
Himalaja, Südchina.
☽ – 15 °C ✣

### C. hypoleucus
(Erythrospermum hypoleucum)

Wie *C. glaucophyllus*, aber junge Triebe violett bereift, bis

5 m hoch. Blätter größer, 10 bis 15 cm lang, oberseits dunkelgrün, unterseits auffällig blauweiß. Blüten klein, gelblich, in bis zu 20 cm langen Rispen, im Frühsommer und Hochsommer. Früchte außen grün, so groß wie große Erbsen, aufspringend und den Blick auf ihr gelbes Inneres und die roten Samenmäntel freigebend.
China.
☽ – 15 °C ✣

### ✓ C. orbiculatus
(C. articulatus)

Stark wachsende, bis 14 m hoch kletternde Art. Junge Triebe windend, mit Dornenpaaren an jeder Knospe. Blätter oval oder rundlich, leicht gezähnt, 5 bis 12 cm lang. Blüten grün, nur 4 mm groß, achselständig, zu kleinen Trugdolden vereinigt, im Frühsommer. Früchte zunächst grün, reif schwarz, erbsengroß, aufspringend und den Blick auf die goldene Innenfläche sowie die wunderschönen, glänzend scharlachroten Samen freigebend. Die Pflanzen sehen im Herbst sehr prächtig aus, ihre Früchte halten meist bis nach Weihnachten. Im Handel sind zwittrige Klone erhältlich, doch aus Samen angezogene Pflanzen sind meist zweihäusig.
Nordostasien.
☼ ☽ – 20 °C ✣

'Diana': wertvoller weiblicher Klon.

### C. rosthornianus

Elegante, bis 7 m hoch kletternde Art mit sehr dünnen, unbehaarten Trieben und hängenden Zweigen. Blätter oval bis lanzettlich, glänzend grün, fein gezähnt, 4 bis 7,5 cm lang.

*Baumwürger* (Celastrus orbiculatus)

Blüten grünlich, unscheinbar, von Früh- bis Hochsommer. Früchte in kleinen Büscheln, erbsengroß, aufspringend, mit scharlachroten Samen, bis ins neue Jahr hinein haltend.
Westchina.
☼ ☽ – 15 °C ✣

### C. rugosus

Stark wachsende, bis 7 m hoch kletternde Pflanze mit unbehaarten Trieben. Blätter oval, grob gezähnt und oberseits auffallend rau, 7 bis 15 cm lang. Blüten klein, grünlich, einzeln oder in kleinen Büscheln, im Früh- und Hochsommer. Früchte orangegelb, ungefähr 8 mm lang, aufspringend und den Blick auf die rotschaligen Samen freigebend.
Westchina.
☽ – 15 °C ✣

### ✓ C. scandens

Bis zu 10 m hoch windende Pflanze. Blätter oval bis elliptisch, fein gezähnt, 5 bis 10 cm lang. Blüten klein, gelblich

weiß, im Früh- bis Hochsommer in endständigen Rispen, männliche und weibliche Blüten an verschiedenen Pflanzen. Früchte zahlreich, in dichten, 5 bis 7,5 cm langen Rispen, erbsengroß, aufspringend und den Blick auf das orangefarbene Innere sowie die leuchtend scharlachroten Samenmäntel freigebend. Diese besonders schöne Art wurde bereits 1736 als Kulturpflanze eingeführt. Sie benötigt allerdings viel Platz. Östliches Nordamerika.
Es gibt Auslesen mit zwittrigen Blüten, die reichlich Früchte ansetzen.
☽ – 40 °C ✣

'Indian Brave': männlicher Klon.
'Indian Maiden': weiblicher Klon.

## Cionura
### (Asclepiadaceae)

Diese Gattung enthält nur eine Art, die wegen ihres schönen Laubs und der süß duftenden, zu Büscheln vereinigten Blüten kultiviert wird. Früher ordnete man die Art der tropischen Gattung *Marsdenia* zu.

### ▦ C. erecta
(Marsdenia erecta)

Wüchsige Kletterpflanze mit dünnen, bis 3 m hoch windenden Trieben. Blätter gegenständig, mit herzförmigem Grund, 3,5 bis 6 cm lang. Blüten weiß, süß duftend, 1 cm groß, fünflappig, in vielblütigen, 5 bis 10 cm langen, achselständigen Büscheln, im Frühsommer geöffnet. Früchte schmal eiförmig, 7,5 cm lang. Beim Schnitt muss man sehr vorsichtig vorgehen und Hand-

schuhe tragen, weil die Triebe einen giftigen Milchsaft absondern, der Hautausschläge verursachen kann.
Südosteuropa.
☼ −5 °C ✍

## Clematoclethra
### (Actinidiaceae)

Mit *Actinidia* nahe verwandte, Laub abwerfende Kletterpflanzen, die in den meisten durchlässigen lehmigen Böden gut gedeihen. In kühlen Gebieten müssen sie im Schutz einer Mauer oder eines Zauns wachsen; in milden Gebieten kann man sie an dicken Pfählen halten oder über Baumstümpfe klettern lassen. Die Vermehrung erfolgt durch Stecklinge, die im Spätsommer geschnitten werden.

Die Blätter sind wechselständig und tragen bei den kultivierten Arten am Rand feine, borstenartige Zähne. Die Blüten besitzen meist 5 Kronblätter und 10 Staubblätter. Die Früchte sind kleine, rundliche Beeren, die unten die bleibenden Kelchblätter tragen.

Diese ungewöhnlichen, üppigen Kletterpflanzen sind in milden, praktisch frostfreien Gebieten einen Versuch wert.

### C. actinidioides
Wüchsige Art, die 12 m und manchmal auch höher klettert. Junge Triebe unbehaart. Blätter oval bis herzförmig, 4 bis 8 cm lang, dünn gestielt. Blüten im Frühsommer geöffnet, weiß, rosarot überlaufen, etwa 1 cm groß, in kleinen achselständigen Büscheln. Beerenfrüchte

Cionura erecta

schwarz oder schwarzviolett, 6 mm groß.
Südwestchina.
☼ ◑ −5 °C ✍

### ✓ C. integrifolia
Mit *C. actinidioides* nahe verwandt, aber zierlicher und nur halb so hoch kletternd. Blätter oval bis länglich, unbehaart, oberseits grün, unterseits bläulich grün. Blüten weiß, duftend, etwas kleiner, im Frühsommer. 1887 vom russischen Asienforscher Potanin bei einer Reise durch Gansu entdeckt.
Westchina.
☼ ◑ −5 °C ✍

### C. lasioclada
Bis 6 m hoch kletternde Pflanze mit flaumig behaarten jungen Trieben. Blätter oval, 5 bis 10 cm lang, unterseits in den Achseln der Blattadern flaumig behaart. Blüten weiß, in kleinen, achselständigen Büscheln, im Hochsommer. Beeren schwarz, 8 mm groß. In Kultur sehr selten.
Westchina.
☼ ◑ −5 °C ✍

### C. scandens
Wüchsige, bis 8 m hoch kletternde Art. Junge Triebe dicht borstig behaart. Blätter länglich bis fast lanzettlich, zugespitzt, 5 bis 13 cm lang, oberseits grün, unterseits bläulich grün und flaumig behaart. Blüten weiß, etwa 8 mm groß, in kleinen achselständigen Büscheln im Frühsommer. Reife Beeren rot, 8 mm groß. An einer Mauer oder an einem Baum besonders hübsch.
Westchina.
☼ ◑ −10 °C ✍

## Cocculus
### (Menispermaceae)

KOKKELSTRAUCH
Laub abwerfende oder immergrüne Kletterpflanzen und aufrechte Sträucher mit ganzrandigen oder gelappten, wechselständigen Blättern. Die kleinen, sechszähligen Blüten sind eingeschlechtig und zu achselständigen Rispen vereinigt. Früchte rund, fleischig, einsamig.

### ✓ C. carolinus
Diese Art besitzt flaumig behaarte, holzige Triebe, die bis 5 m hoch winden. Blätter oval oder herzförmig, 5 bis 13 cm lang, zuweilen mit 3 oder 5 Lappen, unterseits weißlich behaart. Blüten weiß, männliche in achselständigen Büscheln, weibliche in Rispen, meist an der gleichen Pflanze, im Hochsommer geöffnet. Früchte rot, ungefähr 6 mm groß, in dichten Büscheln.
Südosten der USA.
☼ −15 °C ✍

### C. orbiculatus
(C. trilobus)
Diese windende Pflanze klettert 3 bis 5 m hoch und besitzt flaumig behaarte Triebe, die mit zunehmendem Alter verholzen. Blätter herzförmig oder oval, gelegentlich mit 3 bis 5 Lappen, 3 bis 10 cm lang, vor allem jung unterseits behaart. Blüten cremefarben, im Spätsommer geöffnet. Früchte ungefähr 1 cm groß, schwarz mit blauem Reif. Die Pflanzen sind im Herbst besonders hübsch, wenn sie Früchte tragen. Sie fruchten jedoch nur an sehr sonnigen Orten.
China, Japan, Korea, im Süden bis Java.
☼ ◑ −20 °C ✍

## Decumaria
### (Hydrangeaceae)

STERNHORTENSIE
*Decumaria barbara* ist in der Regel Laub abwerfend, wird aber gemeinsam mit der immergrünen Art *D. sinensis* vorgestellt (siehe S. 89).

## Fallopia
## (Polygonaceae)

SCHLINGKNÖTERICH

Zu dieser Gattung gehören die stark wachsenden Kletterpflanzen *F. aubertii* und *F. baldschuanica*, die sich stark ausbreiten und vor denen deshalb oft gewarnt wird. Für große Gebäude und hohe Sichtschutzvorrichtungen eignen sie sich als sehr raschwüchsige, schöne Kletterpflanzen jedoch besonders gut. In voller Blüte ähneln sie Wolken. Alle *Fallopia*-Arten sind wüchsige, holzige, windende Pflanzen mit wechselständigen, herzförmigen Blättern. Früher wurden sie zur Gattung *Polygonum* gestellt. Die kleinen Blüten sind zu lockeren, endständigen und achselständigen Trauben oder Rispen vereinigt und besitzen meist 5 Segmente. Die 3 äußeren Segmente sind geflügelt oder tragen auf der Rückseite eine Rille. Die Frucht ist ein dreieckiges Nüsschen, das von der bleibenden Blütenhülle (Perianth) umschlossen wird.

Die Pflanzen gedeihen an großen Mauern, die mit Drähten als Halt ausgestattet sind, und an Pergolen. Am schönsten sehen sie jedoch aus, wenn sie in alten Bäumen emporklettern. Sie wachsen in den meisten Gartenböden. Durch Stecklinge aus krautigem Material, die im Sommer geschnitten werden, oder durch Steckhölzer, die man im Winter schneidet, lassen sich die Pflanzen problemlos vermehren. Nach einem starken Schnitt treiben sie aus ihren unterirdischen Teilen gut wieder aus.

*Chinesischer Schlingknöterich* (Fallopia aubertii)

### F. aubertii
*(Polygonum aubertii, Bilderdykia aubertii)*
Diese Art ähnelt *F. baldschuanica*, besitzt aber schmalere, aufrechte, offenere Rispen und kleinere, weiße oder grünliche, sich später rötende Blüten im Sommer und Frühherbst.

Diese Pflanze wird häufig mit *F. baldschuanica* verwechselt, und bei vielen der als *F. baldschuanica* verkauften Pflanzen handelt es sich in Wirklichkeit um die in Kultur häufiger anzutreffende *F. aubertii*.
Westchina, Tibet.
☼ ◑ –20 °C ⌄F

### F. baldschuanica ♀
*(Polygonum baldschuanicum, Bilderdykia baldschuanica)*
Meist starkwüchsige, windende Pflanze, die bis 12 m und manchmal auch höher klettert. Die Triebe verholzen mit der Zeit sehr stark. Blätter 2,5 bis 10 cm lang, unbehaart, blassgrün. Blüten klein, weiß oder blassrosa, in 20 bis 40 cm langen, breiten, überhängenden Rispen, im Sommer und Frühherbst geöffnet. Afghanistan, Westpakistan, südliches Mittelasien (Turkmenistan bis Kasachstan).
☼ ◑ –20 °C ⌄F

### F. multiflora
*(Polygonum multiflorum)*
Weniger wüchsige, manchmal halb immergrüne Pflanze mit dünnen, windenden, roten Trieben, die bis 5 m hoch klettern. Blätter herzförmig, 5 bis 13 cm lang, glänzend dunkelgrün. Blüten weiß oder grünlich, in lockeren flaumigen Rispen, im Frühsommer und Hochsommer geöffnet.
China, Taiwan.
☼ –15 °C ⌄F

## Hydrangea
## (Hydrangeaceae)

HORTENSIE

Die kletternden Arten dieser beliebten Gattung bilden wie Efeu an ihren Trieben Haftwurzeln, die sich an Mauern befestigen. Blätter gegenständig, Blütenstände flach. *H. petiolaris*, die Kletterhortensie, ist eine der beliebtesten und am meisten verkauften Kletterpflanzen für Mauern und sieht an alten Gebäuden besonders schön aus.

Hortensien lieben durchlässige Böden, die mit Kompost oder gut verrottetem Stallmist gemulcht wurden. Die Triebe junger Pflanzen müssen meist angebunden werden, bevor sie beginnen, eigenständig zu klettern. Vermehrung durch Stecklinge, die man von gut ausgereiften Trieben schneidet und im Sommer in einen Vermehrungskasten setzt, wo sie sich rasch bewurzeln.

### H. anomala

Diese Art ähnelt *H. petiolaris* sehr, ihre im Frühsommer geöffneten Blütenstände sind jedoch rundlicher, und die cremefarbenen fertilen Blüten besitzen weniger Staubblätter (9 bis 15). Zudem sind die Blätter gröber gezähnt. Diese Pflanze ist in Kultur viel seltener anzutreffen als *H. petiolaris*, sieht in voller Blüte aber genauso schön aus.
Himalaja bis Westchina.
☼ ◑ –10 °C ⚘ꜰ

### ✓ H. petiolaris ♀

(*H. anomala* ssp. *petiolaris*)
KLETTERHORTENSIE
Bis 15 m hoch kletternde Pflanze, die aber auch an nur 3 bis 4 m hohen Wänden gehalten werden kann. Die braune Rinde alter Triebe löst sich ab. Blätter breit oval, gezähnt, 5 bis 11 cm lang. Blütenstände 15 bis 25 cm groß, außen mit charakteristischen, weißen, sterilen Blüten, im Frühsommer und Hochsommer. Diese häufig kultivierte Art eignet sich für Mauern und Zäune jeder Lage und blüht auch an Mauern in Nordlage gut. Sie wird zwar sehr hoch, gedeiht aber auch hervorragend an bis zu 2 m hohen Mauern. Man kann sie

Hydrangea anomala

auch in Bäumen emporklettern lassen oder aber alte Baumstümpfe mit ihr begrünen, wobei sie schließlich strauchartig wächst. Einige der in Baumschulkatalogen als *Schizophragma hydrangeoides* angebotenen Pflanzen sind in Wirklichkeit Kletterhortensien.
Japan, Korea, Taiwan.
☼ ◑ ● –20 °C ⚘ꜰ

### H. serratifolia

ist eine immergrüne Kletterpflanze (*siehe S. 94*).

## Jasminum
## (Oleaceae)

JASMIN
Jasmin wird im Kapitel über immergrüne Kletterpflanzen be-

sprochen. Die folgenden Arten sind in den kälteren Gebieten, in denen man sie kultivieren kann, jedoch oft Laub abwerfend, besonders in strengen Wintern: *J. beesianum*, *J. dispermum*, *J. officinale* (der süß duftende Echte Jasmin), *J. × stephanense* (*siehe S. 94/95*).

## Menispermum
## (Menispermaceae)

MONDSAME
Kleine Gattung holziger oder nur an der Basis verholzender, windender Kletterpflanzen mit sommergrünen, wechselständigen, lang gestielten, etwas an Efeu erinnernden Blättern. Männliche und weibliche Blüten an verschiedenen Pflanzen.

Die Früchte enthalten jeweils einen halbmondförmigen Samen, dem die Pflanzen ihren botanischen und deutschen Namen verdanken. Früchte werden allerdings nur gebildet, wenn man Pflanzen beider Geschlechter setzt.

### ✓ M. canadense

Kräftige, raschwüchsige Pflanze, klettert 3 bis 5 m hoch und breitet sich durch unterirdische Ausläufer aus. Die dünnen Triebe bilden ein dichtes Gewirr. Blätter oval bis herzförmig, meist mit 3 bis 7 flachen, stumpfen Lappen, oberseits dunkelgrün, unterseits heller und deutlich geadert. Blüten grünlich gelb, unscheinbar, in lang gestielten endständigen Rispen, im Frühsommer und

Hochsommer. Reife Früchte ähneln Schwarzen Johannisbeeren, ungefähr 7 bis 9 mm groß, in langen, lockeren Büscheln. Die Pflanzen müssen nicht geschnitten werden. Man kann sie durch Entfernen des schwachen und abgestorbenen Holzes säubern, doch wegen des Gewirrs von Trieben ist dies ein schwieriges Unterfangen. Besser ist es, alle 2 oder 3 Jahre im Winter nahe am Erdboden abzuschneiden. Die Früchte reifen im Herbst. Früchte und Samen sind giftig! Östliches Nordamerika.
☼ −20 °C ❧

### ✓ M. dauricum

Ähnlich wie *M. canadense*, aber weniger häufig in Gärten zu sehen. Blattlappen stärker zugespitzt, Blütenrispen kürzer und dichter, achselständig und paarig. Blütezeit Frühsommer und Hochsommer. Früchte etwas größer als bei *M. canadense*. Pflege wie bei *M. canadense*. Nordostasien, von Sibirien bis China.
☼ −20 °C ❧

*Dahurischer Mondsame* (Menispermum dauricum)

### Muehlenbeckia
### (Polygonaceae)

Nur an der Basis verholzte Sträucher und Kletterpflanzen der südlichen Erdhalbkugel. Blätter wechselständig. Blüten eingeschlechtig, grün oder weißlich, tief fünflappig. Frucht ein dreikantiges Nüsschen, das von der bleibenden Blütenhülle umschlossen wird.

### M. complexa

Bis 6 m hoch kletternde Pflanze mit einem Gewirr zahlreicher dünner, ineinander verschlungener, dunkler Triebe. Blattform und -größe sehr variabel, rundlich bis länglich, herzförmig oder geigenähnlich gebuchtet, 3 bis 18 mm lang. Blätter stumpfgrün und unbehaart, mit rauem, warzigem Stiel. Blüten grünlich weiß, ungefähr 4 mm lang, in endständigen und achselständigen, etwa 1,5 cm langen Ähren. Blütezeit Herbst. Diese Pflanze ist nicht besonders hübsch, aber ausgefallen. Sie eignet sich am besten dazu, einen alten Baumstumpf an einem geschützten Ort zu verstecken, und treibt in der Regel wieder aus, wenn die oberirdischen Teile erfroren sind. Neuseeland.
☼ ☽ −10 °C ❧

Die **var. trilobata** (*M. triloba*, *M. varians*) hat tief dreilappige Blätter.

### M. sagittifolia

Bis 4 m hoch kletternder Strauch. Blätter pfeilförmig bis lanzettlich, 4 bis 9 cm lang, obere Blätter linealisch. Blüten grünlich weiß, in schlanken Trauben, den Blüten von *M. complexa* sehr ähnlich. Neuseeland.
☼ ☽ 0 °C ❧

### Paederia
### (Rubiaceae)

Diese kleine Gattung ist nur selten in unseren Gärten zu finden, doch ein Versuch mit ihr lohnt sich, wenn man Pflanzen bekommen kann. Die am häufigsten kultivierte Art gedeiht in den meisten durchlässigen Gartenböden.

### P. scandens
(*P. chinensis*, *P. wilsonii*)
Bis 5 m hoch kletternde Art. Blätter dunkelgrün, oval, fein

zugespitzt, 5 bis 15 cm lang, unterseits flaumig behaart. Die jungen Triebe riechen sehr unangenehm. Blüten röhrenförmig, weiß mit violettem Schlund, 8 bis 12 mm lang, in verzweigten Rispen zwischen kleineren, schmaleren Blättern an den Triebspitzen, vom Hochsommer bis zum Frühherbst. Früchte erbsengroß, reif orange.
China, Japan, Korea.
☼ 0 °C ⅄<sub>F</sub>

## Parthenocissus
### (Vitaceae)

JUNGFERNREBE
Zu dieser Gattung gehören ungefähr zehn Arten raschwüchsiger, schöner Kletterpflanzen aus Nordamerika, Ostasien und dem Himalaja. Sie werden vor allem wegen ihrer dekorativen Blätter kultiviert, die oft eine prächtige Herbstfärbung zeigen. Am schönsten sind die Farben bei Pflanzen, die an Mauern in Nord- und Ostlage wachsen. Die Triebe klettern bei vielen Arten mit verzweigten Ranken, die an ihren Enden tellerförmige Haftscheiben tragen. Diese heften sich fest an Mauer, Zaun, Säule oder Baum an. An den Haftscheiben kann man Jungfernreben von den nahe verwandten Gattungen *Vitis* und *Ampelopsis* unterscheiden, deren Standortansprüche identisch sind. Die meisten Jungfernreben eignen sich hervorragend zur Begrünung von großen, unansehnlichen Mauern und Gebäuden. Nachdem sie angewachsen sind, wachsen sie rasch.

*Wilder Wein* (Parthenocissus quinquefolia)

Die grünlichen, eher unscheinbaren Blüten stehen in achselständigen, zusammengesetzten Trugdolden. Vor allem nach heißen, trockenen Sommern tragen die Pflanzen oft kleine blaue oder schwarze Beerenfrüchte.

### ✓ P. henryana ♀
*(Vitis henryana)*
Die zierlichste und schönste Art. Recht wüchsig, bis 10 m hoch kletternd. Blätter mit 3 bis 5 ovalen, grob gezähnten Blättchen, 4 bis 13 cm lang, sehr auffällig gefärbt: oberseits kräftig samtig dunkelgrün oder bronzefarben mit rosafarbenen, roten oder violetten Adern, im Herbst tiefrot. Blüten klein, grünlich, in endständigen, gut 15 cm langen beblätterten Rispen. Blütezeit Hochsommer bis Spätsommer. Beerenfrüchte klein und dunkelblau.
Zentralchina.
☽ ☀ –5 °C ⅄<sub>F</sub>

### P. himalayana
*(Ampelopsis himalayana)*
Wüchsige Art mit unbehaarten, bis 10 m hoch kletternden Trieben. Blätter mit 3 ovalen, gezähnten, 5 bis 15 cm langen Blättchen, oberseits tiefgrün, unterseits heller bläulich grün, im Herbst kräftig purpurrot. Blüten grünlich, im Hochsommer und Spätsommer. Beerenfrüchte klein, tiefblau.
Himalaja.
☽ 0 °C ⅄<sub>F</sub>

**var. *rubrifolia*:** Blätter kleiner, jung violett. Westchina.

### P. inserta
*(P. quinquefolia* var. *vitacea, Vitis* oder *Ampelopsis inserta)*
Wüchsige Kletterpflanze, die oft mit *P. quinquefolia* verwechselt wird, aber keine Haftscheiben an ihren Ranken trägt. Die Ranken winden sich stattdessen um geeignete Haltevorrichtungen oder verankern sich in Spalten. Blüten grünlich, im Hochsommer und Spätsommer. Blätter mit 5 elliptischen Blättchen, größer und heller grün als bei *P. quinquefolia*, im Herbst aber ebenfalls leuchtend purpurrot.
Osten, Mitte und Südwesten der USA.
☽ –20 °C ⅄<sub>F</sub>

**var. *laciniata*** *(P. quinquefolia* var. *laciniata)*: durch die tief gezähnten Blätter besonders schön. Südwesten der USA.

### ✓ P. quinquefolia
*(Vitis quinquefolia)*
WILDER WEIN
Sehr schöne, wüchsige, bis 15 m hoch kletternde Art mit dünnen, unbehaarten, jung rötlichen Trieben. Blätter mit 5 (manchmal 3) ovalen, grob gezähnten, 2 bis 10 cm langen Blättchen, oberseits stumpfgrün, unterseits heller bläulich grün. Kräftige, lebhaft purpurrote Herbstfärbung. Blüten

*Wilder Wein* (Parthenocissus quinquefolia)

Parthenocissus tricuspidata *'Robusta'*

klein, grünlich, im Hochsommer und Spätsommer, Beerenfrüchte bläulich schwarz. Mittleres und östliches Nordamerika. Wird nachweislich schon seit mindestens 1629 kultiviert.
☼ –25 °C ⅄ꜰ

**var. engelmannii** *(Vitis oder Ampelopsis engelmannii)*: Blätter kleiner als beim Typ, im Sommer schön bläulich grün, im Herbst feuerrot. **var. hirsuta** *(Ampelopsis graebneri)*: Triebe, Blätter und Blütenstände behaart, Blätter mit sehr kräftiger Herbstfärbung. **var. murorum** *(P. radicantissima, Ampelopsis hederacea* var. *murorum)*: mit zahlreichen Ranken, die besonders reich und kurz verzweigt sind, sodass die Triebe sich sehr fest an ihren Halt heften können. Süden der USA.
**var. saint-paulii** *(P. saint-paulii)*: junge Triebe und Blattunterseiten fein behaart, Blätter tiefer und schärfer gezähnt als bei den anderen Varietäten.

### P. thomsonii
*(Cayratia thomsonii, Vitis thomsonii)*
Diese prächtige Art ist eng mit *P. henryana* verwandt, aber härter und zierlicher. Blätter glänzend grün, mit 5 ovalen Blättchen, 2,5 bis 10 cm lang,

mit scharf gezähnter oberer Hälfte, im Herbst kräftig scharlachrot und purpurrot. Blüten grünlich, im Hochsommer und Spätsommer. Beerenfrüchte klein, schwarz.
Assam, China, Himalaja.
☼ ☀ –5 °C ⅄ꜰ

### ✓ P. tricuspidata ♀
*(Ampelopsis tricuspidata, Ampelopsis* oder *Cissus veitchii)*
Sehr schöne, bis 20 m hoch kletternde Art. Blätter glänzend, in Form und Größe sehr variabel, jung herzförmig und nur leicht gelappt oder mit 3 Blättchen, bei ausgewachsenen Pflanzen gröber und meist dreilappig, bis 20 cm groß, im Herbst lebhaft purpurrot. Blüten gelblich grün, im Hochsommer und Spätsommer, Beerenfrüchte stumpf dunkelblau. Eine der größten und prächtigsten Kletterpflanzen, die auch häufig kultiviert wird. In Katalogen findet man sie auch unter dem Namen *Ampelopsis veitchii.*
China, Japan.
☼ ☀ –20 °C ⅄ꜰ

**'Atropurpurea':** Blätter groß, im Frühjahr und Herbst rot, grün mit bläulichem Ton, im Sommer purpurn. **'Aurata'**: Blätter gelblich, schwach marmoriert. **'Beverley Brook'**: Blätter klein, im Herbst rot. **'Green Spring'**: Blätter jung rötlich getönt, später glänzend grün. **'Lowii'**: elegante Sorte mit kleinen drei- bis siebenlappigen, eingeschnitten gesägten Blättern und hübscher Herbstfärbung. **'Minutifolia'**: Blätter groß, glänzend grün, später purpurn und rosa. **'Purpurea'**: Blätter rot mit purpurfarbenem Ton. **'Robusta'**: Blätter glänzend, meist dreizählig, im Herbst rot und orange. **'Veitchii'**: Blätter kleiner als beim Typ, oval oder dreilappig, auch jung rötlich purpurn.

## Periploca
### (Asclepiadaceae)

BAUMSCHLINGE

Laub abwerfende oder immergrüne windende Kletterpflanzen und Sträucher aus der Alten Welt, die gegenständige, ganzrandige Blätter besitzen und wegen ihrer Büschel kleiner, *Hoya*-ähnlicher Blüten und der schönen, paarigen, seidig behaarten Früchte kultiviert werden. Die Triebe sondern bei Verletzung giftigen Milchsaft ab. Leicht zu kultivieren, besonders zur Begrünung von Zäunen, Pergolen und Bögen geeignet.

### P. graeca
Triebe braun, unbehaart, bis 9 m hoch windend. Blätter oval, 5 bis 13 cm lang, glänzend dunkelgrün. Blüten innen bräunlich violett, außen grünlich gelb, gut 2 cm groß, mit 5 stumpfen Kronabschnitten, in bis 7,5 cm großen Trugdolden. Blütezeit Hochsommer bis Spätsommer. Früchte zylindrisch, etwa 12 cm lang.
Südosteuropa, Türkei.
☼ −15 °C 🌿

### P. laevigata *(siehe S. 99)*.

### ✓ P. sepium
Kleine, zierlichere, bis 3 m hoch kletternde Art. Blätter lanzettlich bis schmal oval, 4 bis 10 cm lang, glänzend dunkelgrün. Blüten duftend, innen dunkelviolett, außen grünlich, 2 cm groß, zu 2 bis 9 in Trugdolden, Kronabschnitte zurückgeschlagen und am Rand wollig behaart. Blütezeit Frühsommer und Hochsommer. Früchte an beiden Enden verjüngt, 10 bis 15 cm lang. Etwas härter als *P. graeca*.
Nordchina.
☼ −15 °C 🌿

## Sargentodoxa
### (Sargentodoxaceae)

Die Familie Sargentodoxaceae enthält nur eine Art, die früher zur Gattung *Holboellia* (Familie Lardizabalaceae) gestellt wurde.

### ✓ S. cuneata
*(Holboellia cuneata)*
Wüchsige, windende Art, die bis zu 8 m oder höher klettert. Blätter mit 3 ovalen, ganzrandigen, 5 bis 13 cm langen Blättchen, glänzend dunkelgrün, lang gestielt. Männliche und weibliche Blüten an unterschiedlichen Pflanzen, grünlich gelb, 1 cm groß, in lockeren, hängenden, 10 bis 15 cm langen Trauben. Blütezeit Spätfrühling und Frühsommer. Beeren in Büscheln, ungefähr 6 mm groß, reif blauviolett. Diese Pflanze wird nur selten kultiviert, und ihre Winterhärte ist noch nicht genau bekannt. Sie wurde 1887 vom irischen Pflanzensammler Augustine Henry entdeckt. Zentralchina.
☽ ● −5 °C 🌿

## Schisandra
### (Schisandraceae)

SPALTKÖLBCHEN

Windende Kletterpflanzen, die wegen ihrer schönen, wachsartigen Blüten und in geschützten Lagen auch wegen ihrer ungewöhnlichen, perlenartigen Früchte kultiviert werden.

Die Gattung umfasst etwa 25 Arten, die in tropischen und warm-gemäßigten Gebieten Asiens und Nordostamerikas vorkommen. Sie sind Laub abwerfende oder immergrüne holzige Kletterpflanzen mit wechselständigen Blättern. Die Blüten tragen 5 bis 20 gleichförmige Kelch- und Kronblätter, männliche und weibliche Blüten an unterschiedlichen Pflanzen. Wer sich an den Früchten erfreuen will, muss also beide Geschlechter setzen.

Die Pflanzen gedeihen am besten in nährstoffreichen, lehmigen Böden, die reichlich mit Kompost oder gut verrottetem Stallmist gemulcht wurden.

Man vermehrt durch Stecklinge aus halb reifem Material, die im Sommer geschnitten und in einem Vermehrungskasten angezogen werden.

### ✓ S. chinensis
Bis 9 m hoch kletternde Art. Junge Triebe rot, mit warzenähnlichen Lentizellen (Rindenporen). Blätter elliptisch bis oval, entfernt gezähnt, 5 bis 10 cm lang. Blüten zu 2 oder 3 an dünnen Stielen, duftend, blassrosa, 13 bis 20 mm groß, mit 6 bis 8 rasch abfallenden Blütenblättern, in der Mitte des Frühlings und im Spätfrühling. Früchte reif scharlachrot, in hängenden, gut 7 cm langen Ähren, den größten Teil des Winters über haltend. Fruchtende Pflanzen besonders schön.
China, Japan, Korea und angrenzende Gebiete Nordostsibiriens.
☽ ● −17 °C 🌿

### S. coccinea
Bis 5 m hoch kletternde Pflanze mit dünnen Trieben. Blätter oval bis elliptisch, 5 bis 15 cm lang, recht fleischig. Blüten purpurrot, 10 cm groß.
Südosten der USA.
☽ −7 °C 🌿

### S. grandiflora
Bis 6 m hoch kletternde Pflanze mit rötlichen jungen Trieben. Blätter mehr oder weniger oval, gezähnt, 6 bis 12 cm lang, unbehaart. Blüten duftend, einzeln, hängend, weiß bis cremefarben oder blass rosarot, ungefähr 2,5 cm groß, mit 5 bis 7 Blütenblättern, in der Mitte des Frühlings und im Spätfrühling. Früchte rot, in hängenden, 7 bis 15 cm langen Ähren.
Westchina, Nordostindien.
☽ −15 °C 🌿

### S. henryi
Diese Pflanze unterscheidet sich von den anderen Arten durch ihre dreikantigen, geflügelten jungen Triebe. Blätter oval oder herzförmig, bis 10 cm lang, entfernt gezähnt, oberseits glänzend und unterseits

Schisandra rubriflora

Schisandra rubriflora, *fruchtend*

bläulich grün. Blüten weiß, gut 1 cm groß, bis zu 5 cm lang gestielt, in der Mitte des Frühlings und im Spätfrühling. Früchte rot, in hängenden, bis 8 cm langen Ähren.
China.
☼ ◗ ● –7 °C ⋎ғ

### S. propinqua
Bis 5 m hoch kletternde Art mit kantigen jungen Trieben. Blätter schmal oval, 5 bis 13 cm lang, unbehaart, fein gezähnt oder ganzrandig. Blüten meist

einzeln, die äußeren Blütenblätter grünlich gelb, die inneren orange, in der Mitte des Frühlings und im Spätfrühling. Beerenfrüchte rot, in hängenden, bis 15 cm langen Ähren.
Himalaja.
◗ ● –5 °C ⋎ғ

**var. chinensis** (var. *sinensis*): Blätter schmaler als bei der Art und gelegentlich weiß gezeichnet; im Hochsommer und Spätsommer mit gelblichen Blüten. Wohl härter als der Typ. China.

### ✓ S. rubriflora
Wie *S. grandiflora*, Blüten jedoch scharlachrot bis dunkelrot. Indien, Myanmar, Südwestchina.
◗ –15 °C ⋎ғ

### S. sphenanthera
Bis 5 m hoch kletternde Art mit rötlich braunen, warzigen jungen Trieben. Blätter oval bis fast rund, 5 bis 10 cm lang, am Rand mit winzigen Zähnen. Blüten einzeln, an dünnen Stielen hängend, außen grünlich,

innen orange, gut 1 cm groß, in der Mitte des Frühlings und im Spätfrühling. Beerenfrüchte scharlachrot, in hängenden, etwa 7 cm langen Ähren.
China.
◗ ● –15 °C ⋎ғ

### Schizophragma (Hydrangeaceae)

SPALTHORTENSIE
Kletternde Sträucher, die mit Kletterhortensien verwandt

Schisandra sphenanthera

sind und oft mit ihnen verwechselt werden. Der wichtigste Unterschied liegt darin, dass die sterilen Blüten der Spalthortensien nur 1 Kelchblatt besitzen, die der Kletterhortensien dagegen 3 bis 5. Spalthortensien werden seltener kultiviert, sind aber während der Blüte ebenso hübsch wie Hortensien, und große, gut gewachsene Pflanzen sehen oft wunderschön aus. Spalthortensien klettern mit Hilfe zahlreicher Haftwurzeln, die an den Unterseiten der Triebe gebildet werden und dem Halt eng anliegen. Die Blätter sind gegenständig. Die Blüten sind zu flachen Doldentrauben vereinigt, in denen winzige fertile Blüten in der Mitte und auffällige sterile Blüten am Rand stehen.

Spalthortensien blühen am besten an sonnigen Mauern, gedeihen aber auch in Nordlage und im Schatten. Besonders dekorativ sind sie, wenn man sie in großen Bäumen emporklettern lässt. Sie brauchen jedoch einige Jahre,

um ihre volle Größe zu erreichen. Stecklinge können im Sommer geschnitten und in einem Vermehrungskasten angezogen werden. Spalthortensien wachsen meist recht langsam an.

### S. hydrangeoides
Bis 12 m hoch kletternde Art mit rötlichen jungen Trieben. Blätter breit oval, 10 bis 15 cm lang, gezähnt, oberseits tiefgrün, unterseits heller und seidig behaart. Blütenstände 20 bis 25 cm groß, am Rand mit auffälligen, sterilen Blüten, die ein blassgelbes, ovales bis herzförmiges, 2,5 bis 4 cm langes Kelchblatt tragen. Blütezeit Hochsommer.
Japan.
☼ ◑ ● −20 °C ✽

Diese Art ist bei uns viel häufiger als S. integrifolium, wird aber zuweilen mit den kletternden Hortensien Hydrangea anomala und H. petiolaris (siehe S. 45) verwechselt.

✓ 'Roseum': schöne Form mit rosa getönten sterilen Blüten.

### ✓ S. integrifolium
Sehr schöne Art, die nach einiger Zeit ebenfalls 12 m hoch klettert. Blätter oval oder herzförmig, 7 bis 18 cm lang. Blütenstände bis 30 cm groß, am Rand mit großen, elliptischen, cremeweißen, 6 bis 9 cm großen sterilen Blüten. Blütezeit Hochsommer. Etwas weniger winterhart als die folgende Art, eignet sich nicht für heiße, sonnige Standorte. Gut entwickelte Exemplare sind hübscher als Kletterhortensien (Hydrangea petiolaris).
China.
☼ ◑ ● −10 °C ✽

Spalthortensie (Schizophragma hydrangeoides)

### Sinofranchetia (Lardizabalaceae)

Diese Gattung umfasst nur eine Art, die wegen ihrer hübschen Blätter kultiviert wird. Sie ist mit Holboellia nahe verwandt, aber recht winterhart und trägt ausschließlich dreizählige Blätter. Besonders geeignet zur Begrünung großer alter Gebäude, klettert gut in Bäumen empor. Für kleine Gärten jedoch zu wüchsig. Die Gattung wurde nach dem französischen Botaniker Adrien René Franchet benannt, der zahlreiche chinesische Pflanzen bearbeitete und 1900 starb.

### ✓ S. chinensis
Sehr wüchsige, üppige Pflanze mit windenden, bis 15 m hoch kletternden Trieben. Die jungen Triebe und die Blattstiele sind rötlich bereift. Blätter dreizählig, oberseits tiefgrün, unterseits bläulich grün. Blättchen oval oder elliptisch, 6 bis

Sinofranchetia chinensis

Sinofranchetia chinensis, *fruchtend*

15 cm lang, zugespitzt, ganzrandig. Blüten klein, weißlich, unscheinbar, in hängenden, bis 10 cm langen Trauben im Spätfrühling. Männliche und weibliche Blüten normalerweise an verschiedenen Pflanzen. Früchte so groß wie Weinbeeren, lila, im Sommer. Oft fruchten allerdings weibliche Pflanzen, ohne dass eine männliche in der Nähe wächst. Vielleicht sind solche Pflanzen nicht ausschließlich weiblich, sondern bilden auch männliche Blüten, oder sie setzen Früchte an, ohne dass eine Bestäubung erfolgt ist. Diese Art sieht in Gehölzbeständen besonders schön aus. Sie ähnelt *Akebia quinata (siehe S. 38)* und wird mehr wegen ihrer Blätter und nicht so sehr wegen ihrer Blüten und Früchte kultiviert.
1907 von E. H. Wilson eingeführt.
Zentral- und Westchina.
☽ −15 °C ✀

## Solanum
### (Solanaceae)

NACHTSCHATTEN
Die immergrünen Nachtschattenarten *S. crispum* und *S. jasminoides* werden auf S. 99 beschrieben. Die folgende Art ist Laub abwerfend.

### ✓ S. valdiviense
Wüchsiger, mehr oder weniger kletternder Strauch, der Ausläufer bildet und bis 3 m hoch wird. Blätter wechselständig, oval-lanzettlich, ganzrandig, bis 6 cm lang. Blüten duftend, in kleinen achselständigen Trugdolden, malvenfarben oder weiß, ungefähr 13 mm groß, in der Mitte mit einem schnabelähnlichen Büschel gelber Staubbeutel. Blütezeit Spätfrühling bis Frühsommer. Früchte stumpfgrüne, ungefähr 6 mm große Beeren. Diese Art ist besonders schön, wenn sich die Blüten öffnen, bevor die Blätter sich vollständig entfaltet haben.
1927 von Harold Comber aus Argentinien eingeführt.
Chile und angrenzende Gebiete Argentiniens.
☼ 0 °C ✀

## Vitis
### (Vitaceae)

REBE
Diese Gattung umfasst ungefähr 50 Arten, darunter die Weinrebe *(V. vinifera).* Alle Arten sind auf der nördlichen Erdhalbkugel beheimatet. Viele stammen aus Nordamerika, doch die asiatischen Arten sind die dekorativsten Gartenpflanzen. Die meisten Reben sind wüchsige, Laub abwerfende Pflanzen mit schönen, oft großen und meist handförmig geteilten Blättern. Sie klettern mit Hilfe einfacher oder verzweigter Ranken, die den Blättern gegenüberstehen. Die kleinen, grünlichen, eher unscheinbaren Blüten sind meist zweigeschlechtig, manchmal aber auch rein männlich. Die kleinen, saftigen, bei einigen Arten essbaren Beerenfrüchte sind zu lockeren oder dichten Rispen vereinigt.

Reben werden wegen ihres üppigen, sehr schönen Laubs kultiviert, das bei manchen Arten eine prächtige Herbstfärbung zeigt. In günstigen Lagen reifen bei einigen Arten auch die ansehnlichen Früchte. Reben klettern gut an alten Mauern und Zäunen, aber auch an Pergolen, Pfählen und Baumstümpfen. Die großblättrigen Arten wie *V. coignetiae* und *V. davidii* sehen sehr schön aus, wenn man sie in alten Bäumen emporklettern lässt. Reben lieben durchlässige, lehmige und insbesondere leicht basische

Böden, gedeihen jedoch in den meisten Gartenböden. In nährstoffarme Böden mischt man am besten gut verrotteten Stallmist ein. Bei den meisten Arten ist die Herbstfärbung am schönsten, wenn sie an warmen, sonnigen Orten wachsen.

Der Schnitt sollte gegen Ende des Winters durchgeführt werden, denn später steigt der Saft bereits auf und würde an den Schnittflächen austreten. Die meisten Reben lassen sich gut durch kurze Stecklinge vermehren, die von jungem, gut ausgereiftem Holz geschnitten werden und nur 1 oder 2 Knoten lang sein müssen. Man steckt sie im Herbst in einen unbeheizten Frühbeetkasten. Die meisten Arten können auch durch Augenstecklinge vermehrt werden, also kurze, nur 1 Knospe lange Segmente, die im zeitigen Frühjahr geschnitten und horizontal in ein sandiges Substrat gelegt werden. Alle Arten lassen sich auch aus Samen heranziehen.

*Vitis* 'Brant', *eine Weinrebensorte*

### V. aestivalis

SOMMERREBE

Außerordentlich wüchsige, bis 15 m hoch kletternde Pflanze. Junge Triebe kahl oder leicht flaumig behaart. Blätter sehr groß, 10 bis 30 cm lang, mit 3 oder 5 flachen oder tief eingeschnittenen Lappen, oberseits stumpfgrün, unterseits braunfilzig. Blüten in bis zu 25 cm langen Rispen, im Frühsommer und Hochsommer. Beeren schwarz mit blauem Reif, ungefähr 8 mm groß, wohlschmeckend.
Mitte und Osten der USA.
☼ ◑ −30 °C ⌇ʷ

### ✓ V. amurensis

AMURREBE

Wüchsige Art, die *V. vinifera* stark ähnelt. Junge Triebe rötlich, flaumig behaart. Blätter mit 3 bis 5 Lappen, 12 bis 30 cm lang, tiefgrün, im Herbst purpurrot und violett. Blüten grünlich, im Frühsommer und Hochsommer geöffnet. Beerenfrüchte etwa 8 mm groß, schwarz.
Nordchina, Japan, Korea, Ostsibirien.
☼ ◑ −25 °C ⌇ʷ

### ✓ V. argentifolia

*(V. aestivalis var. argentifolia)*
Bis 10 m hoch kletternde Art, die an ihren bläulich weißen jungen Trieben leicht zu erkennen ist. Blätter mit 3 bis 5 Lappen, 10 bis 30 cm lang, oberseits tiefgrün, unterseits bläulich weiß. Blüten grünlich, im Frühsommer und Hochsommer. Eine auffällige Rebe,

die häufiger kultiviert werden sollte.
Mitte und Osten der USA.
☼ ◑ −30 °C ⌇ʷ

### ✓ V. 'Brant' ♀

*(V. vinifera* 'Brant')
Prächtige Rebe, die 7 m und höher klettert. Eine der schönsten Zierreben. Blätter gelappt, hellgrün, 10 bis 20 cm lang, im Herbst bronzefarben rot mit weiterhin grünen Adern. Reife Beeren blaurot, köstlich süß. Wahrscheinlich eine Hybride zwischen *V.* 'Clinton' und *V. vinifera* 'Black St Peters'.
In Großbritannien seit 1886 kultiviert, in China entstanden.
☼ ◑ −15 °C ⌇ʷ

### V. californica

Mäßig wüchsig, bis 10 m hoch, junge Triebe zunächst fein grauhaarig. Blätter herz- oder nierenförmig, manchmal dreilappig, 5 bis 10 cm lang, ober-

seits grün, unterseits grauhaarig, im Herbst tief purpurrot. Blüten grünlich, im Frühsommer und Hochsommer. Beeren klein, schwarz mit blaurotem Reif, etwa 8 mm groß.
Nordwesten der USA.
☼ ◑ −15 °C ⌇ʷ

### ✓ V. coignetiae ♀

ROSTROTE REBE

Außerordentlich wüchsige Rebe, die meist 10 bis 15 m hoch klettert. Junge Triebe gerippt, grauhaarig. Blätter groß, rau, breit herzförmig, 10 bis 30 cm lang, mit 3 bis 5 zugespitzten Lappen, oberseits dunkelgrün, unterseits rostbraun und behaart. Prächtige orangefarbene, mahagonifarbene und scharlachrote Herbstfärbung. Blütezeit Frühsommer und Hochsommer. Beeren schwarz mit purpurfarbenem Reif, ungefähr 12 mm groß. Diese schöne Rebe verdient einen Platz in

*Rostrote Rebe* (Vitis coignetiae)

jedem größeren Garten. Sie sieht besonders hübsch an der Wand eines Innenhofs oder über einem großen Baumstumpf aus, kommt aber auch gut zur Geltung, wenn man sie einfach in einen großen Baum klettern lässt. Nach Madame Coignet benannt, der Tochter des französischen Rosenzüchters Jean Sisley, der 1887 Samen dieser Pflanze sammelte. Japan.
☼ ◑ –20 °C ✂w

### V. davidii
*(V. armata, Spinovitis davidii)*
Üppige, bis 8 m oder höher kletternde Rebe. Junge Triebe mit kurzen, leicht hakigen Stacheln. Blätter variabel, meist herzförmig, 10 bis 25 cm lang, zugespitzt, oberseits glänzend dunkelgrün, unterseits bläulich oder gräulich grün, im Herbst leuchtend rot. Blüten grünlich,

im Frühsommer und Hochsommer. Beeren reif schwarz, 15 mm groß, essbar.
1872 von Père David aus Shensi eingeführt.
China.
☼ ◑ –15 °C ✂w

**'Veitchii'** *(V. armata* var. *cyanocarpa)*: weniger stachelige Form mit hübschen, bronzefarben-grünen Blättern, die sich im Herbst wunderschön rot verfärben. Beeren bläulich bereift.

### V. flexuosa
Elegante Rebe mit dünnen, unbehaarten, bis 5 m hoch kletternden Trieben. Blätter dünn, herzförmig oder rundlich, zugespitzt, 5 bis 10 cm lang, oberseits glänzend grün, unterseits flaumig behaart. Blütezeit Frühsommer. Beeren erbsengroß, reif schwarz.
China, Japan, Korea.
☼ ◑ –20 °C ✂w

**var. parvifolia** *(V. parvifolia)*: hübsche Pflanze mit kleineren Blättern. Blätter grün mit bronzefarbenem, metallischem Schimmer, jung unterseits violett. Zentral- und Südchina, Taiwan, östlicher Himalaja.

### V. labrusca
FUCHSREBE
Kräftige, bis 10 m oder höher kletternde Pflanze. Junge Triebe stark wollhaarig. Blätter dick, herzförmig bis rundlich, ungeteilt oder 3-lappig, 7 bis 20 cm lang, oberseits dunkelgrün, unterseits filzig rostbraun. Beeren dunkel schwarzviolett, 15 mm groß, mit Muskatgeschmack, an Schwarze Johannisbeeren erinnernd. Diese Rebe wurde sehr häufig für Kreuzungen verwendet und ist ein Elternteil vieler wirtschaftlich wichtiger Fruchtsorten in den USA.
Nordamerika.
☼ ◑ –25 °C ✂w

### V. mustangensis
*(V. candicans)*
Bis 10 m oder höher kletternde Rebe. Junge Triebe dicht wollig weiß behaart. Blätter meist herz- oder nierenförmig, ungeteilt oder leicht dreilappig, 5 bis 12 cm lang, oberseits stumpf dunkelgrün und zunächst wollig behaart, unterseits bleibend weißwollig. Blüten grünlich, im Frühsommer und Hochsommer geöffnet. Beeren rundlich, violett, 15 bis 17 mm groß, unangenehm schmeckend.
Süden der USA.
☼ ◑ –5 °C ✂w

### V. piasezkii
*(V. sinensis, Parthenocissus sinensis)*
Wüchsige, aber dünntriebige Pflanze, die bis 7 m hoch klettert. Blätter 7 bis 15 cm lang, auch an einem Trieb sehr variabel geformt, drei- oder fünflappig oder aus 3 oder 5 getrennten Blättchen zusammengesetzt, dunkelgrün, im Herbst bronzefarben und rot. Blüten grünlich, im Frühsommer und Hochsommer. Beeren schwarz, rundlich, 8 mm groß.
Zentral- und Westchina.
☼ ◑ –20 °C ✂w

**var. pagnuccii** *(V. pagnuccii)*: Form mit praktisch unbehaarten Trieben, die sich sonst aber kaum vom Typ unterscheidet.

### V. quinquangularis
*(V. pentagona, V. filifolia* var. *pentagona)*
Wüchsige, bis 8 m hoch kletternde Art. Junge Triebe weißfilzig. Blätter oval oder herzförmig, 7 bis 15 cm lang, meist mit 3 oder 5 flachen Lappen, oberseits dunkelgrün, unterseits in auffallendem Gegensatz dazu weißfilzig. Blütezeit Frühsom-

mer. Beeren blauschwarz, etwa 8 mm groß.

1907 von E. H. Wilson erstmals eingeführt. Diese Art sollte häufiger kultiviert werden. Zentral- und Westchina.

☼ ☽ –15 °C ⋎ⁿᵂ

### ✓ *V. riparia*
### (*V. odoratissima*)
UFERREBE, DUFTREBE

Starkwüchsige, bis 10 m oder höher kletternde Art. Blätter breit, herzförmig, leicht 3-lappig, grob gezähnt, 10 bis 22 cm lang, beidseitig glänzend hellgrün. Blüten in bis zu 20 cm langen Rispen, süß duftend, im Frühsommer und Hochsommer. Beeren schwarzviolett, deutlich blau bereift, 8 mm groß. Weil diese Art gegen die Reblaus resistent ist, verwendet man sie häufig als Unterlage, auf die viele Rebensorten veredelt werden. Zentrales und östliches Nordamerika.

☼ ☽ –40 °C ⋎ⁿᵂ

### *V. romanetii*

Ähnelt *V. davidii* sehr und blüht zur gleichen Zeit, aber Blätter schmal herzförmig, dreilappig, 15 bis 25 cm lang, oberseits dunkelgrün, unterseits flaumig grau behaart. Beeren schwarz, 8 bis 12 mm lang. Junge Triebe und dünnes Holz erfrieren relativ leicht.

Père David brachte diese Art 1872/73 aus China erstmalig nach Europa. China.

☼ –15 °C ⋎ⁿᵂ

### *V. rotundifolia*
### (*Muscadinia rotundifolia*)
MUSCADINERREBE

Bis 10 m hoch wachsende Rebe, deren Rinde im Unter-

Vitis vinifera *'Purpurea', eine Weinrebensorte*

schied zu anderen Arten nicht streifig abfasert. Blätter breit, rundlich herzförmig, selten gelappt, 5 bis 11 cm lang, grob gezähnt, oberseits glänzend dunkelgrün, unterseits glänzend gelblich grün. Blüten grünlich, im Frühsommer und Hochsommer. Beeren purpurn, 15 bis 25 mm groß, mit angenehmem Moschusgeschmack. Süden der USA.

☼ ☽ –5 °C ⋎ⁿᵂ

### ✓ *V. vinifera*
WEINREBE

Diese Art ist so bekannt, dass eine Beschreibung fast unnötig erscheint. Die wüchsigen Triebe klettern 7 m oder höher, wenn man sie nicht schneidet. Blütezeit Frühsommer bis Hochsommer. Blätter drei- bis fünflappig, grob gezähnt, bei der am häufigsten gepflanzten Form hellgrün. Diese Art wird

schon seit Jahrtausenden kultiviert, und man kennt zahlreiche gute Sorten, die in erster Linie wegen der Früchte angebaut, hier aber nicht besprochen werden.

Die Heimat der Kulturrebe (*V. vinifera* var. *sativa*), von der fast alle heutigen Fruchtsorten abstammen, liegt wohl in Westasien. Die Wilde Rebe (*V. vinifera* var. *sylvestris*) kommt auch in Mitteleuropa vor, ist hier aber fast ausgestorben.

☼ ☽ –15 °C ⋎ⁿᵂ

**'Apiifolia'** ('Ciotat', 'Laciniosa'): Blätter dekorativ eingeschnitten, jeder Abschnitt wiederum tief in lange, schmale Segmente zerteilt. **'Fragola':** dekorative Sorte, deren Beeren angenehm nach Erdbeeren schmecken. **'Incana':** mit hübschen graufilzigen, jung weißlichen, dreilappigen oder ungeteilten Blättern und schwarzen Beeren. ✓ **'Purpurea':** sehr schöne Pflanze; jun-

ge Blätter mit flaumiger, weißlicher Behaarung, kurz darauf weinrot oder pflaumenfarben, im Herbst tief dunkelpurpurn; reife Beeren purpurn-schwarz, unangenehm schmeckend, aber eine der schönsten Zierreben.

### ✓ *V. wilsoniae*

Sehr wüchsige, bis 5 m oder höher kletternde Art mit wollig behaarten jungen Trieben. Blätter oval, am Grund etwas herzförmig, buchtig gezähnt, 7 bis 15 cm lang, jung wollig behaart, später oberseits tiefgrün und kahl, unterseits flaumhaarig. Feuerrote Herbstfärbung. Blüten grünlich, im Frühsommer und Hochsommer geöffnet. Beeren schwarz mit violettem Reif, gut 1 cm groß. E. H. Wilson entdeckte diese Art 1902 in China. Sie wurde nach seiner Frau benannt. Zentralchina.

☼ ☽ –15 °C ⋎ⁿᵂ

## Wisteria
### (Leguminosae)

GLYZINE, WISTARIE
Glyzinen gehören zu den schönsten und beliebtesten Kletterpflanzen. Sie werden wegen ihrer üppigen, windenden Triebe und ihrer zahlreichen Trauben duftender Schmetterlingsblüten kultiviert. Glyzinen eignen sich gut zur Begrünung von Mauern, man kann sie aber auch über Pergolen wachsen oder in hohen Bäumen emporklettern lassen. Sie gedeihen in jedem durchlässigen Boden und bevorzugen sonnige, geschützte Standorte.

Zu dieser Gattung gehören zehn Arten, die in Ostasien und Nordostamerika beheimatet sind. Die Blätter sind wechselständig und gefiedert. Blütentrauben end- und achselständig, meist hängend. Die Früchte sind flache, längliche Hülsen, die meist mehrere Samen enthalten.

Junge Pflanzen blühen oft erst nach mehreren Jahren. Wenn man sie schon frühzeitig erzieht und schneidet, ist die Zeitspanne zwischen Pflanzung und erster Blüte meist kürzer. Übermäßiges Düngen fördert das vegetative Wachstum auf Kosten der Blütenbildung. Die Seitentriebe sollten wie folgt eingekürzt werden: Nachdem das Astgerüst ausgebildet ist, schneidet man die Seitentriebe jedes Jahr, um die Bildung von Blütenknospen anzuregen *(siehe Abschnitt »Seitentriebe einkürzen« auf S. 27)*. Am besten schneidet man zweimal: Nach der Blüte (meist im Hochsommer) kürzt man die langen Seitentriebe bis auf ungefähr 15 cm ein, um sie in der Mitte des Winters erneut zu schneiden und dann nur 2 oder 3 Knospen an jedem Seitentrieb zu belassen.

### ✓ W. floribunda
Kräftige, bis 10 m hoch windende Art. Blätter 25 bis 35 cm lang, mit 11 bis 19 ovalen Blättchen. Blüten in hängenden, recht dünnen, 15 bis 25 cm langen Trauben, veilchenblau, duftend. Blütezeit Spätfrühling bis Frühsommer. Hülsenfrüchte 7 bis 15 cm lang, schön samtig behaart.
Japan.
☼ ☽ −20 °C ⚘ ⚘w

Diese Art ist häufig in Gärten zu finden und wird in Japan schon seit Jahrhunderten kultiviert. Kurz nach 1830 wurde sie nach Europa eingeführt. Im Laufe der Zeit selektierte man viele Sorten, von denen die folgenden verbreitet sind. Sorten mit langen Blütentrauben sehen am schönsten an einer Pergola oder einer anderen, mehr als kopfhohen hölzernen Struktur aus, von der ihre Blütenstände prachtvoll herabhängen können.

✓ **'Alba':** Blüten weiß, manchmal mit fliederfarbenem Ton auf dem Schiffchen, in 50 bis 60 cm langen Trauben, stark duftend. **'Beni Fuji':** ⚘ Blüten lavendelblau, besonders angenehm duftend. **'Geisha':** Blüten lavendelblau; selten anzutreffen. ✓ **'Multijuga'** ('Macrobotrys', 'Naga Noda'): Blüten duftend, fliederfarben mit bläulich violettem Ton, am Grund der Fahne oft gelblich, in 90 bis 120 cm langen Trauben; prächtige Form. **'Rosea':** ⚘ Blüten purpurn mit rosafarbener Fahne, Trauben ungefähr 50 cm lang. **'Russelliana':** ⚘ Blüten tief bläulich violett mit tief malvenfarbener Fahne, stets cremefarben gezeichnet; diese Sorte ist vermutlich nicht mehr erhältlich. **'Sekine's Blue':** kurze, veilchenblaue Trauben. **'Violacea Plena':** Blüten gefüllt, fliederfarben; die einzige gefüllt blühende Sorte.

### ✓ W. × formosa
Wahrscheinlich eine Hybride zwischen *W. sinensis* und *W. floribunda* 'Alba'. Bis 25 m hoch kletternd. Blätter mit 9 bis 15 Blättchen. Blüten blass veilchenfarben, in bis zu 25 cm langen Trauben, im Spätfrühling und Frühsommer. In Kultur entstanden.
☼ −20 °C ⚘ ⚘w

**'Issai':** Trauben etwas kürzer, 17,5 bis 25 cm lang, Blüten fliederfarbenblau.

Wisteria floribunda *'Alba', eine weiß blühende Glyzine*

### W. frutescens
Diese Art klettert oft 9 bis 12 m hoch. Blätter 17 bis 30 cm lang, mit 9 bis 15 ovalen oder länglichen Blättchen. Blüten duftend, malvenfarben mit gelbem Fleck, in aufrechten bis bogig überhängenden, 10 bis 15 cm langen Trauben. Blütezeit Sommer. Hülsenfrüchte 5 bis 10 cm lang, unbehaart. Diese Art ist recht selten in Gärten anzutreffen und meist nicht so wüchsig wie die asiatischen Arten.
Südosten der USA.
☼ −20 °C ⚘ ⚘w

**'Magnifica':** Blüten fliederfarben mit schwefelgelbem Fleck auf der Fahne. **'Nivea'** (forma *nivea*): Blüten weiß mit gelbem Fleck auf der Fahne.

Wisteria venusta

Wisteria venusta 'Violacea'

### W. japonica
### (Millettia japonica)

Bis 12 m hoch kletternde Art. Blätter 15 bis 22 cm lang, mit 9 bis 13 hellgrünen, ovalen bis rundlichen Blättchen. Blüten weiß oder sehr blass gelb, in 15 bis 30 cm langen, oft verzweigten Trauben. Blütezeit Hochsommer und Spätsommer. Hülsenfrüchte unbehaart, 7 bis 10 cm lang. Diese Art wächst sehr schön an dicken Bäumen empor, ist in Gärten aber nur selten anzutreffen.
Japan.
☼ –20 °C

### W. macrostachya

Bis 8 m hoch kletternde, mit *W. frutescens* nahe verwandte Art. Blätter meist mit 9 ovalen oder schmal elliptischen Blättchen. Blüten fliederfarben-violett, in dichten, 15 bis 35 cm langen Trauben. Blütezeit Spätfrühling bis Frühsommer. Hülsenfrüchte unbehaart, 7 bis 12 cm lang.
Süden der USA.
☼ –20 °C

### ✓ W. sinensis
### (W. chinensis)

Bis 30 m hoch kletternde Pflanze, vor allem ungeschnitten sehr wüchsig. Blätter 25 bis 30 cm lang, meist mit 11 Blättchen. Blüten duftend, in recht breiten, überhängenden Trauben, 20 bis 30 cm lang, malven- oder fliederfarben. Blütezeit Spätfrühling, manchmal auch später. Hülsenfrüchte 12 bis 15 cm lang. Die hübscheste Art für durchschnittlich große Gärten, weit verbreitet.
China.
☼ –20 °C

**'Alba':** Blüten weiß, stark duftend. **'Caroline':** ♀ Blüten tief blauviolett, stark duftend. **'Jako':** Blütentrauben dicht, fliederfarben, 30 cm lang, duftend. **'Plena':** Blüten fliederfarben, gefüllt. ✓ **'Prolific'** ('Oosthoek's Variety'): niederländische Sorte; Blütentrauben sehr zahlreich und länger als beim Typ. **'Sierra Madre':** Blüten lavendel- bis veilchenfarben mit weißlicher Fahne, stark duftend.

### W. venusta

Bis 9 m hoch kletternde Art. Blätter 20 bis 35 cm lang, mit 9 bis 13 ovalen bis länglichen Blättchen. Blüten leicht duftend, weiß mit gelbem Fleck auf der Fahne, in kurzen, breiten, bogig überhängenden, 10 bis 15 cm langen Trauben. Blütezeit Spätfrühling und Frühsommer, alle Blüten zur gleichen Zeit geöffnet. Die Blüten sind mit einer Länge von 2,5 bis 3,5 cm die größten aller kultivierten Glyzinen. Hülsenfrüchte samtig behaart, 15 bis 20 cm lang. Aus der freien Natur nicht bekannt, in japanischen Gärten entstanden.
☼ –20 °C

**'Alba Plena'** (forma *plena*, 'Shiro Kapitan'): weiße, gefüllte Blüten. **'Violacea'** ('Murasaki Kapitan', var. *violacea*): violette Blüten.

Heckenkirschen

# EINFÜHRUNG

Heckenkirschen, auch Geißblätter genannt, zählen zu den beliebtesten Kletterpflanzen und werden schon sehr lange in Cottage-Gärten, an Bogengängen und an Lauben gehalten. Man kultiviert sie vor allem wegen ihrer schönen, vielfach stark duftenden Blüten. Die meisten Heckenkirschen locken Bienen oder Nachtfalter an, und die aus der Neuen Welt stammenden Arten mit scharlachroten Röhrenblüten werden dort vielfach von Kolibris bestäubt. Heckenkirschen eignen sich hervorragend zur Begrünung von Mauern, Gitterwerk, Zäunen und Pergolen und zum Bekleiden alter Baumstümpfe. Sie gedeihen am besten in lehmigen Böden, die nur sehr langsam austrocknen, und sollten im Sommer gemulcht und gedüngt werden. Ebenso wie Waldreben schätzen sie es, wenn der Wurzelbereich und die unteren Teile der Triebe beschattet, der obere Teil der Pflanzen und die Blüten dagegen in der Sonne liegen. Die auffälligen Beeren werden von Vögeln gern verzehrt.

Der botanische Name der Heckenkirschen lautet *Lonicera*. Diese Gattung umfasst ungefähr 180 Arten, die auf der ganzen nördlichen Erdhalbkugel vorkommen. Darunter finden sich Sträucher ebenso wie Kletterpflanzen. Von den ungefähr 60 kultivierten Arten sind etwa 20 Kletterpflanzen.

Die kletternden Heckenkirschen besitzen windende Triebe und gegenständige, ganzrandige Blätter. Die Blüten stehen in Paaren oder Quirlen beisammen. Sie sind in der Regel röhrenförmig und fünflappig. Die meisten sind zweilippig: Vier Zipfel bilden die obere Lippe, der fünfte die untere. Die fünf Staubblätter ragen oft aus den Blüten hervor. Die Früchte sind vielsamige Beeren.

Heckenkirschen sind überwiegend in den gemäßigten Klimagebieten beheimatet. Die kälteempfindlicheren Arten (*L. hildebrandiana*, *L. implexa*, *L. similis* und *L. splendida*) gedeihen jedoch sehr gut im Wintergarten, wo man auch *L. sempervirens* und *L. japonica* gut halten kann.

LINKS *Hecken-kirschen* (Lonicera) *harmonieren gut mit anderen Kletterpflanzen. Hier bilden* Lonicera etrusca, Rosa '*The Garland*' *und* Clematis viticella '*Madame Julia Correvon*' *ein hübsches Potpourri.*

Nach der Pflanzung sollten Heckenkirschen um zwei Drittel eingekürzt werden, um die Bildung kräftiger Seitentriebe anzuregen. Anschließend werden die zwei oder drei kräftigsten Triebe zur Bildung des Astgerüsts ausgewählt und gegebenenfalls angebunden, bis sie beginnen, in die gewünschte Richtung zu wachsen. Ausgewachsene Pflanzen müssen geschnitten werden – vor allem, damit sie nicht zu groß werden. Im Spätwinter schneidet man schwache, zu dicht stehende und abgestorbene Triebe regelmäßig heraus und kürzt lange Triebe auf die gewünschte Länge ein, wobei man direkt über einem geeigneten Knospenpaar schneidet. An Zäunen oder Bäumen wachsende Heckenkirschen müssen nur wenig oder nicht geschnitten werden. Wenn die gewöhnlicheren Arten wie *L. periclymenum* dort wachsen, wo nur wenig Platz ist, kann man die Seitentriebe im Spätwinter bis auf zwei oder drei Knospenpaare vom Haupttrieb entfernt einkürzen.

Kletternde Heckenkirschen blühen an den diesjährigen Trieben. Schnitt- und Erziehungsmaßnahmen zielen demnach darauf ab, ein dauerhaftes Astgerüst aufzubauen, aus dem die blühenden Triebe wachsen. Dieses Astgerüst sollte nach fünf oder sechs Jahren erneuert werden. Das geschieht durch einen starken Schnitt,

*OBEN Waldgeiß-blatt* (Lonicera peri-clymenum) *und eine Waldrebe wachsen elegant durch einen dekorativen schmie-deeisernen Zaun hindurch.*

*LINKS Süß duf-tende Heckenkir-schen sind attraktive Kletterpflanzen, die man gut über einen Bogen wachsen lassen kann.*

der die Bildung kräftiger junger Ersatztriebe an der Basis anregt. Wer möchte, kann diesen Schnitt auf zwei oder drei Jahre verteilt ausführen.

Kletternde Heckenkirschen werden mit der Zeit unten vielfach kahl. Wenn man ein oder zwei Triebe nahe am Erdboden abschneidet, wird jedoch die Bildung von Ersatztrieben angeregt.

Heckenkirschen sind nicht sehr anfällig für Schädlinge und Krankheiten. Manchmal werden jedoch Blattläuse zum Problem. Wenn diese Schädlinge sich schon früh in der Wachstumsperiode ansiedeln und stark vermehren, kräuseln sich die Blätter, und vielfach blühen die Pflanzen in dem betreffenden Jahr nicht. Bei massivem Befall kann man Insektizide einsetzen. Das Waldgeißblatt (*L. peri-clymenum*) und seine Sorten und *L. tragophylla* werden besonders gern von Blattläusen heimgesucht, vor allem an sonnigen, trockenen Standorten. An schattigen Standorten spielt Blattlausbefall meist keine Rolle. Manchmal leiden Heckenkirschen auch unter Mehltau und Minierfliegen.

Heckenkirschen lassen sich durch Stecklinge aus halb reifem Material gut vermehren, die im Hochsommer geschnitten und im Vermehrungskasten angezogen werden. Mit Bewurzelungshormon ist die Erfolgsquote höher. Die Arten können auch durch Samen vermehrt werden.

Duftende Heckenkirschen sollten dort gepflanzt werden, wo man ihren Duft genießen kann, etwa neben einer Tür oder einem Fenster, aber auch über einem Bogen oder einem Tor. Heckenkirschen werden gern mit Rosen kombiniert, vor allem im traditionellen Cottage-Garten. Am besten setzt man sie stets in ausreichendem Abstand zu benachbarten Gewächsen. Heckenkirschen neigen nämlich dazu, andere Pflanzen zu überwuchern und zu unterdrücken. Sie sehen neben Waldreben sehr schön aus, doch setzt man beide zu dicht aneinander, erhält man ein Gewirr von Trieben, das beim Schnitt nur mühsam auseinander zu bekommen ist. Eine Ausnahme bilden *C. viticella* und ihre Sorten: Sie können im Spätwinter bis zum Erdboden zurückgeschnitten werden, und alle alten Triebe lassen sich dann leicht aus denen der Heckenkirsche herausziehen. Andere Pflanzen, die gut zu Heckenkirschen passen, sind Kletterhortensie (*Hydrangea petiolaris*), Jasmin oder an Mauern wachsende Sträucher wie *Buddleja* oder *Philadelphus*. Auch Staudenwicken sehen neben sommerblühenden Heckenkirschen wunderschön aus, und die Gelb- und Rosatöne vieler Heckenkirschen harmonieren hervorragend mit blau blühenden Säckelblumen (*Ceanothus*).

## Lonicera
## (Caprifoliaceae)

HECKENKIRSCHE

### L. alseuosmoides
Eng mit *L. henryi* verwandt, aber weniger wüchsig und mit unbehaarten jungen Trieben. Blätter elliptisch, zugespitzt, 3 bis 5 cm lang, auch am Rand flaumig behaart. In milden Gebieten immergrün, meist aber nur halb immergrün. Blüten außen violett, innen blassgelb, röhrenförmig (aber nicht zweilippig), ungefähr 13 mm lang, in Paaren in den oberen Blattachseln, im Hochsommer und Herbst geöffnet. Beeren schwarzviolett. Viel seltener erhältlich als *L. henryi*. Die Blüten sind recht unscheinbar, aber Blätter und Früchte sind sehr hübsch.
Westchina (Setschuan).
☼ ◗ −15 °C ⅄F

### ✓ L. × americana ♀
Laub abwerfende Hybride zwischen *L. caprifolium* und *L. etrusca*. Mäßig wüchsig, mit bis zu 7 m hoch kletternden Trieben. Blätter oval, zugespitzt, die obersten Blattpaare unterhalb der Blüten becherförmig verwachsen. Blüten duftend, cremegelb, rötlich violett überlaufen, zweilippig, 4 bis 5 cm lang, in gedrängten Quirlen in den oberen Blattachseln, oft auch in langen, breiten, endständigen Rispen. Blütezeit Sommer und Herbst. Beeren rot. Hübsche Hybride mit dem Wuchsbild des Waldgeißblatts (*L. caprifolium*), mit dem sie manchmal verwechselt wird, und den verzweigten Blütenständen von *L. etrusca*.

Die zahlreichen Blüten verströmen einen starken, süßen Geruch. Diese Pflanze gilt als eine der schönsten Heckenkirschen. Sie gedeiht auch an sonnigen Orten, zieht aber lichten Schatten vor. *L. × americana* stammt ungeachtet ihres Namens aus Europa. Sie wurde von Philip Miller benannt, der irrtümlich glaubte, sie käme aus Nordamerika. In Katalogen und Gartencentern findet man sie manchmal unter dem Namen *L. × italica*, doch dieser Name bezeichnet eine andere Pflanze.
Südosteuropa.
☼ ◗ −20 °C ⅄F

### ✓ L. × brownii
(*L. etrusca* var. *brownii*, *L. sempervirens* var. *brownii*)
In dieser Hybride vereinigen sich die Schönheit von *L. sempervirens* und die Winterhärte der selten kultivierten *L. hirsuta*. Sie ist Laub abwerfend oder halb immergrün und sieht *L. sempervirens* recht ähnlich. Die Triebe wachsen bis 4 m hoch. Blätter oval, bläulich grün. Blüten scharlachrot mit orangefarbenem Schlund, schwach zweilippig, außen flaumig behaart, etwa 4 cm lang, vom Spätfrühling bis zum Frühherbst geöffnet. In Kultur entstanden.
◗ ● −20 °C ⅄F

✓ **'Dropmore Scarlet'**: schöne, scharlachrot blühende Sorte mit besonders langer Blütezeit. **'Fuchsioides'**: Blüten glühend orangescharlachrot, erscheinen zu Beginn und gegen Ende der Wachstumsperiode. **'Plantierensis'**: Kräftiger als die Art, große orange- bis korallenrote Blüten, sehr schöne Sorte. **'Punicea'**: schwachwüchsig, rankt nur wenig, Blüten orange- bis karminrot, entbehrliche Sorte.

Lonicera × brownii *'Dropmore Scarlet'*

### ✓ L. caprifolium ♀
JELÄNGERJELIEBER
Die Triebe dieser Laub abwerfenden Art winden bis 7 m hoch, bleiben meist aber kleiner. Blätter oval, vor allem unterseits bläulich grün, die oberen 2 oder 3 Paare unterhalb der Blütenquirle scheibenförmig verwachsen. Blüten duftend, gelblich weiß mit rosa Tönung, zweilippig, 3 bis 5 cm lang, im Frühsommer. Beeren glänzend orangerot. Diese prachtvolle Pflanze ist vor allem wegen ihres Dufts für viele die beste Heckenkirsche. Sie eignet sich nicht für rasch austrocknende Böden. Wächst am besten in lichtem Schatten, verträgt aber auch Sonne und tiefen Schatten. Diese Art wird manchmal mit *L. periclymenum* verwechselt, deren Blätter aber nicht unterhalb der Blüten scheibenförmig verwachsen sind.
Europa, Westasien.
☼ ◗ ● −25 °C ⅄F

**'Anna Fletcher'**: Blüten zitronengelb, ohne rosa Tönung. **'Pauciflora'**: Blüten kleiner, außen rosarot überlaufen.

### L. ciliosa
Ähnelt *L. sempervirens*, doch das oberste Blattpaar ist unten scheibenförmig verwachsen und oben zugespitzt, und die Blüten sind deutlich zweilippig.
Norden der USA.
◗ −20 °C ⅄F

### L. etrusca
Mäßig wüchsige, Laub abwerfende oder halb immergrüne, bis 4 m hoch kletternde Art. Blätter oval, oberseits grün, unterseits bläulich grün und weichhaarig, die oberen Paare am Grund miteinander verwachsen. Blüten zahlreich, duftend, zunächst gelblich, allmählich rot getönt, später tiefgelb, zweilippig, 4 bis 5 cm lang, erscheinen über lange Zeit vom Sommer bis in den Herbst, Beeren rot. Diese Art eignet sich wegen ihrer geringen Winterhärte nicht für kühle Gebiete, ist aber im Wintergarten sehr hübsch, wenn sie an einer Säule emporwächst oder an einer Mauer gehalten wird.
Mittelmeergebiet.
☼ −10 °C ⅄F

**'Donald Waterer'**: Blüten zunächst rot und cremefarben, später gelb. **'Superba'**: besonders wüchsige, reich blühende Sorte mit großen Büscheln zunächst cremefarbener, später orange gefärbter Blüten.

### L. flava
Bis 3 m hoch werdender, nur schwach schlingender, oft auch etwas buschig wachsender Strauch. Blätter bis 8 cm lang, breit eiförmig bis elliptisch, oberseits frischgrün, unterseits blaugrün und bereift. Oberstes Blattpaar, manchmal auch das darunter, an der Basis mit-

einander verwachsen. Blüten in endständigen Quirlen, anfangs gelb, später orangegelb, duftend. Blütezeit Spätfrühjahr bis Frühsommer. Die Triebe benötigen guten Halt, damit sie nicht am Boden liegend wachsen.

Osten bis Südosten der USA. ☼ –20 °C ⑂ℓ𝔽

### L. giraldii

Immergrüne Kletterpflanze, deren Triebe bis zu 2 m hoch klettern und ein Gewirr bilden. Junge Triebe gelblich behaart. Blätter schmal länglich, beidseitig behaart. Blüten außen hell rotviolett, innen gelb und behaart, zweilippig, gut 2 cm lang, in kurzen, endständigen Büscheln, im Sommer und Frühherbst. Beeren schwarzviolett.

Südchina (Setschuan).

Eine auffällige Art, die nahe mit *L. japonica* verwandt ist. Blüten klein, aber zahlreich. Die gelbliche Behaarung der jungen Triebe sorgt für das charakteristische Aussehen. ☼ ◑ –15 °C ⑂ℓ𝔽

### L. × heckrottii

Diese reich blühende Hybride zwischen *L. × americana* und *L. sempervirens* ist ein Laub abwerfender Strauch mit schwachen, bis ungefähr 3 m hohen Trieben. Blätter länglich oder oval, oberseits grün, unterseits bläulich grün, unbehaart, sehr kurz gestielt, die oberen Blätter sitzend. Blüten rosa mit tiefgelbem Schlund, zweilippig, 3,5 bis 4 cm lang, duftend, in Quirlen oder endständigen, lang gestielten Büscheln, im Sommer und Frühherbst geöffnet. Beeren rot. Diese Pflanze klettert nur wenig. Ihre schwa-

Lonicera etrusca

Lonicera henryi *(fruchtend)*

chen Triebe müssen deshalb meist durch Drähte gestützt werden, wenn sie an einer Mauer emporwachsen. Wächst langsam, verträgt nicht viel direktes Sonnenlicht. In Kultur entstanden. ☼ ● –20 °C ⑂ℓ𝔽

**'Gold Flame'**: wüchsige Pflanze mit dunkelgrünen Blättern und tiefviolett getönten, innen intensiv gelben Blüten, die zu dichten, rundlichen Büscheln vereinigt sind. Manchmal wird unter diesem Namen allerdings nicht die Sorte, sondern *L. × heckrottii* angeboten. Man sollte Pflanzen in Baumschulen und Gartencentern daher während der Blüte auswählen.

### L. henryi

Kräftige, immergrüne oder halb immergrüne, bis 10 m hoch kletternde Art. Junge Triebe kurz borstenhaarig. Blätter schmal länglich bis oval, oberseits tiefgrün, unterseits heller und etwas glänzend. Verliert in strengen Wintern, besonders bei kaltem Ostwind, das Laub, das aber im Frühjahr rasch ersetzt wird. Blüten rotviolett, zweilippig, bis 2 cm lang, in endständigen Büscheln, im Sommer und Herbst. Beeren schwarzviolett. Eignet sich zur Begrünung großer Mauern und Zäune. Die Blüten sind zwar

klein und nicht so schön wie die vieler anderer Heckenkirschen, aber die Blätter sind hübsch, und im Herbst tragen die Pflanzen dekorative glänzende Beeren, in manchen Jahren sehr zahlreich.

Westchina. ☼ ◑ –20 °C ⑂ℓ𝔽

### ✓ ⊞ L. hildebrandiana

Sehr stark wachsende, immergrüne, manchmal auch halb immergrüne Pflanze mit unbehaarten Trieben, die bis 20 m oder höher klettern können. Blätter groß, breit oval oder rundlich, oberseits dunkelgrün, unterseits heller und drüsig. Blüten im Sommer, duftend, zunächst weiß oder cremefarben, sich allmählich orange oder gelbbraun färbend, zweilippig, schmal, aber 9 bis 16 cm lang, in Paaren in den Blattachseln oder endständig. Diese sehr große Pflanze besitzt die größten Blüten aller Heckenkirschen. In gemäßigten Breiten ist sie nicht winterhart, und nur selten sieht man im Freien ein blühendes Exemplar an einer sonnigen, geschützten Mauer. Unter Glas gedeiht sie gut, und im Wintergarten ist sie sehr dekorativ und etwas Besonderes. Junge Pflanzen benötigen oft mehrere Jahre, um anzuwachsen, und blühen zunächst vielfach nur spärlich.

Südchina, Myanmar, Thailand. ☼ +5 °C ⑂ℓ𝔽

### L. hirsuta

Bis 4 m hoch kletternde, rasch wachsende Art, reich verzweigt. Blätter oval, lang zugespitzt, auf der Oberseite auffällig netzartig geadert, unterseits graugrün. Blüten sehr zahlreich in

Trugdolden, etwa 2,5 cm lang, außen behaart, schön orangegelb, aber leider nicht duftend. Blütezeit Früh- bis Hochsommer. Eine schöne, aber in Kultur nur selten anzutreffende Art. Nordamerika (Gebiet der Großen Seen).

☀ –25 °C ⅄ꜰ

### ▦ L. implexa

Kompakte, immergrüne Pflanze, die selten über 2,5 m hoch klettert. Blätter oval oder länglich, unterseits auffällig bläulich grün, oberseits dunkelgrün, die oberen Paare becherförmig verwachsen und die ungestielten Blütenbüschel umgeben. Blüten gut 4 cm lang, außen gelb mit rosa Tönung und flaumig behaart, innen zuerst weiß und später gelb, im Sommer geöffnet. Dekorativ, aber langsam wachsend und in den meisten gemäßigten Gebieten nicht winterhart.
Mittelmeergebiet.

☀ ◑ 0 °C ⅄ꜰ

### ▦ L. japonica

Immergrüne Art mit starkwüchsigen, bis 10 m hoch kletternden, weich behaarten Trieben. Blätter hellgrün, meist oval, manchmal gelappt, vor allem bei nicht blühenden Trieben. Blüten stark duftend, zunächst weiß, manchmal rosa überlaufen, sich sehr bald gelb färbend, zweilippig, außen flaumhaarig, 3 bis 5 cm lang, in gestielten Paaren in den Blattachseln. Blütezeit Spätfrühling und Frühsommer. Beeren klein, schwarz, glänzend. Die Blüten sind nicht so dekorativ wie die der meisten anderen Heckenkirschen, duften aber wunderbar und erfreuen lange Zeit. Diese Heckenkirsche

eignet sich gut, um große Baumstümpfe, alte Zäune oder Gartenmauern zu verstecken. Sie wurde 1806 erstmals als Gartenpflanze kultiviert. In den USA vor allem im Osten verwildert und sehr lästig geworden. Man kann die Pflanzen im Frühjahr bei Bedarf stark zurückschneiden, sie treiben anschließend wieder kräftig aus.
China, Japan, Korea.

☀ ◑ –20 °C ⅄ꜰ

**‘Aureoreticulata’** (‘Variegata’): nicht so starkwüchsige, kleinblättrige Sorte, deren Triebe nur 3 m hoch klettern. Blätter oft mit hellgelber Mittelrippe und ebensolchen Blattadern, manchmal auffallend gelappt. Diese dekorative, häufig kultivierte Sorte ist nicht so winterhart wie der Typ und kann in strengen Wintern Schäden erleiden. Sie blüht reich, wenn man sie an einer warmen, geschützten Mauer hält. ✓ **‘Halliana’**: die bekannteste Sorte. Blüten stark duftend, obere Lippe bis fast zur Hälfte gespalten. Hauptblütezeit im Sommer, die Pflanze blüht aber auch sporadisch im Herbst und gelegentlich sogar in milden Wintern. **‘Hall's Prolific’**: Triebe bis 6 m hoch kletternd, mit ovalen Blättern. Blüht bereits als junge Pflanze. **var. repens**: Blätter nach kurzer Zeit unbehaart, unterseits an den Adern vielfach braunviolett gefärbt, häufig gelappt.

### L. periclymenum
WALDGEISSBLATT

Die windenden Triebe dieser Laub abwerfenden Art klettern in der freien Natur bis 7 m hoch, in Gärten bleiben sie meist niedriger. Blätter oval oder länglich, meist zugespitzt, oberseits grün, unterseits bläulich grün. Obere Blätter sitzend, unterhalb der Blüten nicht scheibenförmig miteinander verwachsen. Blüten köstlich duftend, zuerst meist weiß,

Lonicera periclymenum, *das einheimische Waldgeißblatt*

sich allmählich gelblich färbend, oft rötlich oder rosa getönt, zweilippig, 3 bis 5 cm lang, mit schmaler, flaumhaariger Röhre, in dichten, endständigen Quirlen. Blütezeit Sommer. Beeren glänzend rot. Diese Art ist wegen ihrer Schönheit und ihres starken Dufts beliebt. Der Duft ist in den frühen Morgenstunden und am späten Abend am kräftigsten. Man kann die Pflanze an einer Mauer oder an einem Zaun halten, sie aber auch über einen Baumstumpf oder ande-

Lonicera periclymenum ‘Serotina’

re große Sträucher klettern lassen. Statt der Wildpflanze werden meist Sorten kultiviert, die ihr in verschiedenen Merkmalen überlegen sind.
Europa, Nordafrika, Westasien.

☀ ◑ ● –25 °C ⅄ꜰ

**‘Aurea’**: Blätter etwas kleiner als bei der Art, in der Jugend gelbgrün. ✓ **‘Belgica’**: ♀ wächst strauchiger als die Wildart, Triebe bis 3 m hoch, leicht violett. Blüten außen zunächst rotviolett und später gelblich rosa, innen blassgelb, vom Spätfrühling bis zum Hochsommer geöffnet. ✓ **‘Graham Thomas’**: ♀ besonders starkwüchsige, lange blühende Sorte mit weißen Blüten, die sich später gelb färben und kupferfarben überlaufen sind. ✓ **‘Serotina’** (*L. periclymenum* var. *semperflorens*, ‘Florida’): ♀ Blätter recht schmal, Blüten

Lonicera periclymenum ‘Belgica’

außen dunkelviolett und mit zunehmendem Alter heller, innen cremefarben-rosa, vom Hochsommer bis zum Herbst geöffnet. Beliebte, wüchsige Sorte, die oft sporadisch bis zu den ersten Herbstfrösten blüht.

### ✓ ▦ L. sempervirens

Wüchsige, meist immergrüne, bis 10 m hoch kletternde Pflanze. Blätter oval, oberseits tiefgrün, unterseits bläulich grün und leicht flaumhaarig, die oberen 1 oder 2 Paare unten zu länglichen oder rundlichen Bechern verwachsen. Blüten außen kräftig orange-scharlachrot, innen gelb, nicht duftend, röhrenförmig, 3 bis 5 cm lang, mit 5 mehr oder weniger gleichen Zipfeln, in 3 oder 4 dichten, endständigen Quirlen, vom Frühjahr bis zum Spätsommer geöffnet. Beeren rot. Diese hübsche Pflanze ist winterhärter, als allgemein vermutet wird. Sie erfriert nur, wenn sie in kalten Gegenden oder nicht im Schutz einer Mauer wächst. Wohl die schönste nordamerikanische Art, wird aber nicht besonders häufig in Gärten kultiviert, denn hier bevorzugt man Hybriden. *L. sempervirens* ist jedoch eine Elternpflanze von *L. × brownii* und *L. × heckrottii*.

Die Blüten duften leider nicht, sind aber so schön, dass ihre Geruchlosigkeit nicht ins Gewicht fällt. Die Pflanze ist meist immergrün, verliert in kalten Wintern aber oft einige oder alle Blätter.
Süden und Osten der USA.
☽ –15 °C ⌇ꟼ

'**Magnifica**': halb immergrün, Blüten außen rot und innen gelb. '**Sulphurea**' (forma *sulphurea*): Blüten rein gelb. '**Superba**': Laub abwerfende Sorte mit schönen, scharlachroten Blüten.

### ▦ L. similis

Eng mit *L. japonica* verwandt, in Gärten durch var. *delavayi* vertreten. Blätter oval bis lanzettlich, grün, oberseits kahl, unterseits dick graufilzig. Blüten blassgelb, süß duftend, zweilippig, 5 bis 8 cm lang, mit schmaler Röhre und vorstehenden Staubblättern, in gestielten Paaren in den Blattachseln oder endständig in lockeren Trauben. Blütezeit Hochsommer und Spätsommer. Beeren schwarz. Diese Art wird nicht sehr häufig kultiviert, es lohnt aber, sie an einem geschützten Ort zu halten.
Südwestchina.
☼ 0 °C ⌇ꟼ

### ▦ L. splendida

Die Triebe dieser immergrünen Art klettern bis 4,5 m hoch. Blätter oval oder länglich, bläulich grün, sitzend, die obersten Paare am Grund miteinander verwachsen. Blüten außen rötlich violett und drüsig, innen cremefarben, zweilippig, 2 bis 5 cm lang, in einem ungestielten Blütenstand, der aus 3 bis 5 übereinander angeordneten Quirlen besteht. Blütezeit Hochsommer und Spätsommer. Diese hübsche Art ist nahe mit *L. periclymenum* und *L. etrusca* verwandt. In Baumschulen wird sie leider nur selten angeboten, denn ihre Vermehrung bereitet Schwierigkeiten. Die Pflanzen blühen reich, wenn sie an sonnigen Mauern in Südlage wachsen. Blühende Exemplare bieten einen prachtvollen Anblick, wie es der botanische Name nahe legt. Benötigt guten Schutz vor Frost. Die Pflanzen sind raschwüchsig und wachsen in einer ein-

Lonicera × tellmanniana

zigen Wachstumsperiode oft bis 2 m hoch.
Spanien.
☼ 0 °C ⌇ꟼ

### ✓ L. × tellmanniana ♈

Laub abwerfende Hybride zwischen *L. tragophylla* und *L. sempervirens* 'Superba'. Die wüchsigen Triebe klettern bis 5 m hoch. Blätter oval, grün, die obersten Paare unterhalb der Blüten scheibenförmig miteinander verwachsen. Blüten leuchtend gelb, nicht duftend, zweilippig, 5 cm lang, mit vorstehenden Staubblättern, in

endständigen Büscheln, vom Spätfrühling bis zum Hochsommer. Diese prächtige Pflanze ist wohl die schönste kletternde Heckenkirschen-Hybride. An schattigen Mauern gedeiht sie hervorragend und trägt zahlreiche bronzefarben getönte Blütenknospen, auf die große Blüten folgen.
In Kultur in Ungarn entstanden.
☽ ☀ –18 °C ⌇ꟼ

### ✓ L. tragophylla ♈

Laub abwerfende, bis 6 m hoch kletternde Art mit unbehaarten jungen Trieben. Blätter oval, bläulich grün, das oberste Paar unterhalb der Blüten zu einem rautenförmigen Becher verwachsen. Blüten hellgelb, nicht duftend, zweilippig, gut 7 cm lang, außen flaumig behaart, in bis zu 20-zähligen, endständigen Köpfen. Blütezeit Frühsommer. Beerenfrüchte rot. Eine der großblütigsten und prächtigsten Heckenkirschen. Zieht halbschattige Standorte vor, gedeiht aber auch an sonnigen und schattigen Orten.
Westchina.
☼ ☽ ☀ –15 °C ⌇ꟼ

Lonicera tragophylla

Waldreben

# EINFÜHRUNG

Waldreben *(Clematis)* sind besonders beliebte, farbenfrohe und vielseitig verwendbare Kletterpflanzen. In fast jedem Garten wachsen eine oder zwei über einem Zaun, an einer Mauer oder in einem Baum. Das Sortiment an Arten und Sorten ist sehr groß, viele werden schon lange kultiviert, und so gehören Waldreben zu den wichtigsten Kletterpflanzen unserer Gärten.

Wegen ihres zwanglos erscheinenden Wuchsbilds eignen sich Waldreben gut zum Begrünen von Mauern und Zäunen. Ein alter Baum, in dem die weißen oder rosafarbenen Blüten von *Clematis montana* leuchten, sieht im Frühjahr wunderschön aus. An Säulen und Pergolen kommen die prachtvollen, farbenfrohen Blüten großblütiger Waldrebensorten wie etwa 'Barbara Dibley' oder 'Lasurstern' im Sommer gut zur Geltung. Viele Waldreben besitzen kleinere Blüten, die zwar einzeln nicht so sehr ins Auge fallen, aber so zahlreich und über so viele Wochen gebildet werden, dass ihre Zahl die geringe Größe aufwiegt. Nach der Blüte schmücken sich viele Arten mit federartigen, seidig behaarten, auffälligen Fruchtständen.

Waldreben harmonieren sowohl mit größeren Stauden als auch mit Sträuchern und Bäumen. Oft kann man hübsche Kombinationen von Formen und Farben erzielen. An einer Mauer oder einem Zaun sieht eine einzelne Waldrebe oft etwas verloren aus, man setzt sie daher besser neben andere Pflanzen. Hübsche Kombinationen von Sträuchern und Waldreben können einen Schwerpunkt im Garten bilden; vor allem, wenn die Waldreben vor oder nach den Sträuchern blühen. Nehmen Sie hierfür aber nicht die besonders starkwüchsigen Waldrebentypen, die Ihre Sträucher überwuchern könnten. Die kleinen, veilchenblauen Blüten von *C.* 'Etoile Violette' passen beispielsweise sehr gut zu den karminroten Früchten von *Euonymus* 'Red Cascade'. Rosen und Waldreben sind geradezu eine klassische Kombination. Über einem Bogen oder einer Pergola kann man die kräf-

tig purpurviolett blühende *C.* 'Jackmanii Superba' neben die blassrosa blühende Kletterrose 'New Dawn' setzen oder *C.* 'Madame Julia Correvon' mit kräftig weinroten, samtigen Blüten mit der zierlichen, lachs- bis cremefarben blühenden Rambler-Rose 'The Garland' kombinieren. Heckenkirschen passen ebenfalls gut zu Waldreben, und auch verschiedene Waldreben kann man nebeneinander pflanzen: *C. flammula* passt mit ihren zierlichen, duftenden weißen Blüten sehr gut zu *C.* 'Ernest Markham' oder *C.* 'Perle d'Azur' und blüht auch zur gleichen Zeit. Natürlich gibt es jede Menge weiterer Kombinationsmöglichkeiten.

Die Gattung *Clematis* kommt auf allen Kontinenten vor und umfasst über 200 Arten. Einige sind mit ihren kleinen, grünlich weißen Blüten von geringem gärtnerischem Wert, doch viele bringen leuchtend gefärbte, schöne und auffällige Blüten hervor. Manche verströmen zu-

*Unterschiedliche Waldreben können sehr gut zueinander passen.*

dem einen sehr angenehmen Duft. Im Laufe der Jahre wurden zahlreiche großblütige Hybriden und Sorten gezüchtet. Einige von diesen erscheinen Ihnen vielleicht zu groß und nicht kompakt genug, aber mit ihren schönen Farben bereichern sie den Garten vom Frühjahr bis zum Spätherbst. Einige wenige Arten blühen sogar im Winter!

Waldreben sind wunderbar vielseitig. Einige sind ziemlich frostempfindlich und gedeihen nur, wenn man sie gut schützt, sehr viele aber sind härter und können an verschiedenen Kletterhilfen kultiviert werden: an Mauern, Zäunen, Pergolen, Säulen und Bäumen. Großblütige Sorten werden am besten neben anderen Pflanzen und nicht allein kultiviert, denn sie sind im unteren Teil oft blütenlos, und dies kann von den schönen Blüten im obe-

*OBEN   Waldreben schmücken Säulen, Pergolen und Bögen wirkungsvoller als viele andere Kletterpflanzen.*

*LINKS   Clematis potaninii wächst wild im Nordwesten der chinesischen Provinz Yunnan.*

ren Teil der Pflanzen ablenken. Rosen, Zwergmispeln *(Cotoneaster)*, Säckelblumen *(Ceanothus)* und alte Obstbäume harmonieren besonders gut mit Waldreben, doch jeder Gartenfreund kann nach seinem eigenen Geschmack Pflanzen- und Farbkombinationen zusammenstellen.

Zu den Waldreben gehören nicht nur holzige Kletterpflanzen, sondern auch attraktive Stauden und einige aufrechte Sträucher. Hier wollen wir jedoch vor allem die kletternden Arten vorstellen. Sie klettern mit Hilfe ihrer windenden Blattstiele, die jeden Halt sofort umfassen. So entsteht leicht ein Gewirr von Trieben und Blättern, wenn man nicht darauf achtet, dass genug Platz zwischen den Trieben bleibt, und die Pflanzen von Beginn an erzieht – was Vorsicht erfordert, weil die jungen Triebe leicht brechen können. Einige Waldreben sind immergrün oder zumindest wintergrün, doch werden die Blätter oft braun und unansehnlich, wenn

die Pflanzen nicht einen sehr geschützten Standort im Garten bekommen.

Waldreben besitzen recht einfach gebaute Blüten mit mindestens vier separaten Blütenblättern, die oft leuchtend gefärbt sind. (Im botanischen Sinn handelt es sich um kronblattartige Kelchblätter, die Kronblätter selbst fehlen, doch das wollen wir hier nur der Genauigkeit halber erwähnen.) Die Blütenblätter wachsen bei einigen Arten dicht nebeneinander oder sind teilweise miteinander verwachsen, sodass die Blüten glocken- oder urnenförmig sind. Bei den meisten Arten sind die Blütenblätter aber getrennt und weit ausgebreitet. Staubblätter und Fruchtblätter sind zahlreich. Die Fruchtblätter besitzen jeweils eine Samenanlage und einen langen Griffel, der sich nach der Bestäubung verlängert und bei vielen Arten dicht behaart ist, sodass die Fruchtstände wie flauschige weiße Bärte oder Federbüschel aussehen.

## Standort und Pflege

Waldreben bevorzugen tiefgründige, feuchte Lehmböden. In rasch austrocknenden Sandböden und schweren Tonböden gedeihen sie nur, wenn man die Böden zum Beispiel durch Zusatz von organischem Material verbessert. Offenbar lieben die meisten Arten kalkhaltige Böden, sind aber nicht auf diese angewiesen. Über diese Frage besteht allerdings keine Einigkeit. Mit Ausnahme der frostempfindlicheren Typen gedeihen die meisten Arten und Sorten an sonnigen Standorten ebenso wie an halbschattigen. Einige blühen sogar in tiefem Schatten. Am besten pflanzt man Waldreben jedoch so, dass ihr Wurzelbereich im Schatten bleibt, denn sie vertragen es nicht, wenn starke Sonne den Boden austrocknet. Geschützte Standorte eignen sich am besten, weil ständiger Wind vor allem die großblütigen Sorten schädigen

LINKS Clematis *'Jackmanii Superba' und* C. flammula, *die Mandel-Waldrebe, ergeben im Spätsommer eine schöne Blütenkombination.*

RECHTS Clematis viticella *'Purpurea Plena Elegans' ist eine anspruchslose Sorte der Italienischen Waldrebe, die im Spätsommer blüht.*

kann. Große, wüchsige Arten benötigen stabile Kletterhilfen, denn sie werden mit zunehmendem Alter sehr schwer.

Jungpflanzen setzt man im Herbst oder im zeitigen Frühjahr. Gesunde Containerpflanzen können jedoch fast ganzjährig ausgepflanzt werden, nur nicht mitten im tiefen Winter. Immergrüne Arten pflanzt man am besten im Frühjahr. Junge Pflanzen mit Ausnahme von Sorten, die zur *C.-montana*-Gruppe gehören, werden im Spätwinter bis auf ein oder zwei Paare kräftiger Knospen zurückgeschnitten. Dadurch wird die Bildung kräftiger junger Triebe angeregt.

Die meisten Waldreben, besonders die großblütigen Sorten, sollten während der Wachstumsperiode regelmäßig gedüngt und reichlich gemulcht werden.

Die einzige wichtige Krankheit ist die Clematiswelke, die von Pilzen verursacht wird und oft ganz plötzlich auftritt. Besonders anfällig sind die großblütigen Sorten. Befallene Triebe müssen an der Basis abgeschnitten, abgestorbene Pflanzen entfernt werden. Das betreffende Material sollte in den Hausmüll geworfen werden. Die regelmäßige Anwendung eines systemischen Fungizids, mit dem man die Krankheit gut in Schach halten kann, dürfte aber nur ausnahmsweise gerechtfertigt sein. Der Pilz verursacht deutlich weniger Probleme, wenn man Containerpflanzen 10 bis 15 cm tief in den Boden setzt, denn tief gepflanz-

te Exemplare bilden oft kräftige Triebe, die aus dem Erdboden emporwachsen.

Die Blüten der meisten großblütigen Formen bleichen in grellem Sonnenlicht stark aus, besonders empfindlich sind blaue und rosa Blüten. Solche Sorten sollten daher an halbschattige Orte gepflanzt werden, zumindest aber nicht der Mittagssonne ausgesetzt sein.

Waldreben lassen sich gut durch Stecklinge aus halb reifem Material vermehren, die im Hochsommer geschnitten werden. Am besten bewurzeln sich Internodialstecklinge (also Stecklinge, bei denen die Schnittflächen zwischen zwei Knoten liegen). Wenn man die Stecklinge mit einem Bewurzelungshormon und mit Fungiziden behandelt, bleiben sie gesund und bewurzeln sich rascher.

Die Arten können auch aus Samen angezogen werden, die meist gut und sehr zahlreich angesetzt werden. Sorten fallen allerdings nicht immer typenrein aus Saat, und wer eine bestimmte Sorte erhalten möchte, vermehrt sie besser durch Stecklinge. Sämlinge von Sorten sind jedoch oft sehr variabel, und es kann Freude machen, die besten von ihnen auszuwählen. Die übrigen sollten aber stets beseitigt werden.

*OBEN Die Berg-Waldrebe (Clematis montana) trägt im Frühjahr zahlreiche Blüten. Von dieser wüchsigen, winterharten und zuverlässig blühenden Art stammen viele Sorten in unseren Gärten ab.*

*LINKS Waldreben schmücken die Sträucher unter diesen Fenstern.*

### Der Schnitt

Viele Gartenfreunde halten den Schnitt von Waldreben für schwierig. Er ist aber recht einfach, wenn man einige allgemeine Regeln beachtet. Der Schnitt soll für kräftige, junge Triebe und zahlreiche Blüten sorgen und gleichzeitig verhindern, dass die Pflanze zu groß wird. Waldreben lassen sich entsprechend dem richtigen Schnittzeitpunkt in drei große Gruppen einteilen, die auf den folgenden Seiten vorgestellt werden sollen.

### Gruppe A *(siehe S. 72)*

Waldreben, die früh im Jahr an den vorjährigen Trieben blühen, sollten gleich nach der Blüte geschnitten werden; dies gilt etwa für *C. alpina*, *C. montana* und *C. chrysocoma*. Der Schnitt zielt in erster Linie darauf ab, alte und schwache Triebe zu entfernen, die Pflanze zu verkleinern oder sie auszulichten. Wenn man diese Waldreben erst später im Jahr schneidet, entfernt man die Blüten des folgenden Jahres. Man kann allerdings auch ganz auf einen Schnitt verzichten. *C. armandii*

und die anderen immergrünen Arten dieser Gruppe werden leicht und zurückhaltend geschnitten.

### Gruppe B *(siehe S. 74, 76, 79)*

Die zweite Gruppe umfasst alle Arten und Sorten, die ab dem Hochsommer an den diesjährigen Trieben blühen. Hierzu gehören zwei Haupttypen: die kletternden Stauden und Halbsträucher wie etwa *C. viorna* und *C. viticella* und die wüchsigen Spätblüher wie *C. flammula*, *C. tangutica*, *C. vitalba* und andere. Bei den kletternden Stauden und Halbsträuchern werden im Frühjahr nur die abgestorbenen Triebe entfernt, was oft allerdings bedeutet, die Pflanzen bis fast zum Erdboden zurückzuschneiden. Die Spätblüher hingegen wachsen oben ständig üppig weiter und blühen, werden aber unten nach ein oder zwei Jahren kahl. Hier werden einige der größeren Triebe im Frühjahr stark eingekürzt, um die Pflanzen zu neuem Wachstum anzuregen. Man kann sie aber auch ungefähr 1 m oder gar nur 30 cm über dem Erdboden abschneiden, wobei oben an jedem Trieb ein Paar gesunder Knospen belassen wird.

### Gruppe C *(siehe S. 81)*

Zur dritten Gruppe gehören die meisten großblütigen Sorten und Hybriden, mit Ausnahme von denen der *C.-viticella*-Gruppe. Der Schnitt hat hier vor allem den Zweck, abgestorbene oder alte Triebe zu entfernen und junge Triebe so zu erziehen, dass sie in die gewünschte Richtung wachsen und kein Gewirr bilden. Die meisten Waldreben dieser Gruppe blühen ab dem Frühsommer an Kurztrieben, die von vorjährigen Trieben gebildet werden.

Wer möchte, dass die Pflanzen später im Jahr blühen, kann die erste Blüte ganz oder teilweise opfern, indem er die Triebe zeitig im Frühjahr zurückschneidet. Die meisten Sorten blühen unter diesen Umständen daraufhin ein zweites Mal, allerdings bei weitem nicht so reich, wie die erste Blüte ausgefallen wäre.

### Waldreben der Gruppe A

Diese Waldreben blühen früh im Jahr an den vorjährigen Trieben. Falls man sie überhaupt schneiden will, sollte man das gleich nach der Blüte tun. Der Schnitt zielt vor allem darauf ab, die Pflanzen zu verkleinern oder auszulichten und abgestorbene, schwache und alte Triebe zu entfernen.

### *Clematis alpina* und verwandte Waldreben

Mäßig stark wachsende, Laub abwerfende Arten, deren Blätter aus 9 Blättchen bestehen. Blüten nickend, einzeln, mit 4 Blütenblättern und zahlreichen schmaleren Staminodien, das sind blütenblattartige, sterile Staubblätter. Diese Arten gehören zu den schönsten und elegantesten Waldreben. Man kann sie sehr gut mit Sträuchern kombinieren, die ebenfalls an Mauern wachsen.

#### ✓ *C. alpina* ♀
ALPENWALDREBE

Diese Art klettert oft 2 bis 3 m hoch. Junge Triebe vielfach rötlich oder purpurn überlaufen. Blüten hell- bis dunkelblau oder fliederfarben mit kontrastierender weißer Mitte, breit glockenförmig, 2,5 bis 3,5 cm lang; Staminodien löffelförmig, kürzer als die Blütenblätter. Blütezeit Mitte des Frühlings und Spätfrühling. Eine der schönsten Arten; ideal für kleine Gärten, in denen nicht viel Platz ist.

Mittel- und Nordeuropa, Westasien.

◗ –25 °C ✿

'Columbine': Blüten glockenförmig, blass lavendelblau, Blütenblätter lang zugespitzt. 'Constance': Blüten halb gefüllt, tief violettrosa, 5 cm lang. ✓ 'Frances Rivis' ('Blue Giant'): ♀ große, mittelblaue, 5 bis 7 cm lange Blüten. 'Frankie': Blüten hell- bis mittelblau, 6 cm lang, Staminodien weiß mit hellblauer Spitze. 'Helsingborg': ♀ Blüten tief blauviolett, mit fein zugespitzten Blütenblättern, 4 bis 5 cm lang. 'Inshriach': Blüten recht klein, dunkel fliederfarben bis blass malvenfarben, Staminodien grünlich mit malvenfarbener Spitze. 'Jacqueline du Pré': Blüten groß, Blütenblätter rosa mit silberfarbenem Saum. ✓ 'Pamela Jackman': Blüten tiefblau, 4 cm lang. 'Pink Flamingo': halb gefüllte, 4 bis 6 cm lange, blassrosa gefärbte Blüten. 'Ruby': Blüten rötlich violett, in der Mitte weiß. 'Willy': Blüten blassrosa, am Grund der Blütenblätter dunkler, 4 bis 6 cm lang.

ssp. *sibirica*: ähnelt in vielen Merkmalen der Art, die Blätter sind aber heller grün und die Blüten cremeweiß. Schweden bis Nordchina, Sibirien. 'Gravetye': früh blühende Sorte mit großen, cremefarbenen Blüten. ✓ 'White Moth': hübsche, weiß blühende Sorte.

#### ✓ *C. macropetala*
Mäßig wüchsige, bis 4 m hoch kletternde Art. Triebe dünn, etwas kantig. Blüten blau oder veilchenblau, 6 bis 9 cm groß, mit ausgebreiteten Blütenblättern und sehr ähnlichen, aber kleineren, zahlreichen Staminodien, vom Spätfrühling bis zum Frühsommer. Sehr hübsche und reich blühende Art, die in Europa schon seit über 200 Jahren kultiviert wird. Eignet sich sehr gut für Mauern und Zäune oder zur Begrünung von Böschungen und Stützmauern.

West- und Nordchina, Sibirien.

◗ –25 °C ✿

'Ballet Blanc': Blüten weiß, nur 5 bis

Clematis macropetala

6,5 cm groß, aber gefüllt. 'Blue Bird': leicht nickende, malvenblaue, 7,5 bis 10 cm große Blüten. 'Jan Lindmark' (*C. alpina* 'Jan Lindmark'): Blüten malvenfarben. ✓ 'Maidwell Hall' ('Blue Lagoon'): ♀ Blüten rein blau. ✓ 'Markham's Pink' ('Markhamii'): ♀ Blüten rosarot-malvenfarben, am Grund der Blütenblätter rosa getönt, in der Mitte weiß. 'Rosy O'Grady': Blüten halb gefüllt, leuchtend tiefrosa. 'Snowbird': spät blühende Sorte mit weißen Blüten. 'White Swan': Blüten weiß, 7,5 bis 10 cm groß, zahlreich.

#### ✓ *C. verticillaris*
Ähnelt *C. alpina* sehr, mit dünnen, unbehaarten Trieben. Blätter ganzrandig oder mit wenigen groben Zähnen. Blüten violett oder bläulich violett, in der Mitte weißlich, 5 bis 7,5 cm lang, breit glockenförmig, im Spätfrühling und Frühsommer. Weniger gute Gartenpflanze als *C. alpina*, weil schwieriger zu kultivieren und nicht so schön. Nordostamerika.

◗ –25 °C ✿

### *Clematis armandii* und verwandte Waldreben

Wüchsige oder mäßig wüchsige, immergrüne Arten, meist mit dreigeteilten, ganzrandigen, gelegentlich auch gefiederten Blättern. Blüten in großen achselständigen Büscheln, jede mit 4 bis 7 weit ausgebreiteten Blütenblättern. Diese Pflanzen benötigen einen sehr geschützten Standort im Garten.

#### *C. armandii*
Wüchsige, 6 bis 10 m hoch kletternde Art. Blätter ledrig, glänzend dunkelgrün; Blättchen groß, länglich oder lanzettlich, 7 bis 15 cm lang, mit 3 Adern. Blüten in recht dichten Trugdolden, weiß oder cremefarben, manchmal blass rosarot getönt, etwa 5 cm groß, in der Mitte des Frühlings und im Spätfrühling. Die hübscheste aller immergrünen Waldreben. Wenn man die Pflanzen nicht jedes Jahr sorgsam erzieht, bilden die Triebe nach einigen Jahren ein dichtes Gewirr. 1900 von E. H. Wilson als Kulturpflanze nach England eingeführt, in Deutschland nur selten zu finden.

West- und Zentralchina.

☼ ◗ –15 °C ✿

✓ 'Apple Blossom': junge Blätter bronzefarben-grün, Blütenknospen

Clematis armandii *'Snowdrift'*

rosa, Blüten weiß und manchmal zartrosa getönt. **'Snowdrift'**: recht große, rein weiße Blüten mit starkem Duft.

## ✓ *C. finetiana*
(*C. pavoliniana*)

Sieht wie eine kleinblütige Form von *C. armandii* aus, wächst 5 m hoch. Blätter ledrig, dunkelgrün. Blättchen meist 3, oval, unbehaart, 5 bis 10 cm lang, mit 3 Adern. Blüten duftend, rein weiß, außen grün überlaufen, knapp 4 cm groß, mit 4 Blütenblättern, im Frühsommer.

West- und Zentralchina.

☼ – 10 °C ⸮

## ✓ *C.* × *jeuneana*

Diese hübsche Pflanze sieht aus, als wäre sie eine kleinblütige Form von *C. armandii* und ist vermutlich eine in Kultur entstandene Hybride zwischen *C. armandii* und *C. finetiana*. Bis 5 m hoch. Blätter ähnlich wie bei *C. armandii*. Blüten silbrig weiß, außen rosa getönt, gut 2 cm groß, mit 5 oder 6 ausgebreiteten Blütenblättern, im Spätfrühling und Frühsommer.

☼ ☀ – 10 °C ⸮

## ⊞ *C. meyeriana*

Wüchsige, bis 7 m hoch kletternde Pflanze. Triebe dünn, drahtartig, braunviolett, unbehaart. Blätter ledrig, tiefgrün. Blüten weiß, etwa 2,5 cm groß, mit 4 an der Spitze gekerbten Blütenblättern, im Spätwinter und zeitigen Frühjahr.

Süd- und Südostchina, Südjapan, Philippinen.

☼ ☀ – 10 °C ⸮

## ✓ *C. quinquefoliata*

Diese Art klettert oft 4 bis 5 m hoch. Triebe gerippt, flaumhaarig. Blätter gefiedert. Blättchen 5 bis 10 cm lang, nur oberseits an der Mittelrippe behaart. Blüten weiß, 4 bis 5 cm groß, mit 4 bis 6 schmalen Blütenblättern, im Spätsommer und Frühherbst geöffnet. Früchte sehr hübsch, mit gelblich braunen, seidigen Haaren. Eng mit *C. meyeriana* verwandt und wie diese selten in Kultur.

Zentral- und Westchina.

☼ – 10 °C ⸮

## Clematis montana und verwandte Waldreben

Besonders winterharte, reich blühende, wüchsige, Laub abwerfende Arten. Blätter dreiteilig. Blüten mit 4 Blütenblättern, einzeln oder in kleinen Gruppen in den Blattachseln. Die besonders wüchsigen Typen klettern sehr gut in Bäumen empor. Zu Recht beliebt und häufig in Gärten.

## *C. montana*
BERG WALDREBE

Triebe 5 bis 12 m hoch, dünn und drahtartig, später dick, holzig und ein Gewirr bildend. Blätter tiefgrün, manchmal rot überlaufen. Blüten weiß, 5 bis

Clematis montana *var.* wilsonii

6,5 cm groß, dünn gestielt, in kleinen Büscheln, meist nach Vanille duftend. Eine der beliebtesten Garten-Waldreben, in den meisten Gartenböden und in fast jeder Lage leicht zu kultivieren, gut an Mauern, Zäunen, Pergolen oder über Bäumen und Baumstümpfen. Die meisten Sorten werden 5 bis 7 m hoch. Blütezeit Spätfrühling und Frühsommer, einige Blüten öffnen sich manchmal auch später.

Himalaja, Westchina.

☼ ☀ ☀ – 20 °C ⸮

**'Alba'**: Blätter hellgrün, Blüten weißlich. **'Alexander'**: Blätter hellgrün; Blüten cremeweiß, süß duftend, 7 bis 9 cm groß. ✓ **'Elizabeth'**: ♀ Blätter grünviolett, Blüten groß, blassrosa, nach Vanille duftend, 5 bis 6,5 cm groß. **'Freda'**: ♀ Blätter leicht bronzefarben, Blüten kirschrot mit purpurrot gerandeten Blütenblättern. **'Lilacina'**: Blüten blass malvenfarben. **'Marjorie'**: wüchsig; Blüten halb gefüllt, cremefarben mit rosa- und orangefarbenen Tönen. **'Mayleen'**: Blätter bronzefarben überlaufen; Blüten groß, rosa. **'Odorata'**: Blüten blassrosa, süßlich duftend. **'Percy Picton'**: weniger wüchsig als die anderen Sorten, mit intensiv rosa gefärbten Blüten. **'Peveril'**: Blüten 8 cm

Clematis montana *'Tetrarose'*

groß, rein weiß. **'Pink Perfection'**: Blätter grünviolett; Blüten rosa, 5 bis 7,5 cm groß. **'Superba'**: wüchsige Sorte mit großen, weißen Blüten. ✓ **'Tetrarose'**: ♀ Blätter grünviolett; Blüten recht fleischig, rosaviolett, 7,5 bis 9 cm groß. **'Undulata'**: zahlreiche weiße, malvenfarben getönte Blüten; starkwüchsig. **'Vera'**: Blätter dunkelgrün, Blüten rosa und duftend.

✓ **forma *grandiflora*** ('Grandiflora'): ♀ Blätter dunkelgrün; Blüten weiß, 7,5 bis 10 cm groß; besonders schön an einer Mauer in Nordlage oder an einem Zaun.

✓ **var. *rubens*:** junge Triebe und Blattstiele rötlich violett, Blätter leicht violett; Blüten rosarot, 5 bis 6,5 cm groß. Westchina.

var. *wilsonii*: Blüten zunächst grünlich, später strahlend weiß, recht klein, stark duftend, im Frühsommer und Hochsommer geöffnet. Blütenstiele flaumhaarig. Zentralchina.

### ✓ C. chrysocoma var. sericea
(*C. montana* var. *sericea*,
*C. spooneri*)
Bis 6 m hoch kletternd, oft niedriger bleibend. Junge Triebe und Blätter dicht bräunlich gelb behaart. Blüten weiß oder zartrosa, 5 bis 7 cm groß, im Spätfrühling und Frühsommer in großer Zahl, sporadisch bis zum Herbst blühend. (Die Art *C. chrysocoma* ist kleiner und ein Halbstrauch, der nur selten oder nie klettert.)
Südwestchina.
☼ ◐ –15 °C ✃

**'Rosea'**: Blüten zartrosa mit gelben Staubblättern.

### C. gracilifolia
Bis 4 m hoch kletternd. Triebe grünlich, gerippt. Blätter dreiteilig bis gefiedert, mit bis zu 7 Blättchen. Blüten weiß, 4 bis 5 cm groß, im Spätfrühling und Frühsommer. Diese grazile Pflanze sieht aus, als wäre sie eine kleinere Form von *C. montana*.
Westchina.
☼ ◐ –15 °C ✃

### C. × vedrariensis
Wüchsige Hybride zwischen *C. chrysocoma* var. *sericea* und *C. montana* var. *rubens*. Bis 7 m hoch kletternd. Triebe gerippt und behaart. Blätter matt grünviolett, grob gezähnt, besonders in der Jugend unterseits dicht behaart. Blüten blass rosarot, 5 bis 6,5 cm groß, einzeln an langen, dünnen Stielen, mit 4 bis 6 Blütenblättern, im

Clematis chrysocoma *var.* sericea

Spätfrühling und Frühsommer. Ähnelt *C. montana* var. *rubens* sehr, ist aber so behaart wie *C. chrysocoma*.
☼ ◐ –20 °C ✃

**'Hidcote'**: Blüten kleiner, tiefrosa. **'Highdown'**: Blüten altrosa, durchschnittlich groß. ✓ **'Rosea'** (*C. spooneri* var. *rosea*): Blüten rosarot, 7,5 bis 10 cm groß.

### Clematis cirrhosa und verwandte Waldreben

Zwei immergrüne Arten mit kleinen, achselständigen Büscheln zierlicher, glockenförmiger Blüten, die 4 Blütenblätter besitzen. In der Mitte jedes Blütenstiels ein aus 2 zusammengewachsenen Hochblättern bestehender, becherförmiger Kelch. Nur für warme, geschützte Standorte geeignet.

### ✓ C. cirrhosa
Bis 3 m hoch kletternd, mit dünnen Trieben. Blätter dunkelgrün, unterseits glänzend, oval oder herzförmig, gelegentlich dreilappig, gut 2 cm lang, im Herbst bronzefarben und

violett. Blüten zart, überhängend, glockenförmig, mattweiß oder cremefarben, innen oft rötlich violett gefleckt, 4 bis 7 cm lang, schwach duftend, im Winter und zeitigen Frühjahr. Früchte seidig weißhaarig.
Europäischer Mittelmeerraum, Türkei, Zypern.
☼ ◐ –15 °C ✃

### ✓ ⊞ var. balearica ♀
(*C. balearica*, *C. calycina*)
Höher, bis 5 m hoch kletternd, mit fein zerteilten, an Farnwedel erinnernden Blättern, im Sommer grün, im Herbst und Winter auffallend bronzeviolett. Reicher blühend als die Art.
Balearen, Korsika.

✓ **'Freckles'**: ♀ Blüten cremefarben, rosa getönt, innen stark braunrot gefleckt, 6,5 cm lang. **'Wisley Cream'**: Blätter ungeteilt, hellgrün; Blüten cremefarben.

### ✓ ⊞ C. napaulensis
(*C. forrestii*)
Wüchsig, bis 10 m hoch kletternd, mit gräulichen jungen Trieben. Blätter mit 3 oder 5 dreilappigen, 4 bis 9 cm langen Blättchen. Blüten cremegelb mit violetten Staubblättern, schmal, überhängend, seidig behaart, glockenförmig, 1 bis gut 2 cm lang, vom Spätherbst bis zum Spätwinter.
Himalaja, Südwestchina.
☼ –10 °C ✃

Die folgende Art ist nur entfernt mit *C. cirrhosa* und *C. napaulensis* verwandt, wird aber am besten an dieser Stelle vorgestellt.

### ⊞ C. afoliata
(*C. aphylla*)
Außergewöhnliche Art mit

Clematis cirrhosa

klimmenden, binsenähnlichen Trieben, die 1,5 m und manchmal auch höher wachsen. Blattlos, aber mit grünen, blattstielartigen, 2,5 bis 10 cm langen Ranken. Blüten grünlich weiß, duftend, 2 bis 2,5 cm lang, in kleinen Büscheln, männliche und weibliche Blüten recht verschieden und an unterschiedlichen Pflanzen. Blütenblätter 4 bis 6, ausgebreitet. Blütezeit Spätwinter und zeitiges Frühjahr. Weil die Triebe dazu neigen, wirr durcheinander zu wachsen, sollten sie angebunden werden; man kann sie aber auch über einen benachbarten Strauch klettern lassen.
Neuseeland.
☼ –10 °C ✃

### Waldreben der Gruppe B (I)

Kletternde Stauden oder Halbsträucher, die ab dem Hochsommer an den diesjährigen Trieben blühen und deren oberirdische Triebe im Herbst und Winter bei den

Stauden vollständig und bei den Halbsträuchern bis auf eine holzige Basis absterben. Beim Schnitt werden abgestorbene und schwache Triebe im zeitigen Frühjahr entfernt. Die großblütigeren, wüchsigeren Sorten von *C. viticella* können wie Waldreben der Gruppe B (II) geschnitten werden; man kürzt im zeitigen Frühjahr alle Triebe bis auf 30 cm über dem Erdboden ein.

### Clematis texensis und verwandte Waldreben

Kleinblütige Stauden oder Laub abwerfende Halbsträucher mit gefiederten Blättern und dünnen Trieben. Blüten dekorativ, hängend, glockenförmig, oft dick und fleischig, mit jeweils 4 Blütenblättern.

### C. crispa

Bis 2 m und manchmal auch höher kletternder Halbstrauch. Blätter mit 3 bis 7 Blättchen. Blüten glockenförmig, blass bläulich violett, 3 bis 5 cm lang, einzeln, nickend, Blütenblätter mit stark zurückgeschlagener Spitze und weißlichem, gewelltem Rand. Blütezeit Sommer.
Südosten der USA.
☼ −25 °C ⑂ꜰ

'Distorta': Blütenblätter etwas gedreht.

### C. fusca

Halbstrauch, der bis 3 m hoch klettert, oft aber niedriger bleibt. Triebe kantig, jung flaumhaarig. Blätter mit 5 oder 7 ovalen oder herzförmigen Blättchen. Blüten glockenförmig, einzeln, außen rötlich braun, innen violett, etwa 2 cm

lang, im Frühsommer und im Hochsommer erscheinend. Nordostasien.
☼ −25 °C ⑂ꜰ

var. *violacea*: Blüten violett. Korea.

### C. pitcheri
(*C. cordata*)

Bis 4 m hoch kletternder Halbstrauch. Blätter mit 3 bis 7 Blättchen, statt des endständigen Blättchens oft eine Ranke. Blüten glockenförmig, einzeln, außen blauviolett, innen grünlich gelb, 2 bis 3 cm lang, vom Spätfrühling bis zum Frühherbst. Im Unterschied zu den nahe verwandten Arten friert *C. pitcheri* im Winter nur wenig zurück und muss daher später auch weniger geschnitten werden.
Mitte der USA.
☼ ◐ −30 °C ⑂ꜰ

### C. texensis
(*C. coccinea*)

Halbstrauch, der 2 bis 3 m hoch klettern kann. Blätter bläulich grün mit 4 bis 8 Blättchen, oben oft mit einem rankenartigen Gebilde. Blüten rot, scharlachrot oder violett, 2,5 cm lang, einzeln, Blütenblätter mit leicht zurückgeschlagener Spitze, vom Hochsommer bis zum Frühherbst. In kalten Gebieten ist etwas Winterschutz ratsam. Verträgt trockenere Böden als die meisten anderen Arten. Die dunkelrot blühenden Formen sind besonders schön; nur wenige Waldreben zeigen eine solche Blütenfarbe.
Süden der USA (Texas).
☼ −25 °C ⑂ꜰ

Die folgenden Sorten sind Kreuzungen mit *C. patens* und

Clematis texensis '*Gravetye Beauty*'

einigen großblütigen Hybriden. Sie sollten wie die Waldreben der Gruppe B (II) geschnitten werden: früh im Jahr stark, um dadurch die Bildung junger, später blühender Triebe anzuregen.

'**Countess of Onslow**': bis 3 m hoch kletternd, Blüten rosa, jedes Blütenblatt mit einem dunkleren Mittelband. Nur selten kultiviert. ✓ '**Duchess of Albany**': ♀ bis knapp 4 m hoch, mit aufrechten, glockenförmigen, intensiv rosa gefärbten Blüten. Blütenblätter am Rand blass fliederfarben-rosa. Diese Sorte friert jeden Winter bis zum Erdboden zurück. '**Etoile Rex**': Blüten bis 5 cm lang, kirschrot bis malvenfarben, Blütenblätter silbrig gerandet. ✓ '**Etoile Rose**': Blüten kirschrot, Blütenblätter silbrig rosa gerandet. Die Pflanzen frieren im Winter bis zum Erdboden zurück. '**Gravetye Beauty**': Blüten purpurrot, zunächst schmal glockenförmig, dann aber allmählich stärker ausgebreitet. '**Ladybird Johnson**': Blüten dunkelrot, Blütenblätter violett gerandet. '**Major**': Blüten bis 3 cm lang, außen scharlachrot, innen blassgelb oder weiß. '**Passiflora**': Blüten 2 cm lang, scharlachrot. '**Princess of Wales**': Blüten intensiv rosa mit kontrastierenden gelben

Staubblättern. ✓ '**Sir Trevor Lawrence**': Blüten kirschrot, prächtig.

### C. viorna

Klettert 2 bis 3 m hoch. Blätter gefiedert, mit 5 unterschiedlich geformten Blättchen, 2,5 bis 5 cm lang. Blüten matt rötlich violett, innen grünlich gelb oder weißlich, knapp 3 cm lang, einzeln, nickend, glockenförmig, im Frühsommer und Hochsommer geöffnet. Die Pflanzen frieren im Winter bis auf eine holzige Basis zurück.
Osten der USA.
☼ ◐ −30 °C ⑂ꜰ

### Clematis viticella und verwandte Waldreben

Wichtige Gruppe überwiegend kleinblütiger Arten und Sorten, die sehr häufig in Gärten kultiviert werden und besonders zuverlässig und leicht zu halten sind. Laub abwerfend, oft halbstrauchig und während des Winters teilweise oder vollständig oberirdisch absterbend. Man schneidet sie am besten im

Frühjahr mindestens 30 cm über dem Erdboden ab, um die Bildung reich blühender Triebe anzuregen.

### ✓ *C. campaniflora*

Nahe mit *C. viticella* verwandt, aber oft wüchsiger und bis 6 m hoch kletternd. Die kleinen, nickenden Blüten sind sehr zahlreich, 2 bis 3 cm groß, weißlich mit blauer Tönung, eher becherförmig, vom Hochsommer bis zum Frühherbst. Portugal, Südspanien.
☀ –20 °C ⚘ꜰ

### ✓ *C. viticella*

ITALIENISCHE WALDREBE
Variable Art, deren dünne Triebe 2 bis 4 m hoch klettern können. Blätter dreiteilig; Blättchen oval bis lanzettlich, 2,5 bis 7,5 cm lang, oft zwei- oder dreilappig, aber ganzrandig. Blüten blau, violett oder rosarot, duftend, 3 bis 5 cm groß, an langen, dünnen Stielen nickend, mit 4 löffelförmigen Blütenblättern. Blütezeit Hochsommer bis Frühherbst. Besonders schöne und reich blühende Art, aus der viele gute klein- und großblütige Sorten hervorgegangen sind; viele sind Hybriden zwischen *C. viticella* und verschiedenen anderen Arten.
Südeuropa.
☼ ☀ –20 °C ⚘ꜰ ▯

✓ **'Abundance'**: bis 5 m hoch; Blüten weit glockenförmig, zart fliederfarben-violett, weinrot überlaufen, mit dunkleren Adern, 5 bis 7,5 cm groß. **'Alba Luxurians'**: ♀ Blüten weiß, blass malvenfarben überlaufen, oft mit grünen Spitzen, 5 bis 7,5 cm groß, mit dunklen Staubbeuteln. **'Ascotiensis'**: ♀ mit sehr zahlreichen azurblauen, gut 10 cm großen Blüten. **'Betty Corning'**: Blüten

Clematis viticella *'Purpurea Plena Elegans'*

glockenförmig, blass fliederfarben, 5 cm groß, schwach duftend, Blütenblätter mit zurückgeschlagenen Spitzen. **'Caerulea Luxurians'**: Blüten veilchenfarben. **'Duchess of Sutherland'**: Blüten klein, Blütenblätter weinrot mit hellem Mittelband. ✓ **'Ernest Markham'**: ♀ bis 2,5 m hoch, mit samtigen, petunienroten, knapp 10 cm großen Blüten. ✓ **'Etoile Violette'**: ♀ bis 5 m hoch, mit zahlreichen tief veilchenvioletten, 7,5 cm großen Blüten, Staubbeutel cremefarben; ☼. **'Kermesina'**: bis 5 m groß, Blüten wein- bis purpurrot, zahlreich, vermutlich identisch mit *C. viticella* **'Rubra'**. **'Lady Betty Balfour'**: bis 5 m hoch, Blüten kräftig samtig veilchenfarben-purpurn, später blauviolett verblassend, 12 bis 15 cm groß, mit gelben Staubbeuteln; ☼. **'Little Nell'**: Blüten klein, blass malvenfarben. ✓ **'Madame Julia Correvon'**: ♀ Blüten weinrot, breit glockenförmig, bis 9 cm groß, mit gelben Staubbeuteln. **'Margot Koster'**: Blüten 10 cm groß, fliederfarbenrosa. **'Marmorata'**: Blüten bläulich grau, mit 4 Blütenblättern. **'Mary Rose'**: Blüten recht klein, gefüllt, amethystblau. **'Minuet'**: ♀ Blüten aufrecht, weiß mit hellviolettem Mittelband, 5 cm groß. **'Mrs. Spencer Castle'**: kleine, gefüllte, veilchenblau bis rosa gefärbte Blüten. **'Plena'**: gefüllte, rosarot bis violett gefärbte Blüten, die mit 5 bis 7 cm größer sind als beim Typ. ✓ **'Polish**

Clematis viticella *'Madame Julia Correvon'*

**Spirit'**: ♀ Blüten kräftig blauviolett, 5 bis 8 cm groß, mit roten Staubbeuteln. **'Purpurea'**: Blüten pflaumenfarben-rot. ✓ **'Purpurea Plena Elegans'**: ♀ mit zahlreichen gefüllten, 5 bis 8 cm großen, tief bläulich malvenfarbenen Blüten, die außen etwas heller sind als innen. ✓ **'Royal Velours'**: Blüten kräftig samtig purpurn, 5 bis 7,5 cm groß. **'Rubra Grandiflora'**: Blüten groß, karminrot, mit 6 Blütenblättern. **'Venosa Violacea'**: ♀ Blüten weiß mit violetten Adern, 8 cm groß. ✓ **'Ville de Lyon'**: bis 3 m hoch, Blüten gut 10 cm groß, hell karminrot mit dunklerem Rand und gelben Staubbeuteln. **'Voluceau'**: Blüten petunienrot.

### Waldreben der Gruppe B (II)

Ausdauernde, mäßig oder stark wachsende Kletterpflanzen, die an den diesjährigen Trieben blühen und im zeitigen Frühjahr ungefähr 1 m über dem Erdboden abgeschnitten werden sollten. Wenn man die Pflanzen nicht so stark schneidet, blühen sie früher, doch man sollte jedes Jahr einen oder zwei Triebe stark einkürzen, um die Bildung junger Triebe an der Basis der Pflanzen zu fördern.

### *Clematis orientalis* und verwandte Waldreben

Mäßig wüchsige, Laub abwerfende Kletterpflanzen mit dünnen Trieben und gefiederten, gelegentlich auch dreiteiligen Blättern. Blüten einzeln oder in achselständigen Büscheln, manchmal auch endständig, gelb oder grünlich gelb, mit 4 oftmals recht fleischigen Blütenblättern. Früchte auffällig, häufig sehr zahlreich. Die kleinen Blüten erscheinen im Sommer und Herbst oft in großer Zahl. Diese Waldreben lassen sich leicht durch Samen vermehren, junge Pflanzen blühen bereits nach kurzer Zeit. Sorten bleiben jedoch nicht immer typenrein, wenn man sie aus Samen anzieht.

### *C. akebioides*
(*C. glauca* var. *akebioides*, *C. orientalis* var. *akebioides*)
Bis 5 m hoch wachsend. Blätter bläulich grün, gefiedert; Blättchen 5 oder 7, oval bis länglich

mit flachen, rundlichen Zähnen. Blüten hängend, glockenförmig, gelb oder grünlich gelb, außen mit grünem, bronzefarbenem oder violettem Ton, 1,5 bis 2,5 cm lang, mit fleischigen, nur am Rand behaarten Blütenblättern, vom Spätsommer bis zur Mitte des Herbstes. Diese hübsche Art ähnelt *C. tangutica*, ihre Blüten sind aber glatter und die Blätter bläulich grün.
Südwestchina (Setschuan, nördliches Gansu und Yunnan).
☼ ◑ –25 °C ⚘

## C. graveolens
(*C. parvifolia, C. orientalis* ssp. *graveolens*)
Bis 3 m hoch kletternd. Blätter bläulich grün, doppelt gefiedert und an Farnwedel erinnernd, mit wenigen bis zahlreichen elliptischen oder lanzettlichen Blättchen. Blüten gelb mit leicht violetten Staubfäden, 2 bis 3,5 cm groß. Blütenblätter oval, oben gekerbt, stark ausgebreitet, innen dicht flaumhaarig, vom Spätsommer bis zum Frühherbst geöffnet. Mit *C. orientalis* verwandt und oft unter diesem Namen angeboten, aber mit feineren Blättern, größeren Blüten und breiteren Blütenblättern.
Westpakistan und westlicher Himalaja.
☼ ◑ –15 °C ⚘

## C. intricata
(einschließlich *C. glauca*)
Bis 3 m hoch kletternde Pflanze mit dünnen, grünlichen Trieben. Blätter bläulich grün, gefiedert. Blüten gelblich oder grünlich gelb, 2,5 bis 4 cm groß. Blütenblätter stark ausgebreitet, recht schmal und dünn, innen flaumhaarig. Blütezeit

Clematis akebioides

Spätsommer bis Mitte des Herbstes.
Ostsibirien, Nordwestchina.
☼ ◑ ☀ –30 °C ⚘

## C. orientalis
Mäßig wüchsige Kletterpflanze, die 5 bis 6 m hoch werden kann. Junge Triebe dünn, gräulich oder weißlich grün, manchmal rotviolett überlaufen. Blätter bläulich oder gräulich grün, dick und fleischig; Blättchen ungeteilt oder mit einigen stumpfen, ungleich großen Zipfeln. Blüten klein, in großen Büscheln, gelblich grün, außen oft rotviolett getönt oder gefleckt. Blütenblätter 1 bis 2 cm lang, beidseitig flaumhaarig, in voller Blüte zurückgeschlagen. Blütezeit Hochsommer bis Herbstmitte. In Kultur selten, obwohl viele Pflanzen unter diesem Namen angeboten werden; bei den in Katalogen (und leider auch in einigen botanischen Gärten) als *C. orientalis* bezeichneten Pflanzen handelt es sich meist um *C. intricata* oder *C. graveolens*, und die als *C. orientalis* 'Orange Peel' angebotenen Pflanzen sind Exemplare der aus dem Himalaja

stammenden *C. tibetana* ssp. *vernayi*. Besonders unübersichtlich wird die Namensgebung dadurch, dass viele Arten miteinander gekreuzt und rückgekreuzt wurden, sodass ein großes Sortiment wertvoller Hybridsorten entstand, von denen jedoch nur einige wenige Namen tragen; siehe Liste am Ende dieser Gruppe.
Westasien, südliches Mittelasien über Iran und Afghanistan bis Pakistan.
☼ –20 °C ⚘

## C. serratifolia
Mit *C. tangutica* nahe verwandte Art, aber weniger stark wachsend und höchstens 4 m hoch kletternd. Blätter hellgrün, mit 3 oder 5 Blättchen, scharf und gröber als bei *C. tangutica* gezähnt. Blüten blassgelb, nach Zitrone duftend, 4 bis 5 cm groß. Die stark ausgebreiteten Blütenblätter machen die Blüten besonders auffällig. Blütezeit Spätsommer bis Frühherbst. Bis in den Herbst hinein reich blühend, anschließend mit dekorativen Früchten. Nur selten in Kultur.
Nordostchina, Korea.
☼ ◑ –20 °C ⚘

## ✓ C. tangutica
(*C. orientalis* var. *tangutica*)
Kräftige, raschwüchsige Art, die 4 bis 5 m hoch klettern kann, oft aber niedriger bleibt. Blätter grün, gefiedert; Blättchen außer im oberen Teil scharf gezähnt. Blüten zitronengelb, hängend, glocken- oder laternenförmig, 2,5 bis 4,5 cm lang. Blütenblätter lang zugespitzt, kaum ausgebreitet, innen glänzend und kahl, außen meist leicht flaumig behaart. Blütezeit Spätsommer bis Herbstmitte. Früchte groß und seidig, oft sehr zahlreich. Die beste aller gelb blühenden Arten. Einige Kulturformen sind besonders schön.
Tibet, Westchina, Gansu, Südmongolei.
☼ ◑ ☀ –25 °C ⚘

✓ **'Drake's Form'**: Blüten besonders groß, laternenförmig, mit fein zugespitzten Blütenblättern.
**ssp. *obtusiuscula*** (*C. tangutica* var. *obtusiuscula*): Blüten tiefer gelb, außen braunviolett getönt; Blütenblätter ausgebreitet und weniger zugespitzt. Südwestchina (Westsetschuan).

## C. tibetana ssp. vernayi
Kann 3 bis 4 m hoch klettern. Junge Triebe hell grünlich weiß, manchmal violett überlaufen. Blätter bläulich grün, recht fleischig, einfach oder doppelt gefiedert. Blüten gelb oder grünlich gelb, bronzefarben, manchmal auch violett überlaufen oder gefleckt, nickend, breit glockenförmig, 1,5 bis 3,5 cm breit. Blütenblätter meist etwas ausgebreitet, dick und fleischig, innen samtig-flaumhaarig, außen fast kahl. Blütezeit Spätsommer bis Herbstmitte. Die dicken, fleischigen Blütenblätter erinnern

Clematis tangutica

Clematis ‘Bill Mackenzie’

an Orangen- oder Zitronenschale. (Die gelegentlich im Handel angebotene *C. tibetana* ssp. *tibetana* trägt lang zugespitzte Blättchen und im Vergleich zu den schönsten Formen der ssp. *vernayi* recht kleine und eher unscheinbare Blüten.)
Nordnepal, Tibet.
☼ ◗ –25 °C ⌇F

✓ ‘Orange Peel’: die beste Sorte. Die großen, breit laternenförmigen Blüten fallen mit ihren charakteristischen, dicken, wachsartigen Blütenblättern sehr auf. *Clematis* L & S 133342 (‘Sherriffii’) ist identisch oder sehr ähnlich und ebenso wertvoll. Die erste Sammlung erfolgte durch Ludlow & Sherriff in Tibet; die ssp. *vernayi* kommt vor allem in den Berggebieten in der Nähe von Lhasa vor. ‘Orange Peel’ wurde absichtlich oder versehentlich mit *C. tangutica* gekreuzt, und die daraus hervorgegangenen Hybriden sind die schönsten aller gelb blühenden, mit *C. orientalis* nahe verwandten Waldreben: ✓ ‘Bill Mackenzie’: ♔ wie eine besonders gelbe ‘Orange Peel’, aber mit größeren Blüten und tiefer grünen Blättern, ab dem Hochsommer reich blühend.

‘Corry’: Blüten 3,5 bis 6 cm groß, rein gelb mit dicken, stark ausgebreiteten Blütenblättern. ✓ ‘Helios’: Blüten fast so groß wie bei ‘Corry’, aber heller gelb und eher sternförmig, zahlreich. ‘Lambton Park’: Blüten mit 7 cm recht groß, gelb, nickend.

### Clematis vitalba und verwandte Waldreben

Wüchsige, Laub abwerfende Arten mit recht groben, dreiteiligen oder gefiederten Blättern und großen Büscheln meist recht kleiner, weißer, cremefarbener oder grünlich weißer Blüten mit schmalen, ausgebreiteten Blütenblättern. Die Pflanzen sollten jedes Jahr im zeitigen Frühling stark zurückgeschnitten werden, damit sie nicht zu dicht und massig wachsen.

### C. chinensis

Bis 8 m hoch, Triebe gerippt. Blätter gefiedert, mit 5 ganzrandigen Blättchen. Blüten weiß, duftend, nur 1 bis 2 cm groß, in dichten, achselständigen Büscheln, mit 4 Blüten-

blättern. Blütezeit Herbst. Wegen der späten Blütezeit wohl am besten in milden Gebieten, da die Blüten leicht von Frösten geschädigt werden.
West- und Zentralchina.
◗ –20 °C ⌇F

### ✓ C. flammula
MANDEL-WALDREBE

Diese wüchsige, 4 bis 5 m hoch kletternde Art bildet ein dichtes Gewirr von Trieben, das ohne Schnitt unten kahl und holzig wird. Blätter frischgrün, gefiedert; Blättchen sehr variabel, meist ganzrandig, oft aber auch zwei- oder dreilappig. Blüten rein weiß, angenehm nach Mandeln duftend, bis 2,5 cm groß, zahlreich, in großen Büscheln, vom Hochsommer bis zur Mitte des Herbstes. Besonders gut zur Begrünung niedriger Mauern und Zäune, gedeiht aber am besten an geschützten, warmen Standorten. Friert in kalten Wintern zurück, treibt aber meistens wieder aus.
Südeuropa, Westasien.
☼ ◗ –20 °C ⌇F

### ✓ C. grata var. grandidentata

Bis 10 m hoch kletternd. Blätter gräulich, behaart, mit 3 oder 5 grob gezähnten Blättchen. Blüten weiß, gut 2 cm groß, in lockeren, endständigen Büscheln, mit 4 oder 5 Blütenblättern, im Spätfrühling und Frühsommer geöffnet. Eine winterharte Pflanze, aber nur selten in Gärten anzutreffen und *C. vitalba* sehr ähnlich; der Typus der Art (var. *grata*) stammt aus dem Himalaja und wird nur selten kultiviert.
Westchina.
☼ –25 °C ⌇F

### ✓ C. terniflora

(*C. dioscoreifolia, C. flammula* var. *robusta, C. maximowicziana; C. paniculata* – nicht identisch mit der gleichnamigen Art aus Neuseeland)

Viel robuster als *C. flammula*, bis 10 m hoch wachsend und ein dichtes Gewirr von Trieben bildend. Blätter dunkelgrün, derb, dreiteilig oder gefiedert, ganzrandig. Blüten im Herbst, rahmweiß, nach Weißdorn duftend, etwa 2,5 cm groß, mit 4 Blü-

*Mandel-Waldrebe* (Clematis flammula)

*Gemeine Waldrebe* (Clematis vitalba), *fruchtend*

tenblättern. Prachtvolle Kletterpflanze für hohe, sonnige Südmauern, besonders in den USA häufig gepflanzt. Passt sehr gut zu Wildem Wein *(Parthenocissus quinquefolia)*, dessen leuchtend rotes Herbstlaub mit den weißen Blüten und dem grünen Laub dieser Clematis eine wirklich zauberhafte Kombination ergibt.
Nordchina, Japan, Korea.
☼ –20 °C ⅄ꜰ

### C. virginiana
Ähnelt *C. vitalba*, außerhalb botanischer Gärten kaum in Kultur.
Osten der USA.

### C. vitalba
GEMEINE WALDREBE
Sehr wüchsige, bis 15 m hoch kletternde, Laub abwerfende Art, die ein dichtes, grobes Gewirr von Trieben bildet. Wenn man die Pflanzen nicht schneidet, werden die Triebe unten dick und kahl. Blätter gefiedert, mit 5 oder 7 meist gezähnten Blättchen. Blüten grünlich weiß, mit leichtem

Mandelduft, bis 2,5 cm groß, in großen Büscheln, mit 4 beidseitig behaarten Blütenblättern. Blütezeit Hochsommer bis Herbst. Eignet sich nur für sehr große Gärten und Parks, dort aber vor allem fruchtend oft sehr schön, wenn die Blätter abgefallen sind.
Europa (außer im Norden), Westtürkei.
☼ ◗ –30 °C ⅄ꜰ

### Verschiedene Waldreben der Gruppe B

Die übrigen Arten dieser Gruppe sind sehr unterschiedlich und nicht sehr eng miteinander verwandt. Alle müssen früh im Jahr stark geschnitten werden, damit sie kräftige junge Triebe bilden, die später Blüten tragen.

### C. aethusifolia
Grazile, Laub abwerfende, bis 2 m hoch kletternde Art. Junge Triebe dünn und flaumhaarig. Blätter gefiedert, Farnwedeln ähnelnd, hellgrün, mit

3 bis 7 tief gelappten, gezähnten Blättchen. Blüten blass weißlich gelb, schmal glockenförmig, knapp 2 cm lang, in beblätterten Büscheln, im Spätsommer und Frühherbst geöffnet. Die einzelne Blüte ist nicht besonders auffällig, aber die Blüten sind insgesamt sehr zahlreich und dadurch äußerst dekorativ.
Nordchina, Mandschurei.
☼ ◗ –25 °C ⅄ꜰ

### C. connata
Wüchsige, bis 7 m hoch kletternde, Laub abwerfende Art mit leicht gerippten Trieben. Blätter hellgrün, mit 3 bis 5 grob gezähnten und manchmal auch gelappten Blättern. Blattstiel unten abgeflacht und den Trieb als flache Scheibe umgebend. Blüten glockenförmig, zartgelb, leicht duftend, bis 2,5 cm lang, in großen, achselständigen Büscheln, mit 4 leicht gerippten, oben zurückgeschlagenen Blütenblättern. Blütezeit Herbst.
Himalaja, Südwestchina.
☼ ◗ –20 °C ⅄ꜰ

### ✓ C. × durandii ♀
Bis 3 m hoch kletternde Hybride zwischen *C. integrifolia* und *C.* 'Jackmanii'. Blätter ungeteilt, oval, glänzend grün. Blüten dunkel veilchenblau, mit 7 bis 12 cm recht groß, 4 stark ausgebreitete Blütenblätter tragend. Da diese Pflanze nur schwach klettert, müssen die Triebe sorgsam angebunden werden, damit sie nicht wirr durcheinander wachsen. Blütezeit Sommer und Frühherbst.
◗ ● –25 °C ⅄ꜰ

'Pallida': Blüten heller, veilchenfarben-rosa. Recht selten.

### C. indivisa
(C. paniculata)
Wüchsige, immergrüne, strauchige oder bis 10 m hoch kletternde Art. Blätter glänzend grün, dreiteilig; Blättchen oval oder leicht herzförmig, 3,5 bis gut 7 cm lang, ganzrandig, manchmal auch gelappt. Blüten weiß mit gelben Staubbeuteln, eingeschlechtig, männliche 3,5 bis 7 cm groß,

weibliche kleiner, in langen, lockeren Büscheln, mit 6 bis 8 Blütenblättern. Blütezeit Spätfrühling bis Frühsommer. Bei der in Gärten zu findenden *C. paniculata* handelt es sich meist um die japanische *C. terniflora* (siehe S. 78). Neuseeland.

☼ −5 °C ⋎꜀

**'Lobata'**: Blätter tiefer gelappt; eher erhältlich als der Typ.

### ✓ *C.* 'Jackmanii' ♔

*(C. × jackmanii)*

Bis 3 m und manchmal auch höher kletternd. Blätter hellgrün, meist mit 1 bis 5 Blättchen. Blüten groß, kräftig samtig veilchenfarben-violett, 10 bis 12 cm groß, meist in dreizähligen Büscheln, mit jeweils 4 oder 5 recht flach ausgebreiteten Blütenblättern, im Sommer und Frühherbst. Prächtige, beliebte Pflanze, neben *C. montana* wohl die am häufigsten kultivierte Waldrebe. 1860 als erste großblütige Hybride in der berühmten Baumschule Jackman im englischen Woking gezogen.

C. 'Jackmanii' wurde aus einer Reihe von Sämlingen ausgelesen, die aus der Bestäubung von *C. lanuginosa* mit *C. viticella* und *C. × eriostemon* 'Hendersonii' (die selbst eine Kreuzung aus *C. viticella* und der halbstrauchigen *C. integrifolia* ist) hervorgegangen waren. Dieselbe Züchtung wurde auch in der Baumschule Simon-Louis bei Metz durchgeführt; die auf diese Weise entstandenen Pflanzen gelangten aber nicht in den Handel. Nach der ersten gelungenen entstand ein großes Sortiment solcher Sorten, viele davon mit dunk-

Clematis *'Jackmanii Superba'*

len, kräftigen Blütenfarben. Einige der besten 'Jackmanii'-Typen sind unten aufgeführt. Die Hauptblütezeit ist der Hochsommer, doch oft blühen die Pflanzen bis in den Herbst hinein weiter.

☼ ◐ ☀ −25 °C ⋎꜀

**'Jackmanii Alba'**: Blüten sehr hell grauweiß. Zunächst mit gefüllten, später im Jahr mit ungefüllten Blüten. **'Comtesse de Bouchaud'**: ♔ bis 3,5 m hoch wachsend, Blüten zart rosarot oder alpenveilchenrosa, mit gelben Staubblättern, 10 bis 14 cm groß, mit 5 bis 7 Blütenblättern, zahlreich. **'Gipsy Queen'**: ♔ wüchsige Sorte mit samtig veilchenfarben-violetten, bis 15 cm großen Blüten mit breiten, rundlichen Blütenblättern. ✓ **'Hag-**

**ley Hybrid'**: bis 2,5 m hohe, reich blühende Sorte. Blüten muschelrosa, bis 15 cm groß, mit 5 oder 6 zugespitzten Blütenblättern und schwach violetten Staubbeuteln. **'Jackmanii Rubra'**: Blüten pflaumenrot, zunächst gefüllt, später im Jahr mit ungefüllten Blüten. ✓ **'Jackmanii Superba'** ('Madame Grangé'): besonders wüchsige Sorte, die 5 bis 6 m hoch klettern kann; Blüten groß, kräftig veilchenfarben-violett, mit jeweils 5 oder 6 breiten Blütenblättern; ☼ ◐. **'Madame Edouard André'**: ♔ bis 2,5 m hoch, oft aber niedriger; Blüten kräftig purpurrot mit gelben Staubblättern und 6 Blütenblättern, bis gut 12 cm groß. Beginnt oft bereits im Spätfrühling zu blühen. ✓ **'Perle d'Azur'**: ♔ bis 4 m hoch; Blüten hellblau, bis 15 cm groß, mit 4 bis 6 Blütenblättern.

### ✓ *C.* × *jouiniana*

Wüchsige Hybride zwischen *C. heracleifolia* var. *davidiana* und *C. vitalba*. Triebe schließlich bis 3,5 m hoch, nur leicht kletternd. Blätter mit 3 oder 5 Blättchen. Blüten zunächst gelblich weiß, später außen fliederfarben überlaufen, mit 4 Blütenblättern, knapp 3 cm groß, zahlreich, in flachen Rispen. Blütezeit Spätsommer bis Mitte des Herbstes. Mit ungefähr 1 m hoher verholzter Basis, aus der einjährige Triebe wachsen, die angebunden werden müssen. Die Blüten duften zwar nicht, locken aber Schmetterlinge an.

☼ ◐ −25 °C ⋎꜀

✓ **'Côte d'Azur'**: Blüten azurblau. **'Mrs. Robert Brydon'**: Blüten blass lavendelblau. **'Oiseau Bleu'**: Blätter klein, Blüten malvenfarben oder leicht rosa. **'Praecox'**: ♔ Blüten zart lavendelblau, ab dem Hochsommer geöffnet.

### ✓ *C. lasiandra*

Laub abwerfende, bis 5 m hoch kletternde Pflanze mit dünnen, jung recht klebrigen Trieben. Blätter oberseits dunkelgrün, unterseits heller, mit 3 bis 9 Blättchen. Blüten meist mattviolett, manchmal weiß, glockenförmig, 1,1 bis 1,3 cm lang; Blütenblätter mit zurückgeschlagenen Spitzen, Staubbeutel zottig behaart. Blütezeit Herbst.

China, Japan.

☼ −20 °C ⋎꜀

### *C. petriei*

Wüchsige, bis 4 m hoch kletternde, immergrüne Pflanze mit dünnen Trieben. Blätter frischgrün, leicht glänzend, mit zahlreichen kleinen, ovalen oder gelappten Blättchen. Blüten duftend, eingeschlechtig, gelb-grün, nickend, breit glocken-förmig, 2 cm groß, in Büscheln. Blütezeit Spätfrühling bis Hoch-sommer. In Mitteleuropa sehr selten kultiviert.

Neuseeland; kreuzt sich leicht mit anderen neuseeländischen Arten.

☼ ☽ – 10 °C ⚘

✓ **'Limelight'**: männliche Sorte mit lindgrünen Blüten und violett über-laufenen Blättern. **'Princess'**: weib-liche Sorte mit recht kleinen, lind-grünen Blüten.

## C. phlebantha
Bis 2 m hoch klimmender Strauch mit gerippten, jung weißwolligen Trieben. Blätter gefiedert, 5 bis 10 cm lang, mit 5 bis 9 meist dreilappigen Blättchen, tiefgrün, oberseits seidig behaart, unterseits weiß-wollig. Blüten meist einzeln, weiß, 2,5 bis 5 cm groß, mit 5 bis 7 Blütenblättern, rötlich geadert, im Frühsommer und Hochsommer geöffnet. Erst 1952 von Polunin, Sykes und Williams bei einer Expedition nach Nepal entdeckt. Die Trie-be müssen angebunden wer-den, weil sie allein nicht klet-tern. Selten.

Mittleres Westnepal.

☼ – 15 °C ⚘

## C. potaninii
(einschließlich C. fargesii)
Wüchsige, bis 7 m hoch klet-ternde, Laub abwerfende Art. Triebe gerippt, jung leicht vio-lett und flaumhaarig. Blätter mattgrün, doppelt gefiedert, mit 5 grob gezähnten, manch-mal dreilappigen Blättchen. Blüten satinweiß, außen gelb getönt, 5 bis 6 cm groß, mit meist 6 Blütenblättern, vom Frühsommer bis zum Früh-

Clematis petriei

herbst. Blüht dekorativ und lange Zeit, aber nie sehr reich. Erhältlich ist in erster Linie die var. *fargesii*.

Westchina.

☼ ☽ – 15 °C ⚘

## ✓ C. rehderiana
(*C. rehderana; C. nutans* var. *thyrsoidea*)
Wüchsige, bis 8 m hoch klet-ternde, Laub abwerfende Art. Blätter behaart, gefiedert, frischgrün, meist mit 7 oder 9 grob gezähnten, breit herz-förmigen Blättchen. Blüten blass primelgelb, wie Schlüssel-blumen duftend, etwa 1,5 cm lange, nickende Glocken, zahl-reich, in großen, aufrechten Büscheln, mit 4 oder 5 Blü-tenblättern. Blütezeit Spät-sommer bis Mitte des Herbs-tes. Kann in kalten Wintern leiden und zurückfrieren.

Himalaja bis Westchina.

☼ ☽ – 20 °C ⚘

## C. uncinata
Immergrüne oder halb immer-grüne, bis 5 m hoch kletternde

Art mit dünnen, unbehaarten Trieben. Blätter mit mindes-tens 9 Blättchen, oberseits grün, unterseits bläulich grün. Blüten cremeweiß, duftend, etwa 3 cm groß, mit 4 recht schmalen Blütenblättern, in großen Büscheln im Sommer. 1901 von E. H. Wilson erstmals nach England eingeführt, heu-te aber nur selten in Gärten an-zutreffen.

China, auch Hongkong.

☼ ☽ – 20 °C ⚘

## C. veitchiana ♛
Ähnelt *C. rehderiana*, besitzt aber doppelt gefiederte Blät-ter, die mindestens 20 kleinere Blättchen tragen. Blüten eben-falls kleiner, gelblich weiß, im Spätsommer und Frühherbst. Hochblätter der Blütenrispen schmal lanzettlich, nur 3 bis 6 mm lang, bei *C. rehderiana* dagegen oval, 15 bis 20 mm lang. Weniger gute Garten-pflanze als *C. rehderiana*, manchmal fälschlich als *C. nu-tans* angeboten.

Westchina.

☼ ☽ – 20 °C ⚘

### Waldreben der Gruppe C

Diese Gruppe beinhaltet die meisten großblütigen Arten und Sorten, mit Ausnahme von C. 'Jackmanii' und Sorten (siehe S. 80) sowie C. viticella und Sorten (siehe S. 75). Sie gehören in der Mehrzahl zu den beiden Arten C. lanugi-nosa und C. patens oder stam-men von ihnen ab.

Meist ist ein Rückschnitt nur nötig, um im Spätwinter oder zeitigen Frühjahr abge-storbene, störende und schwa-che Triebe zu entfernen. Viele Gartenfreunde kürzen die Triebe im Frühling oder gleich nach der Blüte jedoch leicht ein und schneiden bis zum ers-ten Paar kräftiger Knospen zurück. Die im Sommer gebil-deten Triebe müssen ausge-lichtet und sorgfältig erzogen werden, damit sie während der Blütezeit besonders attraktiv aussehen und kein unschönes Gewirr von Trieben entsteht. Die meisten Sorten dieser Gruppe blühen im Hoch-sommer, oft gibt es im Spät-sommer oder Frühherbst eine weniger reiche Nachblüte. Man kann diese Pflanzen auch wie Waldreben der Gruppe B (II) schneiden, also die erste Blüte opfern, damit die zweite reicher ausfällt.

Die Vermehrung der groß-blütigen Sorten durch Ab-senken kann sich bei seltenen Sorten lohnen, die nicht im Handel erhältlich sind. Dazu bedeckt man im August Jung-triebe an einem Knoten mit Erde, in der sie sich meist in einem Jahr so weit bewurzeln, dass man sie abtrennen kann.

### ✓ *C. florida*

Laub abwerfende oder halb immergrüne, 3 bis 4 m hoch kletternde Art. Triebe drahtähnlich, glänzend, Blätter dunkelgrün, mit 5 bis 9 elliptischen Blättchen. Blüten 6 bis 9 cm groß, mit 4 bis 6 zugespitzten Blütenblättern, weiß oder cremefarben, mit grünlichem Streifen an der Außenseite jedes Blütenblatts und großem »Auge« schwarzvioletter Staubblätter. Blütezeit Früh- bis Hochsommer. China (Hupeh).
☼ ◑ –15 °C ✤

Verschiedene Sorten dieser attraktiven Art, von denen einige in der zweiten Hälfte des 18. Jahrhunderts nach Europa eingeführt wurden, werden schon seit Jahrhunderten in japanischen Gärten kultiviert. Manche unter dem Namen *C. florida* angebotenen Sorten sind komplexer Herkunft und stammen vermutlich auch von *C. lanuginosa* und *C. patens* ab. Viele sind nicht besonders wüchsig und benötigen mehr Pflege als die meisten anderen Waldreben. Bei den gefüllt blühenden Sorten sind einige oder alle Staubblätter zu kurzen, schmalen Blütenblättern umgebildet, sodass die Blüten wie Anemonen oder Rosetten aussehen.

**'Alba Plena'** ('Plena'): Blüten grünlich weiß, gefüllt; sehr ähnlich 'Duchess of Edinburgh'. ✓ **'Duchess of Edinburgh'**: bis 3 m hoch; Blüten gefüllt, rein weiß mit grünem Ton, schwach duftend, im Spätfrühling und Frühsommer geöffnet. ✓ **'Haku-ôkan'**: Blüten halb gefüllt, tiefviolett mit weißen Staubblättern. **'Proteus'**: Blüten gefüllt, malvenfarben-rosa mit cremefarbenen Staubbeuteln, 15 cm groß;

Clematis florida 'Sieboldii'

später im Jahr mit ungefüllten, helleren Blüten. ✓ **'Sieboldii'** (*C. florida* var. *bicolor*): weniger wüchsig, höchstens 2,5 m hoch; Blüten sehr schön, lange haltend, weiß mit violetter, anemonenartiger Mitte, 8 cm groß; ☼.

### ✓ *C. lanuginosa*
(*C. standishii*)

Laub abwerfende, bis 3 m hoch kletternde Art. Blätter einfach oder dreigeteilt, Blättchen herzförmig. Blüten weiß bis blass fliederfarben, 10 bis 15 cm groß, an Kurztrieben, mit 6 bis 8 ausgebreiteten, einander überlappenden Blütenblättern, im Sommer und Frühherbst geöffnet. Diese Art wird nur selten kultiviert, war aber an der Entstehung zahlreicher großblütiger Gartensorten beteiligt. Zahlreiche Sorten stammen allerdings von vielen unterschiedlichen Pflanzen ab – neben *C. florida* vor allem von *C. patens* und *C. viticella* –, und eine Einteilung in verschiedene Gruppen erfolgte in erster Linie im Hinblick auf jeweils ähnliche Pflegemaßnahmen. China.
☼ ◑ –20 °C ✤ ✤F

### *C. patens*
(*C. caerulea*)

Laub abwerfende, 3 bis 4 m hoch kletternde Art. Triebe dünn, Blätter dreigeteilt oder gefiedert, mit 3 bis 7 Blättchen. Blüten cremeweiß bis weißlich veilchenfarben oder veilchenfarben-violett, 10 bis 15 cm groß, mit 6 bis 8 ausgebreiteten, einander nicht überlappenden Blütenblättern, an Kurztrieben, die am vorjährigen Holz gebildet werden. Blütezeit Sommer und Frühherbst. Die am häufigsten kultivierte Form besitzt cremeweiße Blüten. China, Japan.
☼ ◑ –20 °C ✤

### Großblütige Sorten

Diese Sorten stammen vor allem von *C. lanuginosa* und *C. patens* ab, *C. florida* ist weniger bedeutend. Die meisten blühen vom Spätfrühling bis zum Hochsommer und oft ein zweites Mal im Spätsommer oder Frühherbst. Sofern nicht anders angegeben, sind die Blüten ungefüllt. Die meisten

großblütigen Sorten gedeihen an sonnigen oder halbschattigen Orten. Pflanzen, deren Blüten leicht ausbleichen, sollten jedoch besser an recht schattige Orte gesetzt werden. Diese Waldreben brauchen ebenso wie *C. florida* und *C. patens* nicht geschnitten zu werden, obwohl man sie wie *C.* 'Jackmanii' und *C. viticella* schneiden kann *(S. 80 bzw. S. 75)*. Gefüllt blühende Sorten tragen oft später im Jahr hellere, ungefüllte Blüten. ☼ oder ◑, wenn nicht anders angegeben.

**'Asao'**: bis 2 m hoch, recht kompakt; Blüten 10 bis 12 cm groß, creme- bis rosafarben, Blütenblätter am Rand kräftig rosa. ✓ **'Barbara Dibley'**: bis 3,5 m hoch; Blüten rotviolett mit violetten bis tiefroten Streifen, bis 15 cm groß, meist mit 8 Blütenblättern, in starkem Sonnenlicht verblassend, spätere Blüten heller. ✓ **'Barbara Jackman'**: bis 3,5 m hoch; Blüten rötlich malvenfarben oder schwach purpurn mit pflaumenrotem Streifen auf jedem der 8 Blütenblätter, etwa 12 cm groß, in starkem Sonnenlicht verblassend. ✓ **'Beauty of Worcester'**: bis 2,5 m hoch; Blüten gefüllt, tief veilchenblau mit cremeweißen Staubbeuteln, 12 bis 16 cm groß; spätere Blüten meist ungefüllt. ✓ **'Bees Jubilee'**: ♀ Blüten zahlreich, intensiv rosa mit dunkleren Streifen, gut 10 cm groß. **'Belle of Woking'**: bis 3 m hoch; Blüten um 10 cm groß, gefüllt, malvenfarben bis weiß mit cremefarbenen Staubbeuteln, äußere Blütenblätter oft etwas grün, im Spätfrühling und Frühsommer. **'Carnaby'**: Blüten kräftig rosa mit dunkleren Streifen, bis 10 cm groß. **'Corona'**: Blüten hell rosaviolett mit roten Staubbeuteln, gut 10 cm groß. ✓ **'Countess of Lovelace'**: Blüten gefüllt, bläulich fliederfarben mit cremefarbenen Staubbeuteln, gut 10 cm groß. **'C. W. Dowman'**: bis 3,5 m hoch; Blüten blassrosa mit dunkleren

Streifen und cremefarbenen Staubbeuteln, gut 10 cm groß, meist mit 8 Blütenblättern; ☽ ☀. **'Edouard Desfosse'**: Blüten sehr groß, lila, Staubgefäße dunkler getönt. **'Daniel Deronda'**: ♀ Blüten gefüllt oder ungefüllt, blauviolett mit cremefarbenen Staubbeuteln, bis 13 cm. **'Doctor Ruppel'**: ♀ Blüten zahlreich, intensiv rosarot mit dunkleren Streifen und schokoladenbraunen Staubbeuteln, 10 bis 15 cm groß. **'Edith'**: ♀ Blüten weiß mit tiefroten Staubbeuteln, 10 cm groß. **'Edomurasaki'**: Blüten dunkel veilchenblau mit roten Staubbeuteln, bis 15 cm groß. **'Elsa Späth'** ('Xerxes'): ♀ Blüten kräftig malvenblau mit roten Staubbeuteln, bis 16 cm groß. **'Fairy Queen'**: Blüten fleischrosa mit dunkler rosafarbenen Streifen, gut 15 cm groß. **'Fireworks'**: ♀ Blüten blau mit petunienroten Streifen und tiefroten Staubbeuteln, gut 15 cm groß. ✓ **'General Sikorski'**: Blüten blau mit cremefarbenen Staubbeuteln, 10 bis 15 cm groß. **'Gillian Blades'**: ♀ Blüten weiß mit cremefarbenen Staubbeuteln und welligen Blütenblättern, 12 bis 16 cm groß. **'Guernsey Cream'**: Blüten cremegelb mit cremefarbenen Staubbeuteln, 12 cm groß. **'Henryi'** ('Bangholme Belle'): ♀ bis 5 m hoch; Blüten cremeweiß, gut 15 cm groß, mit 6 bis 8 zugespitzten Blütenblättern; junge Blätter hübsch bronzefarben überlaufen. **'H. F. Young'**: ♀ Blüten hellblau mit veilchenfarbenem Ton und cremefarbenen Staubbeuteln, 10 cm groß. **'Horn of Plenty'**: ♀ Blüten etwa 12 cm groß, recht rund, rosarot-malvenfarben, später heller und blau-malvenfarben, Staubbeutel dunkelrot. **'John Warren'**: Blüten gräulich mit karminroten Adern und roten Staubbeuteln, gut 15 cm groß. **'Kakio'** ('Pink Champagne'): Blüten zahlreich, rosaviolett mit gelben Staubbeuteln, 10 bis 15 cm groß. **'Kathleen Dunford'**: Blüten ungefüllt oder halb gefüllt, rosarot bis violett, etwa 12 cm groß. ✓ **'Kardynal Wyszynski'** ('Cardinal Wyszynski'): spät blühend; Blüten purpurrot mit rötlich schwarzen Staubbeuteln, bis 10 cm groß. **'King George V'**: ähnelt 'Fairy Queen', blüht aber dunkler fleischrosa. **'Lady Charles Neville'**: recht wüchsig und robust; Blüten zartviolett mit dunklerem, etwas auslaufendem Mittelstreifen auf jedem Blütenblatt. ✓ **'Lady Londesborough'**: Blüten zahlreich, bis 15 cm groß, blass malvenfarben, später silbrig grau, Staubblätter leicht violett. **'Lady Northcliffe'**: Blüten tief lavendelblau mit weißen Staubbeuteln, in starkem Sonnenlicht verblassend; ☽. ✓ **'Lasurstern'**: ♀ bis 3,5 m hoch; Blüten groß, zunächst kräftig blauviolett, später lavendelblau, mit cremegelben Staubbeuteln und 6 bis 9 Blütenblättern, gut 15 cm groß, in starkem Sonnenlicht verblassend; ☽. **'Lincoln Star'**: Blüten gut 10 cm groß, himbeerfarben-rosa mit roten Staubbeuteln, spätere Blüten heller. ✓ **'Lord Nevill'**: ♀ bis 3,5 m hoch; Blüten kräftig blauviolett mit dunkleren Streifen und violetten Staubbeuteln, 12 bis 16 cm groß. **'Madame von Houtte'**: sehr große Blüten, sternförmig, milchweiß, zur Mitte hin zuweilen schwach grünlich weiß. **'Marcel Moser'**: Blüten bis 20 cm groß, rosarot bis malvenfarben mit karminroten Streifen und rötlich violetten Staubbeuteln. ✓ **'Marie Boisselot'** ('Mme. Le Coultre'): ♀ bis 4,5 m hoch; Blüten in der Knospe leicht rosa, geöffnet rein weiß mit cremefarbenen Staubbeuteln und 7 bis 10 Blütenblättern, gut 15 cm groß. **'Miss Bateman'**: ♀ Blüten zahlreich, weiß mit roten Staubbeuteln, 7,5 bis 10 cm groß. ✓ **'Mrs. Cholmondeley'**: ♀ bis 4,5 m hoch kletternd; Blüten glyzineblau mit schokoladenbraunen Staubbeuteln, gut 15 cm groß, in starkem Sonnenlicht verblassend; ☽ ☀. **'Mrs. George Jackman'**: ♀ Blüten halb gefüllt, cremeweiß mit braunen Staubbeuteln, 10 cm groß. **'Mrs. N. Thompson'**: Blüten tief veilchenblau mit scharlachroten Streifen und roten Staubbeuteln, 10 cm groß. ✓ **'Nelly Moser'**: bis 3,5 m groß; Blüten blass malven-

farben-rosa mit karminrot bis rosa gefärbten Streifen und leicht violetten Staubbeuteln, etwa 16 cm groß, in grellem Sonnenlicht stark verblassend; ☽ ☀. ✓ **'Niobe'**: ♀ Blüten samtig tiefrot mit gelben Staubbeuteln, 10 bis 15 cm groß. **'Otto Froebel'**: riesige weiße Blüten, grau überhaucht. **'Prins Henrik'**: zartlila, sehr großblumig, zur Gewinnung von Schnittblumen angebaut. **'Ramona'**: Blüten hellblau mit dunkelroten Staubbeuteln, 10 bis 15 cm groß; ☼. **'Richard Pennell'**: ♀ Blüten tief rotviolett mit goldgelben Staubbeuteln, gut 10 cm groß. **'Royal Velvet'**: Blüten samtig violett mit dunkleren Streifen und roten Staubbeuteln, 10 bis 15 cm groß. **'Royalty'**: ♀ Blüten halb gefüllt, violett bis malvenfarben mit gelben Staubbeuteln, 10 cm groß; spätere Blüten kleiner und ungefüllt. **'Silver Moon'**: ♀ Blüten silbrig malvenfarben mit cremefarbenen Staubbeuteln, 10 bis 15 cm groß. **'Snow Queen'**: Blüten gut 15 cm groß, weiß mit bläulich rosafarbenem Ton, Staubbeutel rot. **'Sylvia Denny'**: Blüten halb gefüllt, weiß mit cremefarbenen Staubbeuteln, 10 cm groß. ✓ **'The President'**: ♀ bis 3,5 m hoch; Blüten kräftig veilchenfarben-violett mit helleren Streifen und roten Staubbeuteln, außen silbrig, 10 bis 15 cm groß. **'Veronica's Choice'**: Blüten halb gefüllt, 10 bis 15 cm groß, hell lavendelblau mit malvenfarbenem Ton, Staubbeutel cremefarben. **'Vino'**: Blüten purpurrot mit gelben Staubbeuteln, 15 cm groß. ✓ **'Vyvyan Pennell'**: ♀ Blüten gefüllt, gut 10 cm groß, fliederfarben, äußere Blütenblätter oft leicht grün, Staubbeutel goldgelb; Blüten später im Jahr blaumalvenfarben. **'Wada's Primrose'**: Blüten cremefarben mit gelben Staubbeuteln, gut 10 cm groß; ☽. **'W. E. Gladstone'**: bis 4 m hoch; Blüten zahlreich, hell lavendelblau mit violetten Staubbeuteln, 16 bis 20 cm groß. **'William Kennett'**: bis 4 m hoch; Blüten lavendelblau mit dunklerer Mitte, gut 10 cm groß.

'Marie Boisselot'

'Niobe'

'Nelly Moser'

# Immergrüne Kletterpflanzen gemäßigter Klimazonen

# EINFÜHRUNG

*OBEN Die chilenische* Lapageria rosea *blüht im lichten Schatten eines Kalthauses sehr reich.*

*LINKS Das frostempfindliche* Solanum jasminoides *'Album' eignet sich hervorragend zur Begrünung von Bögen in warmen Lagen.*

*RECHTS Die Blaue Passionsblume* (Passiflora caerulea) *ist eine beliebte immergrüne Kletterpflanze.*

Immergrüne Kletterpflanzen gelten zu Unrecht als langweilig, denn unter ihnen finden sich einige der schönsten kletternden Arten und Sorten. Die Blaue Passionsblume *(Passiflora caerulea)* mit ihren außergewöhnlichen Blüten, der Korallenstrauch *(Berberidopsis corallina),* die chilenische *Lapageria rosea* und die *Mutisia*-Arten sind wunderschön. Der schwere Duft des Echten Jasmins ist allgemein beliebt, und die Pflanze wird sehr gern neben Türen und Fenstern oder an einem Bogen gehalten, damit man ihren Duft gut wahrnehmen kann. An wärmeren Orten kann man sie auch in freien Lagen halten, eine alte Mauer oder einen Baumstumpf mit ihr bedecken oder sie über eine Pergola wachsen lassen.

Der Wert von Efeu *(Hedera)* und verschiedenen anderen immergrünen Kletterpflanzen liegt vor allem in ihrer Belaubung und weniger in ihren Blüten. Weil sie auch im Winter beblättert sind, eignen sie sich sehr gut als grüner Vorhang oder um hässliche Mauern oder Zäune zu verstecken. Mit Efeu lassen sich auch alte Baumstümpfe oder unansehnliche Gebäude bedecken. Häufig hört man, dass Efeu Mauern und Gebäude schädige, das trifft jedoch nur zu, wenn diese schon in einem schlechten Zustand sind. Vielmehr entsteht durch die schönen, einander überlappenden Blätter ein dekorativer Gesamteindruck. Die Haftwurzeln allerdings können den Anstrich von Fensterrahmen verschandeln, und die stark wachsenden Triebe müssen erzogen werden, damit sie nicht unters Dach wachsen und die Dachpfannen anheben.

## Standort und Pflege

Die Standorte immergrüner Kletterpflanzen müssen sorgsam ausgesucht werden. Viele Arten sind frostempfindlich, und auch bei winterharten Pflanzen erleiden die Blätter durch starken Wind und Frost im Winter vielfach Schäden. Daher wählt man am besten geschützte Standorte. Die beste Lage und die nötige Sonneneinstrahlung sind natürlich je nach Pflanzenart und -sorte unterschiedlich.

Auch die Pflanzzeit ist sehr wichtig. Immergrüne Blätter verlieren auch im Winter Feuchtigkeit, wodurch junge Pflanzen vor allem bei kaltem, trockenem, windigem Wetter stark geschwächt werden oder sogar absterben können. Daher sollte man die Pflanzen im Spätwinter oder zeitigen Frühjahr setzen und höchstens in sehr milden Gegenden auch im Frühherbst, aber nicht im Spätherbst oder Frühwinter. Bei Herbstpflanzung wird bis zum Frühjahr mit Stroh oder Jute abgedeckt und der Schutz erst entfernt, wenn es warm genug geworden ist. Auch ausgewachsene immergrüne Kletterpflanzen gedeihen besser, wenn man sie im Winter schützt; dies gilt natürlich vor allem für kälte- und frostempfindliche Arten und Sorten. Denken Sie daran, nach der Pflanzung häufig und reichlich zu wässern, bis Ihre Schützlinge angewachsen sind!

Die meisten immergrünen Kletterpflanzen werden im zeitigen Frühjahr oder gleich nach der Blüte geschnitten – sofern man sie überhaupt schneiden muss. Von einem herbstlichen Schnitt ist abzuraten, denn die Pflanzen sollten im Winter möglichst viele ausgereifte Triebe tragen. Diese Hinweise sollen Sie aber keinesfalls davon abhalten, immergrüne Kletterpflanzen in Ihren Garten aufzunehmen! Zu dieser Gruppe gehören einige sehr dekorative Arten, und ein Versuch lohnt sich!

Immergrüne Waldreben, Rosen und Heckenkirschen werden jeweils in den separaten Kapiteln über diese Gattungen vorgestellt.

*RECHTS  Süß duftender, immergrüner Echter Jasmin (Jasminum officinale) mit Jungfernrebe (Parthenocissus tricuspidata) und einjähriger Kapuzinerkresse (Tropaeolum majus).*

## Araujia
### (Asclepiadaceae)

»Araujia« ist der brasilianische Volksname für eine kleine Gattung windender südamerikanischer Pflanzen, die immergrüne, gegenständige Blätter besitzen und wegen ihrer weißen oder rosafarbenen, duftenden Blüten kultiviert werden. Die röhrige Krone ist unten aufgeblasen und endet oben mit 5 Zipfeln. Die schotenartigen Balgfrüchte enthalten zahlreiche Samen, die an der Spitze lange Seidenhaare tragen. Die Vermehrung erfolgt durch Samen oder durch Stecklinge, die im Spätsommer geschnitten werden.

### A. sericofera
*(A. albens, Physianthus albens)*
FOLTERPFLANZE
Diese Art besitzt bis 10 m hoch windende Triebe, die Milchsaft absondern, wenn man sie schneidet. Blätter oval bis länglich, 5 bis 10 cm lang, oberseits dunkelgrün, unterseits weißfilzig. Blüten zu 3 bis 8 in ungefähr 5 cm langen Rispen, stark duftend. Krone weiß, innen oft kastanienbraun gestreift, wachsartig, unten mit ungefähr 1 cm langer Röhre, oben mit 5 ausgebreiteten Zipfeln und einem Durchmesser von etwa 3 cm, Blütezeit Spätsommer. Die 10 bis 13 cm langen, gelblich grünen, schotenartigen Früchte tragen tiefe Längsfurchen. Eigenartige Pflanze, die man in gemäßigten Klimazonen nur in sehr milden Gebieten im Freiland halten kann. Der Name »Folterpflanze« bezieht sich auf die sogenannten Klemmfallenblüten,

mit denen die Art Nachtfalter »fängt«: Die Tiere stecken ihre Rüssel in die Schlitze der Staubbeutel, um an den Nektar zu gelangen, und klemmen sich dabei zeitweilig fest, weil die Schlitze unten sehr eng sind. Südamerika.
☼ 0 °C ✂

## Asteranthera
### (Gesneriaceae)

Diese Gattung umfasst nur eine Art, die der Pflanzensammler Harold Comber 1926 aus Chile nach Europa brachte. Die hübschen Pflanzen verdienen mehr Beachtung, denn sie tragen lange Zeit zahlreiche zweilippige, rote Blüten. Vermehrt wird am besten durch Stecklinge, die im Spätsommer oder Frühherbst an den Triebspitzen geschnitten werden.

### ✓ A. ovata
Die Art besitzt dünne, weißhaarige Triebe, die mit ihren an den Knoten entspringenden Haftwurzeln bis 4 m hoch klettern. Blätter gegenständig, rundlich, gezähnt, 1 bis 3 cm lang, steifhaarig. Blüten achselständig, meist 1, manchmal auch 2 pro Blütenstiel; Kelch mit 5 gezähnten Zipfeln; Krone rot, röhrenförmig, bis 6 cm lang, zweilippig, oben mit 5 Zipfeln, die untere Lippe oft gelb gestreift, Schlund innen weißlich, Blütezeit Sommer. Früchte grünlich violett, fleischig. Diese Art stellt große Ansprüche an ihren Standort: Sie liebt feuchte, schattige Lagen, aber nicht zu tiefen Schatten, und leicht saure oder neutrale, mit Lauberde bedeckte

Böden. An sehr trockenen Standorten kümmert sie. Man kann sie als ungewöhnlichen Bodendecker verwenden; sie sieht aber auch an einem moosbewachsenen Baum oder zwischen anderen Kletterpflanzen sehr schön aus.
Chile, Westargentinien.
☼ −5 °C ⅄ғ

## Berberidopsis
### (Flacourtiaceae)

KORALLENSTRAUCH
Diese Gattung enthält nur eine Art, die mit ihren überhängenden Büscheln wachsartiger roter Blüten zu den schönsten kletternden Sträuchern gehört. Die Pflanzen lieben feuchte Lehm- oder Sandböden und gedeihen am besten in sauren Böden, eignen sich aber auch für leicht basische Böden, wenn diesen etwas Torf zugesetzt wurde. Frisch gepflanzte Exemplare sollten mit Torf gemulcht werden, damit sie gut anwachsen. Die beste Pflanzzeit ist der Frühling. Man braucht diese Pflanzen kaum zu schneiden, sollte aber abgestorbene und störende Triebe entfernen. Die Vermehrung erfolgt im Sommer durch Stecklinge oder Ableger. In kühlen Gebieten enthalten die Früchte nur selten keimfähige Samen. Vor austrocknendem Wind und starkem Sonnenlicht müssen die Pflanzen geschützt werden, und in kühlen Gebieten sollte man sie im Winter unten abdecken. In milden Gebieten kann man Korallensträucher an Säulen oder sogar an Bäumen emporklettern

lassen, und an Pergolen und Bögen kommen ihre schönen Blüten besonders wirkungsvoll zur Geltung.

### ✓ B. corallina
Bis 4,5 m hoch kletternd. Blätter ledrig, wechselständig, oval oder herzförmig, am Rand dornig gezähnt. Blüten kugelig, tiefrot, etwa 1 cm groß, mit 9 bis 15 einander überlappenden, kronblattartigen Blütenblättern, in kleinen, überhängenden Büscheln in den oberen Blattachseln und an den Triebspitzen. Blütezeit Sommer und Frühherbst. Diese Art wurde von Richard Pearce im Jahr 1826 erstmals aus Chile nach Europa gebracht. In der freien Natur ist sie heute vermutlich ausgestorben. Sie verträgt zwar leichten Frost, kann aber durch heftigen Wind stark geschädigt werden. Daher sollte man sie so an eine Mauer pflanzen, dass sie nicht in die Hauptwindrichtung wächst. Seltene Liebhaberpflanze.
Chile.
☼ ◐ −5 °C ✂

Berberidopsis corallina

---

## Bignonia
### (Bignoniaceae)

Zu dieser Gattung gehört nur eine Art, die den deutschen Namen »Kreuzrebe« trägt, weil die holzigen Triebe eine kreuzförmige Zeichnung aufweisen, wenn man sie quer durchschneidet. Die großen, lebhaft gefärbten Blüten stehen in prächtigen Büscheln vereinigt. Nahe mit *Campsis* verwandt, unterscheidet sich aber dadurch, dass sie mit Blattranken klettert. Standort und Pflege wie bei *Campsis* (S. 41).

### B. capreolata
*(Doxantha capreolata)*
KREUZREBE, JASMINTROMPETE
Wüchsige Art, die in der freien Natur bis 20 m hoch klettert, in Kultur meist aber nur halb so hoch wird. Triebe dünn, sehr spärlich behaart. Blätter gegenständig, mit jeweils 2 länglichen bis lanzettlichen Blättchen und endständiger, verzweigter Ranke. Zweigenden hakenförmig. Blüten trichterförmig, orangerot, 4 bis 5 cm lang, oben mit 5 rundlichen Zipfeln, in achselständigen Büscheln, Blütezeit Sommer. Früchte dünne, bis 15 cm lange, platte Schoten. Diese Art benötigt nahrhaften Boden und milde, warme Lagen. Sie ist dort häufig immergrün, verliert in kalten Wintern aber oft zahlreiche Blätter. Raschwüchsig; eignet sich auch gut, um hässliche Strukturen zu überdecken.
Südosten der USA.
☼ −15 °C ⚘

'Atrosanguinea': Blätter länger und schmaler, Blüten bräunlich violett.

## Billardiera
### (Pittosporaceae)

Eine australische Gattung mit neun Arten, von denen nur eine verbreitet kultiviert wird. Recht zarte Kletterpflanzen mit windenden Trieben und wechselständigen Blättern. Blüten ziemlich unscheinbar, Früchte jedoch kräftig blau und sehr dekorativ. Vermehrung durch Samen, die im Frühjahr ausgesät werden, oder durch Sommer- und Herbststecklinge.

### B. longiflora ⚘
Diese Art besitzt dünne, unbehaarte Triebe, die bis 2 m hoch klettern. Blätter schmal lanzettlich, ganzrandig, knapp 4 cm lang. Blüten einzeln, schmal trompetenförmig, duftend, grünlich gelb, später oft violett getönt, 1,5 bis gut 3 cm lang, mit 5 nur scheinbar miteinander verwachsenen Kronblättern, an dünnen Stielen in den Blattachseln hängend. Blütezeit Sommer bis Frühherbst. Früchte zylindrische oder kugelige, gut 2 cm lange Beeren von hellblauer bis veilchenblauer Farbe. Diese Art kann an einer Mauer, an Gitterwerk oder an einem Baumstamm gehalten werden, aber auch zwischen anderen Sträuchern oder Kletterpflanzen wachsen. Verträgt kalten Wind und starke Sonne, aber keinen tiefen Schatten.
Tasmanien.
☽ 0 °C ⚘

'Fructu-Albo' ('Alba'): Früchte weiß. 'Fructu-Coccineo': Früchte rot. Beide Sorten werden leider nur selten kultiviert.

## Cissus
### (Vitaceae)

KLIMME

Große, tropische und subtropische Gattung von Pflanzen, die überwiegend mit Ranken klettern und vor allem wegen ihrer dekorativen Blätter kultiviert werden. In dieser Gattung finden sich auch einige sukkulente Arten aus Afrika, die in ihren Blättern und Stämmen Wasser speichern. Die Gattung gehört zur gleichen Pflanzenfamilie wie *Ampelopsis*, *Parthenocissus* und *Vitis*. Von den Arten, die in Zimmern oder Gewächshäusern gedeihen, ist *C. discolor* (S. 150) wohl die schönste. Die bekannteste Art ist zweifellos die tropische, häufig als Zimmerpflanze kultivierte *C. antarctica* (S. 150). Nur die folgende Art wird in ganz milden gemäßigten Klimazonen im Freiland gehalten.

### C. striata
*(Vitis striata)*
Wüchsige, immergrüne Kletterpflanze mit kantigen, behaarten Trieben, die mit ihren dünnen Ranken 5 m hoch klettern können. Blätter gefingert, recht ledrig, glänzend grün, mit 3 oder 5 umgekehrt eiförmigen, grob gezähnten Blättchen. Blüten unscheinbar, grünlich, im Sommer und Frühherbst geöffnet. Die kleinen, johannisbeerähnlichen Früchte sind dunkel rötlich violett. Vermehrung durch Stecklinge von halb reifem Material, die man im Sommer schneidet.
Südbrasilien, Chile.
☼ 0 °C ⚘

## Decumaria
### (Hydrangeaceae)

STERNHORTENSIE

Die beiden Arten dieser Gattung werden wegen ihrer schönen Blätter und ihrer hortensienähnlichen Blütenstände kultiviert. Es sind holzige Klettersträucher, deren Haftwurzeln sich fest an geeignete Kletterhilfen anlegen. Blätter gegenständig, Blüten klein, in endständigen Doldenrispen. Früchte gerippte, kreiselförmige Kapseln, die zwischen den Rippen aufspringen und zahlreiche winzige Samen ausstreuen. Sternhortensien wachsen am besten in feuchten, aber durchlässigen Lehmböden. Sie sind mit *Hydrangea* (S. 45) und *Schizophragma* (S. 51) verwandt, besitzen aber keine sterilen, randständigen Blüten und mehr Kelch- und Kronblätter pro Blüte (7 bis 10). Vermehrung durch im Spätsommer oder Frühherbst geschnittene Stecklinge.

### D. barbara
Halb immergrüne, manchmal auch Laub abwerfende, bis 9 m hoch kletternde Art. Blätter oval, 7 bis 13 cm lang, ganzrandig oder nahe der Spitze leicht gezähnt. Blüten duftend, weiß, 6 mm groß, in rundlichen Doldenrispen, die 5 bis 8 cm lang und ebenso breit sind, Blütezeit Sommer. Früchte 8 cm lang, unten weiß gestreift. Gedeiht am besten an einer geschützten Mauer, klettert vor allem in milderen, geschützten Gärten aber auch sehr gut an Bäumen empor.
Nordosten der USA.
☼ −15 °C ⚘

Decumaria barbara

### D. sinensis

Nicht so hoch wie *D. barbara* und mit kleineren Blättern. Blüten cremefarben, nach Honig duftend, in pyramidenförmigen Doldenrispen, im Spätfrühling und Frühsommer. Zentralchina.
☽ 0 °C ✀

### Dregea
### (Asclepiadaceae)

Ähnelt *Cionura* (S. 42), die Zipfel der Blütenkrone sind jedoch oval. Wird wegen des ungewöhnlichen Aussehens kultiviert. Vermehrung durch Samen oder Stecklinge.

### D. sinensis
(Wattakaka sinensis)

Triebe bis 3 m hoch windend, jung flaumhaarig. Blätter oval, gegenständig, am Grund herzförmig, oben lang zugespitzt, 3 bis 10 cm lang, unterseits dicht grauhaarig. Blüten duftend, sternförmig, weiß oder cremefarben, mit roten Streifen und Flecken, etwa 1,5 cm groß, zu 10 bis 25 in achselständigen, hängenden Dolden, Blütezeit Sommer. Früchte in Paaren, 5 bis 7 cm lang, flaumhaarig. Botanisch interessante Pflanze mit zierlichen Blüten. In Gärtnereien für Wintergärten erhältlich, aber nur selten in Gärten anzutreffen. China.
☀ 0 °C ✀

### Euonymus
### (Celastraceae)

SPINDELSTRAUCH

Zu dieser großen Gattung gehören immergrüne und Laub abwerfende Sträucher sowie einige kleine Bäume. Spindelsträucher werden vor allem wegen ihrer auffälligen Früchte und ihrer dekorativen Blätter kultiviert, die Blüten sind eher unauffällig. Nur *E. fortunei* klettert, in Kultur findet man meist die var. *radicans*. Diese Pflanze bildet einen dichten grünen Blättervorhang, den man durch einen Schnitt in Form bringen.kann.

### E. fortunei var. radicans

Kriechender oder kletternder immergrüner Strauch, der an einer Mauer bis 7 m hoch wächst. Die langen, dünnen Triebe finden mit Haftwurzeln auf dem Untergrund Halt. Blätter oval, dunkelgrün, kurz gestielt, 1,5 bis 3,5 cm lang, flach gezähnt. Blüten sehr klein, grünlich, im Hochsommer und Spätsommer geöffnet. Früchte kleine, runde, reif rosafarbene Kapseln, ungefähr 6 mm groß, springen auf, sodass die kleinen, hell orangefarbenen Samen sichtbar werden. Ebenso wie Efeu (*Hedera*) besitzt diese Pflanze unterschiedlich aussehende Jugend- und Alterstriebe. Die normale Form der var. *radicans* ist das Jugendstadium. Nur die Alterstriebe blühen und fruchten, und durch Schneiden kann man bei einigen Pflanzen erreichen, dass sie im Jugendstadium bleiben. Die Alterstriebe sind buschiger und tragen größere Blätter, die denen von *E. japonicus* ähneln. Der Typus von *E. fortunei* (var. *fortunei*) stammt aus China und wird in Gärten nur selten kultiviert.
China, Japan, Korea.
☼ ☽ −25 °C ✀

*E. fortunei* var. *radicans* ist sehr winterhart und dient im Osten der USA als Ersatz für Efeu, dem es dort im Winter zu kalt ist. Kleine Stecklinge von älteren Pflanzen bewurzeln sich sehr gut. Der Schnitt beschränkt sich darauf, störende oder zu dichte Triebe im Frühjahr zu entfernen, um ein sauberes Wuchsbild oder eine bestimmte Form zu erhalten.
**'Coloratus'**: wächst an einer Kletterhilfe bis 8 m hoch. Blätter im Winter purpurn, besonders bei Pflanzen, die in nährstoffarmen Böden wachsen, ab dem Frühjahr wieder grün. **'Silver Queen'**: ⚲ wüchsig, an Mauern oder großen Baumstämmen bis 3 m hoch, nach kurzer Zeit mit buschigen ausgewachsenen Trieben; Blätter jung cremegelb, später grün mit weißer Panaschierung, die größten gut 6 cm lang. **'Variegatus'** ('Argenteomarginata', 'Gracilis', 'Silver Gem'): ähnlich var. *radicans*, aber die graugrünen Blätter tragen einen breiten weißen Rand, der manchmal rot überlaufen ist. Diese Sorte ist schön, schlägt aber zuweilen in die rein grüne Form zurück, solche Triebe sollten herausgeschnitten werden. **'Vegetus'** (var. *vegetus*): meist nur mit Alterstrieben; buschig; eignet sich für niedrige Mauern und Zäune. Blätter der Alterstriebe breit oval oder rundlich, mattgrün. Diese Sorte stammt von der japanischen Insel Hokkaido und fruchtet oft sehr reich. Die Triebe müssen an Kletterhilfen gebunden werden, damit die Pflanzen die gewünschte Form behalten.

### Ficus pumila (siehe S. 151)

### Hardenbergia
### (Leguminosae)

Australische Gattung mit drei Arten, die an *Kennedia* erinnern, aber zahlreiche kleinere Blüten tragen, deren stumpfes Schiffchen kürzer als die Flügel ist. Diese Pflanzen werden wegen ihrer wunderbar duftigen, farbenfrohen Schmetterlingsblüten kultiviert. Es sind Pflanzen warm-gemäßigter und subtropischer Gebiete. Die beiden hier vorgestellten Arten gedeihen in milden Gebieten im Schutz von Mauern im Freiland, überleben aber selten den Winter. Man kann sie jedoch leicht durch Samen oder Stecklinge vermehren, und junge Pflanzen können als Ersatz überwintern. Sie eignen sich auch für nährstoffarme Böden, ziehen aber saure Böden vor.

### ⊞ H. comptoniana ♀

Trägt im Unterschied zu *H. violacea* 3 bis 5 Blättchen pro Blatt und blauviolette Blüten, deren Fahne einen weißen, grün gepunkteten Basalfleck zeigt. Blütezeit Sommer.
Westaustralien.
☼ ◑ –5 °C ⌇

'Alba': Blüten weiß.

### ⊞ H. violacea ♀

*(H. monophylla, Kennedia monophylla)*
Diese Art besitzt bis zu 3 m hoch windende Triebe. Blätter ledrig, wechselständig, oval bis linealisch, 3 bis 12 cm lang, netzadrig. Blüten meist violett, manchmal rosa oder weiß, Fahne mit gelbem Basalfleck und oben gekerbt. Blüten in 5 bis 12 cm langen Trauben, die sich im Frühjahr öffnen. Hülsen 3 bis 4 cm lang.
Ostaustralien, Tasmanien.
☼ ◑ –5 °C ⌇

'White Crystal' ('Alba'): Blüten rein weiß, im Spätwinter geöffnet.

## Hedera
## *(Araliaceae)*

EFEU

Diese kleine Gattung immergrüner Kletterpflanzen lässt sich nicht leicht klassifizieren, und die Botaniker sind sich noch nicht darüber einig, wie viele Arten sie enthält. Lange Zeit galt Efeu als typische Pflanze des Viktorianischen Zeitalters, als langweilig und stets voll Spinnennetzen. Das Interesse am Efeu ist jedoch wieder erwacht, und die vielen verbreiteten Sorten erfreuen durch ihr großes Spektrum an Blattformen und -farben. Efeu wird gern als Zimmerpflanze gehalten. Im Freiland gedeiht er vor allem an schattigen Plätzen, eignet sich aber auch für sonnige Standorte und sogar für das warme Mittelmeerklima.

Efeu besitzt sehr unterschiedlich aussehende Jugend- und Alterstriebe, wobei die Jugendtriebe oft über viele Jahre bestehen, aber nur die Alterstriebe blühen und fruchten. Die Jugendtriebe klettern mit Haftwurzeln, ihre Blätter haben meist 3 oder 5 Lappen und stehen zweizeilig. Die Alterstriebe haben keine Haftwurzeln, klettern nicht und tragen um den Trieb stehende, meist ungeteilte Blätter. Junge Jugend- und Alterstriebe besitzen sternförmige oder schuppenartige Haare. Die grünlichen Blüten stehen in kugeligen Dolden. Die Beerenfrüchte sind reif schwarz oder gelblich.

Alle beschriebenen Arten gedeihen in fast jedem Boden und in jeder Lage, wobei ihre Schattenverträglichkeit ein besonderer Vorzug ist. Der Schnitt im Spätfrühling beschränkt sich darauf, die gewünschte Größe zu erhalten und lange Triebe zu entfernen, an denen der Wind zu sehr zerren könnte. Wer will, kann mit dem Schnitt meist verhindern, dass Alterstriebe entstehen.

Junge Pflanzen klettern oft erst nach einiger Zeit. Man kann sie unterstützen, indem man sie dicht an der Kletterhilfe festbindet oder die langen Triebe entlang der Kletterhilfe auf den Erdboden legt und damit die Bildung von Seitentrieben anregt, die ohne Hilfe emporklettern. Die Vermehrung erfolgt durch kurze Stecklinge aus jungem Material, die im Hochsommer geschnitten und in einem Vermehrungskasten angezogen werden, oder auch das ganze Jahr über durch Ableger.

### H. azorica

Diese Art besitzt grüne Triebe. Junge Triebe und Blätter dicht weißfilzig. Blätter mit 5 oder 7 Lappen, 9 bis 11 cm lang, hellgrün.
Azoren.
☼ ◑ –5 °C ⌇ꜰ

### H. canariensis

*(H. algeriensis, H. maderensis)*
Triebe und Blattstiele glatt, dunkelrot; junge Triebe mit schuppenartigen Haaren. Blätter ungeteilt, 10 bis 15 cm lang, oval mit herzförmigem Grund, im Sommer grün, im Winter bronzefarben. Früchte schwarz. Nicht so winterhart wie *H. helix* und nur in sehr milden Gebieten gedeihend.
Kanarische Inseln, Nordafrika.
☼ ◑ ● –5 °C ⌇ꜰ

✓ 'Gloire de Marengo' ('Variegata'): dekorative, raschwüchsige Sorte. Blätter 9 bis 11 cm lang, grün mit silbergrauen Bereichen zwischen den Adern und unregelmäßigem, cremefarbenem Saum, gedeiht in kühleren Gebieten am besten an einer geschützten Mauer. ✓ 'Marginomaculata': ♀ ist wahrscheinlich

Irischer Efeu (Hedera hibernica) (S. 93)

eine Spielart von 'Gloire de Marengo'. Blätter hellgrün, cremegelb panaschiert und oft cremefarben gefleckt. 'Ravensholst': ♀ Blätter groß, dunkelgrün, teilweise dreilappig. 'Striata' ('Gold Leaf', 'Golden Leaf'): Blätter ungeteilt, 8 bis 14 cm lang, dunkelgrün mit hellgrüner oder gelber Mitte.

### H. colchica ♀

KAUKASUSEFEU
Triebe grün. Blätter dunkelgrün, meist ungeteilt, oval, überwiegend 6 bis 15 cm, manchmal aber auch bis 25 cm lang, dick und ledrig, mit herzförmigem Grund. Reife Früchte schwarz.
Nordtürkei, Kaukasus, Nord-iran.
☼ ◑ –15 °C ⌇ꜰ

'Dentata': ♀ wüchsige Sorte mit braunvioletten Trieben. Blätter ungeteilt, eiförmig, 15 bis 20 cm lang, hellgrün, am Rand mit winzigen, entfernt stehenden Zähnen. 'Dentata Variegata': ♀ Blätter ungeteilt, ganzrandig oder mit wenigen entfernt stehenden Zähnen, oft mit nach unten eingerolltem Rand, hellgrün mit unregelmäßigen, graugrünen Flecken und unregelmäßigem, tief cremefarbenem Rand. ✓ 'Sulphur Heart'

Hedera colchica *'Sulphur Heart'*

Hedera colchica *'Dentata Variegata'*

*Gemeiner Efeu* (Hedera helix), *gerade erblüht*

('Paddy's Pride', 'Gold Leaf'): ♀ Triebe zunächst grün, später braun. Blätter ungeteilt, am Rand mit wenigen Zähnen, 10 bis 13 cm lang, hellgrün, gelb geadert oder zur Mitte hin mit unregelmäßigen helleren Flecken.

### H. helix
GEMEINER EFEU
Die winterhärteste Efeuart. Triebe bis 10 m hoch kletternd. Blätter mit 3 oder 5 Lappen, 4 bis 8 cm lang, beim Zerdrücken kräftiger Geruch. Blüten grünlich, im Herbst. Reife Früchte mattschwarz. Häufige einheimische Kletterpflanze, kann mehrere hundert Jahre alt werden, Stämme dann bis zu 1 m dick.
Europa, Westasien.
☼ ◑ −20 °C ⊻ꜰ

In den letzten 200 bis 300 Jahren entstand eine enorme Zahl von Sorten, die sich hauptsächlich in Form, Größe und Farbe der Blätter voneinander unterscheiden. Ihre Benennung ist noch uneinheitlich, wurde in den letzten Jahren aber zunehmend systematisiert. Hier wird eine Auswahl vorgestellt:
**'Adam'**: Triebe grünlich violett. Blätter dreilappig, 3 bis 4 cm lang, zunächst blassgrün und später zunehmend grauer, mit unregelmäßigem cremeweißem Rand, bei kaltem Wetter leicht rosa gerandet, Mittellappen etwas nach einer

Seite zeigend; 0 °C. **'Arborescens'**: Strauch ohne Haftwurzeln, durch vegetative Vermehrung der Altersform entstanden, reich fruchtend. **'Baltica'**: kleinblättrig, eine der härtesten Formen. ✓ **'Buttercup'**: ♀ Triebe und Blätter im Schatten blassgrün, in der Sonne kräftig gelbgrün. Blätter fünflappig, 5 bis 7 cm lang, Mittellappen verlängert. Hübsche, dekorative Sorte; −5 °C. **'Cavendishii'**: ♀ Triebe hellgrün. Blätter dreilappig, 5 bis 6 cm lang, in der Mitte mittelgrün, mit unregelmäßigem hellgelbem Rand, der im Winter oft rosa getönt ist. Eine der Sorten, die das fruchtende Altersstadium besonders früh erreichen. **'Digitata'**: eine der ältesten Sorten, besonders winterhart. Triebe grünlich violett. Blätter groß,

tief fünflappig, 7 bis 9 cm lang, dunkelgrün mit helleren Adern, Mittellappen lang, unterste Lappen reduziert. ✓ **'Glacier'**: ♀ Triebe grünviolett. Blätter mit 3 oder 5 Lappen, 3 bis 6 cm lang, graugrün mit helleren, silbergrauen Flecken und schmalem, cremefarbenem Rand, unterste Lappen reduziert. Hübsche Sorte mit kräftigen Trieben, die sehr gut zu farbenfrohen Pflanzen passt; −5 °C. **'Glymii'**: Triebe und Blätter im Sommer grün, im Winter violett. Blätter sehr flach dreilappig, 4 bis 5 cm lang. **'Goldchild'**: ♀ Blätter mit 3 oder 5 Lappen, mittelgrün mit gelbem Rand. ✓ **'Goldheart'**: Triebe zunächst tiefrosa, später braun. Blätter dreilappig, 4 bis 6 cm lang, dunkelgrün mit unregelmäßigem hellgelbem Fleck in der Mitte, Mittellappen verlängert. Wächst oft nur langsam an, ist dank der hübsch gefärbten Blätter jedoch eine der beliebtesten Sorten. Wird zuweilen als 'Oro di Bogliasco' bezeichnet. **'Gracilis'**: Triebe rotviolett. Blätter mit 3 oder 5 Lappen, 2 bis 4 cm lang, dunkelgrün mit helleren Adern, im Herbst rotviolett, Mittellappen nur leicht verlängert. **'Green Ripple'**: Triebe grünlich violett. Blätter fünflappig, 5 bis 9 cm lang, am Grund herzförmig, hellgrün, ab dem Herbst kupferfarben, alle Lappen nach vorn zeigend, Bereiche zwischen ihnen gewellt. Wüchsiger Efeu mit eleganten Blättern; –5 °C. ✓ **'Heron'**: Triebe graugrün. Blätter leicht violett gestielt, fünflappig, 3 bis 5 cm lang, tief graugrün mit weißlichen Adern, unterste Lappen nach hinten weisend. ✓ **'Ivalace'**: Triebe grünviolett. Blätter mit 5 flachen, am Rand welligen Lappen, 4 bis 6 cm lang, glänzend dunkelgrün mit helleren Adern, im Winter kupferfarben. Eignet sich besonders für Mauern in Nordlage; –5 °C. **'Kolibri'**: Blätter mit 3 oder 5 Lappen, hellgrün mit graugrünen und cremefarbenen Flecken. **'Midas Touch'**: Blätter herzförmig, gelblich grün, cremegelb gescheckt. Triebe rot. **'Minima'** *(H. helix donerailensis):* nicht identisch mit der in Baumschulen noch manchmal unter diesem Namen angebotenen Sorte, die heute 'Erecta' heißt. Sehr stark wachsend, Triebe rötlich, Blätter 2 bis 7, zuweilen bis 15 cm lang, meist dreilappig mit herzförmigem Grund, Mittellappen sehr lang, Blattadern weiß, erhaben, Blattfläche sonst oberseits tiefgrün. **'Minor Marmorata'**: Triebe mattviolett, jung rosa überlaufen. Blätter dreilappig, 3 bis 5 cm lang, dunkelgrün mit weißlich-cremefarbenen Punkten und Flecken, die teilweise mit zunehmendem Alter verblassen. Gut an Mauern in Nordlage. ✓ **'Parsley Crested'**

Hedera helix *'Midas Touch'*

('Cristata'): Triebe grünlich violett. Blätter ungeteilt oder seicht dreilappig, am Rand stark wellig und gekräuselt, oval bis rundlich, 4 bis 6 cm lang, hellgrün mit helleren Adern, im Winter rötlich; –5 °C. **'Pedata'** ('Caernwoodiana'): Triebe grün. Blätter fünflappig, 4 bis 5 cm lang, dunkelgrün mit weißlichen Adern, Mittellappen lang und schmal, unterste Lappen nach hinten zeigend. **'Plattensee'**: 10 bis 15 m hoch werdende Sorte, Blätter stumpf dreilappig, 4 bis 6 cm breit, dunkelgrün, silberweiß geadert, im Winter in der Sonne braunviolett marmoriert, verträgt Trockenheit, sehr winterhart. **'Sagittifolia'**: Triebe grünlich violett. Blätter speerförmig, 3 bis 5 cm lang, dunkelgrün, mit horizontalen oder nach hinten weisenden Basallappen, die einander manchmal überlappen; –5 °C. **'Woerneri'**: ähnlich wie 'Plattensee', aber Blätter bis 7 cm breit und bis 6,5 cm lang, weißlich grün geadert, im Winter braunviolett marmoriert, sehr winterhart.
**var. *poetarum*** *(H. helix var. poetica):* Triebe leicht rosa. Blätter fünflappig, 5 bis 7 cm lang, hellgrün, unterste Lappen sehr klein. Früchte blass gelblich orange. Von recht steifem Wuchs. Nordafrika, Türkei, Griechenland.

### *H. hibernica*
*(H. helix* 'Hibernica')
IRISCHER EFEU
Triebe grün. Blätter fünflappig, 5 bis 9 cm lang, mattgrün mit graugrünen Adern, Mittellappen groß, Grund herzförmig. Wird häufiger kultiviert, sehr wüchsig, leidet aber in kalten Lagen.
Küstengebiete Westeuropas.
☼ ◗ –15 °C

**'Variegata'**: Blätter unregelmäßig gelb gezeichnet.

### *H. nepalensis*
*(H. himalaica, H. helix* var. *chrysocarpa)*
Triebe grün, jung rotbraun und mit gelblich braunen, schuppenartigen Haaren. Blätter oval bis lanzettlich, 5 bis 10 cm lang, manchmal sehr seicht gelappt oder gezähnt, glänzend grün. Blütezeit Winter. Früchte gelb oder orange.
Afghanistan, Himalaja bis Westchina und nördliches Myanmar.
☼ ◗ 0 °C

### *H. pastuchovii*
Triebe grünlich braun. Blätter ledrig, schmal oval, 4 bis 6 cm lang, manchmal gezähnt, glänzend dunkelgrün. Reife Früchte schwarz. Ähnelt *H. colchica,* besitzt aber kleinere, nicht so ledrige Blätter. Roy Lancaster führte diese ungewöhnliche Art 1972 als Kulturpflanze ein, doch ist sie noch nicht sehr weit verbreitet.
Westkaukasus.
☼ ◗ –15 °C

### *H. rhombea*
Triebe grünlich purpurn, jung mit schuppenartigen Haaren. Blätter oval oder dreieckig,

meist ungeteilt, 2 bis 4 cm lang, dunkelgrün, oberseits mit etwas tiefer liegenden Adern. Blütezeit Winter.
Japan, Korea.
☼ ◗ –10 °C

**'Variegata'**: Blätter mit regelmäßigem, schmalem, cremefarbenem Rand.

## Holboellia
*(Lardizabalaceae)*

Zu dieser Gattung gehören wenig bekannte, immergrüne windende Sträucher mit fingerartig gelappten Blättern und eingeschlechtigen Blüten, die aber nicht an unterschiedlichen Pflanzen stehen. Sie gehören in die Verwandtschaft der Akebien, die man bei uns häufiger kultiviert findet. Alle fünf Arten stammen aus Asien, lediglich zwei von ihnen werden wegen ihrer schönen Blätter und dekorativen, aber nur in wärmeren Gebieten gebildeten Früchte kultiviert. Die kleinen, eiförmigen Blüten besitzen fleischige Kelchblätter, aber keine echten Kronblätter. Männliche Blüten mit 6 nicht miteinander verwachsenen Staubblättern, weibliche Blüten mit 3 Fruchtblättern, aus denen die fleischigen Früchte hervorgehen. Die verwandte Gattung *Stauntonia* besitzt dünnere Kelchblätter und miteinander verwachsene Staubblätter.

*Holboellia*-Arten gedeihen in den meisten Gartenböden und eignen sich für sonnige ebenso wie für schattige Lagen, vorausgesetzt, es gibt kaum Frost. Bestäubung von Hand verbessert den Fruchtansatz.

### H. coriacea

Eine stark wachsende, bis 7 m und manchmal auch höher kletternde Art. Junge Triebe windend, rötlich purpurn, unbehaart. Blätter glänzend dunkelgrün, recht ledrig, mit 3 großen Blättchen. Männliche Blüten weißviolett, gut 1 cm lang, in kleinen, gestielten, endständigen oder achselständigen Büscheln. Weibliche Blüten größer, grünlich weiß mit Purpurton, in drei- oder vierzähligen Büscheln, meist in den unteren Blattachseln junger Triebe, Blütezeit Frühjahr und Sommer. Früchte werden in Kultur nur sehr selten gebildet. Sie sind fleischig, violett, wurstförmig, werden bis 6 cm lang und tragen innen Reihen schwarzer Samen. Diese Art kann an hohen Mauern und alten Bäumen hoch emporwachsen. Sie trägt an einer sonnigen Mauer besonders zahlreiche Blüten und setzt dort gelegentlich auch einmal Früchte an. Meistens wird sie jedoch wegen ihrer hübschen Blätter gezogen.
Zentralchina (Hupeh).
☼ ☽ –5 °C ✂

### H. latifolia
(Stauntonia latifolia)

Unterscheidet sich nur wenig von H. coriacea (einige Botaniker halten H. coriacea und H. latifolia für Spielarten einer einzigen Art), Blätter jedoch mit 3 bis 7 Blättchen. Blüten sehr stark duftend, männliche grünlich weiß und weibliche blass purpurn. Blütezeit Frühjahr. Deutlich frostempfindlicher als H. coriacea.
Himalaja.
☼ ☽ 0 °C ✂

## Hydrangea
(Hydrangeaceae)

HORTENSIE

Die Gattung wurde bereits im Kapitel »Sommergrüne Kletterpflanzen gemäßigter Klimazonen« (S. 44) vorgestellt, wo auch die bekannte und besonders häufig kultivierte Kletterhortensie (H. petiolaris) beschrieben worden ist.

### H. serratifolia
(H. integerrima, Cornidia serratifolia)

Die Triebe dieser Art können eine Höhe von 4 m erreichen, manchmal auch mehr. Wie bei den anderen kletternden Hortensien (H. anomala und H. petiolaris) befestigen sie sich mit Haftwurzeln am Untergrund. Die Blätter sind ledrig, elliptisch oder verkehrt eiförmig, 5 bis 15 cm lang und manchmal entfernt gezähnt. Blüten in kleinen Büscheln, die zu 7,5 bis 15 cm großen Trugdolden vereinigt sind. Im Knospenstadium ist jedes Büschel außerdem noch von 4 papierartigen Hochblättern umhüllt, die abfallen, wenn die Blüten sich öffnen. Blüten weiß, meist alle fertil, mit 4 Kronblättern und 8 Staubblättern, Staubblätter ungefähr 6 mm lang, viel auffälliger als die Kronblätter, Blütezeit Spätsommer. Weil diese Art im Unterschied zu den anderen Hortensien nur selten große sterile Randblüten bildet, ist sie nicht so dekorativ wie ihre kletternden und nicht kletternden Verwandten, dafür aber immergrün.
Chile, Argentinien.
☼ ☽ –5 °C ✂F

## Jasminum
(Oleaceae)

JASMIN

Zu dieser beliebten Gattung gehört der wunderbar duftende, im Sommer blühende Echte Jasmin (J. officinalis). Die härteste, am häufigsten gepflanzte Art ist der Winterjasmin (J. nudiflorum), ein sommergrüner Spreizklimmer mit langen, rutenartigen Zweigen, der wegen seiner grünen Jungtriebe wie eine immergrüne Pflanze wirkt. Seine gelben, leider duftlosen Blüten öffnen sich mitten im Winter. Der Name Jasmin geht auf das arabische Wort »Yasmin« zurück.

Die ungefähr 450 Arten sind in den tropischen und subtropischen Gebieten der Alten Welt beheimatet. Sie sind immergrüne oder Laub abwerfende holzige Sträucher oder Kletterpflanzen. Blätter gegen- oder wechselständig, ungeteilt, dreizählig oder gefiedert. Blüten einzeln oder in achselständigen bzw. endständigen Büscheln, mit fünfzähnigem Kelch. Die Blütenkrone trägt 4 bis 9 ausgebreitete Abschnitte, die unten zu einer schmalen Röhre verwachsen sind. Die meist nur 2 Staubblätter sind in der Kronröhre verborgen. Früchte kleine, reif schwarze Beeren.

Jasmin wird wegen seiner wunderbar duftenden Blüten kultiviert. Viele Arten gehören zu den angenehmsten duftenden Gartenpflanzen. Die meisten in den gemäßigten Klimazonen kultivierten Arten sind immergrün und klimmen oder winden. Jasmin liebt sonnige Standorte. Die meisten Arten vertragen Schatten, blühen dort aber nicht sehr reich. Jasmin gedeiht in jedem durchlässigen Boden, eignet sich aber nicht für sehr trockene Standorte. Vermehrung ganzjährig durch Ableger oder im Spätsommer durch Stecklinge, die im Anzuchtbeet angezogen werden. Aus den Blüten verschiedener weiß blühender Arten wird ein ätherisches Öl gewonnen, das bei der Parfümherstellung Verwendung findet.

### J. angulare (siehe S. 151)

### J. azoricum ⚲

Triebe windend. Blätter gegenständig, mit 3 ovalen Blättchen. Blüten weiß, in der Knospe violett überlaufen, süß duftend, 2 bis 3 cm groß, zu 5 bis 25 in endständigen Büscheln, vom Hochsommer bis zum Frühherbst geöffnet. Diese schöne Art eignet sich nur für die mildesten Gebiete gemäßigter Klimazonen. In warmen Jahren blüht sie bis in den Frühwinter hinein.
Madeira.
☼ 0 °C ✂F

### J. beesianum

Diese Art kann 3 bis 5 m hoch werden. In kalten Gebieten oft Laub abwerfend, Blätter gegenständig, ungeteilt, lanzettlich, 2,5 bis 5 cm lang, jung oft flaumhaarig. Blüten duftend, rosa bis rosarot, bis 10 mm groß, meist sechszipfelig, zu 1 bis 3 an den Enden der Seitentriebe, im Spätfrühling und Frühsommer geöffnet. Neben

J. × stephanense der einzige rosa blühende Jasmin, zudem eine der wenigen Arten, die regelmäßig Früchte hervorbringen. Die herabhängenden Büschel glänzend schwarzer Beeren halten bis in den Winter hinein.
Westchina.
☼ –15 °C ✌

### ✓ *J. floridum*
Immergrüner, klimmender oder nur leicht kletternder Strauch mit kantigen Trieben, die 2,5 m hoch werden. Blätter wechselständig, mit 3 (manchmal 5) ovalen oder breit ovalen Blättchen. Blüten gelb, 1 bis 2 cm lang, fünfzipfelig, sehr zahlreich, in endständigen Büscheln an den langen, übergebogenen Trieben, im Sommer und Frühherbst. Eignet sich für sehr warme, geschützte, sonnige Standorte. Heute seltener kultiviert als früher. Junge Pflanzen blühen in den ersten Jahren oft nur spärlich.
Westchina.
☼ 0 °C ✌

### *J. grandiflorum* (siehe S. 151)

### ▦ *J. mesnyi* ♀
(*J. primulinum*)
PRIMELJASMIN
Starkwüchsiger, kräftig kletternder, immergrüner oder halb immergrüner Strauch, der bis 3 m hoch klettert. Blätter gegenständig, mit 3 tiefgrünen, ovalen Blättchen. Blüten zartgelb, einzeln, halb gefüllt, 3 bis 4 cm groß, mit 6 bis 10 Zipfeln, im Spätfrühling und Frühsommer geöffnet. Diese hübsche Art wird in gemäßigten Klimazonen meist im Wintergarten gehalten, gedeiht in milden

Gebieten aber auch im Freiland, wenn sie im Schutz einer warmen Mauer wächst. In den Tropen blüht sie meist im Winter und Frühjahr. Mit dem Winterjasmin (*J. nudiflorum*) nahe verwandt; Blüten ähnlich, aber größer und halb gefüllt. Wohl der schönste gelb blühende kultivierte Jasmin, leider aber nicht sehr frostverträglich. Ältere Pflanzen werden oft recht voluminös und müssen daher sorgfältig geschnitten werden.
Westchina.
☼ –12 °C ✌

### ✓ ▦ *J. officinale* ♀
ECHTER JASMIN
Laub abwerfende, in milden Gebieten halb immergrüne Art mit kantigen, windenden Trieben, die bis 12 m hoch wachsen können. Blätter gegenständig, meist mit 7 bis 9 elliptischen, 1 bis 6 cm langen Blättchen. Blüten duftend, ungefähr 2 cm groß, mit 4 oder 5 ausgebreiteten Lappen, weiß, in der Knospe meist rosa überlaufen, zu 5 bis 12 in endständigen Büscheln, Blütezeit Sommer und Herbst. Der Echte Jasmin muss in kühlen Gebieten an geschützten Mauern oder Zäunen gehalten werden, wo er in einer Vegetationsperiode oft um bis zu 2 m wächst. Junge Pflanzen blühen nur spärlich, und ein zu starker Schnitt kann die Blühfreudigkeit angewachsener Pflanzen beeinträchtigen. Diese Art wird am besten überhaupt nicht geschnitten, nur alte und abgestorbene Triebe werden bei Bedarf entfernt. Blüht besonders reich in warmen Gebieten, in denen das Holz gut

*Echter Jasmin* (Jasminum officinale)

ausreift. Sollte nur zurückhaltend gedüngt werden, weil ein übermäßiges Nährstoffangebot ein zu üppiges Wachstum bewirkt.
In Südeuropa und Westasien verwildert.
Himalaja, Südchina.
☼ ☽ –10 °C ✌

'**Affine**' (forma *affine*, 'Grandiflorum'): Blüten größer, außen rosa überlaufen. '**Argenteovariegatum**' ('Variegatum'): ♀ Blätter weiß panaschiert. '**Aureum**' ('Aureovariegatum'): Blätter gelb gefleckt. Schön, aber wohl empfindlicher als der Typ.

### *J. polyanthum* (siehe S. 151)

### ✓ *J. × stephanense*
Hybride zwischen *J. beesianum* und *J. officinale*. Wüchsige, in milden Gebieten immergrüne Kletterpflanze mit kantigen, bis 7 m hoch wachsenden Trieben. Blätter ungeteilt oder gefiedert, mit bis zu 5 Blättchen. Blüten duftend, rosa, ungefähr 1,5 cm groß, zu 3 bis 10 in endständigen Büscheln, im Sommer geöffnet. Diese hübsche Kreuzung entstand in einem

Garten im französischen Nancy und wurde von dort aus verbreitet, sie kommt aber auch in der freien Natur vor und ist die einzige Hybride in der Gattung.
Südchina.
☼ –18 °C ✌

'**Variegatum**': junge Triebe mit weiß oder blassgelb panaschierten Blättern.

## Kadsura
### (Schisandraceae)

Diese Gattung ähnelt sehr *Schisandra (S. 49)*, ihre Früchte sind aber zu kugeligen Köpfchen und nicht zu langen Ähren vereinigt. Wird wegen der dekorativen roten Früchte und der kräftig roten und purpurfarbenen Herbstfärbung der Blätter kultiviert.

### *K. japonica*
Die dünnen Triebe dieser Art winden bis ungefähr 4 m hoch. Blätter wechselständig, dunkelgrün, oval oder lanzettlich, 5 bis 10 cm lang. Blüten eingeschlechtig, cremefarben, mit 6 bis 9 Kronblättern, duftend, etwa 2 cm groß, einzeln in den Blattachseln der diesjährigen Triebe. Blütezeit Sommer und Frühherbst. Beeren scharlachrot, bis 6 mm lang, in hängenden, kugeligen, bis 3 cm breiten Büscheln. Diese selten kultivierte Art gedeiht nur im Schutz einer warmen Mauer. Wer sich an den hübschen Früchten erfreuen will, muss männliche und weibliche Pflanzen setzen.
China, Taiwan, Japan.
☽ –10 °C ✌

'**Variegata**': Blätter mit unregelmäßigem, cremefarbenem Rand.

## Lapageria
### *(Philesiaceae)*

Diese Gattung wurde nach Kaiserin Josephine benannt, der ersten Ehefrau Napoleons, deren Geburtsname »de la Pagerie« lautete. Die Gattung umfasst nur eine Art, die mit ihren schönen, wachsartigen, glockenförmigen Blüten zu den attraktivsten Kletterpflanzen zählt.

### ✓ ▦ *L. rosea* ♀

Triebe unbehaart, an günstigen Standorten bis 5 m oder höher windend. Blätter immergrün, ledrig, wechselständig, herzförmig oder oval, mit 3 oder 5 Adern, 5 bis 10 cm lang, oberseits mattgrün, unterseits heller. Blüten hängend, wachsartig, rosa bis kräftig purpurrot, manchmal weiß, oft rosarot gepunktet, schmal glockenförmig, 7 bis 9 cm lang, einzeln oder zu 2 oder 3 in den oberen Blattachseln, im Sommer und Frühherbst geöffnet, mit 6 fleischigen Kronabschnitten. Früchte längliche, dreikantige Beeren, die in Kultur nicht immer gebildet werden.

Diese Art ist die Nationalblume Chiles. Sie gelangte Mitte des 19. Jahrhunderts nach Kew Garden bei London und gilt seitdem als eine der schönsten Kletterpflanzen für das Gewächshaus. In milden Gebieten gemäßigter Klimazonen gedeiht sie an schattigen Mauern und ist wahrscheinlich härter, als allgemein angenommen wird. Benötigt einen tiefgründigen, feuchten Lehmboden, der nicht austrocknet. Reagiert empfindlich auf heiße, trockene Sommer

Lapageria rosea

und kalten Winterwind, benötigt daher einen Winterschutz und eine Mulchschicht, welche die Basis der Pflanzen im Frühjahr und Sommer schützt. Oberirdisch erfrorene Pflanzen treiben meist von unten her erneut aus. Die Pflanze kann wuchern und aus dem Wurzelsystem in unregelmäßigen Abständen nach oben wachsende Triebe bilden.

Vermehrung durch Samen, Ableger oder Stecklinge, die im Sommer geschnitten werden. Gleich nach der Fruchtreife gesäte Samen keimen gut, Sämlinge blühen nach 4 bis 5 Jahren. Alte und abgestorbene Triebe sollten jedes Jahr entfernt werden. Im Handel sind Formen und Sorten mit verschiedenen Blütenfarben erhältlich. Weil diese Pflanzen recht kostspielig sind, sollte man sie vor dem Kauf sorgsam auswählen.
Chile, Argentinien.
☼ 0 °C ✲

**var. *albiflora***: Blüten strahlend weiß.
**'Flesh Pink'**: ♀ Blüten blassrosa.
**'Nash Court'**: ♀ Blüten zartrosa, leicht marmoriert. **'Penheale'**: Blüten tiefrot.

## Lardizabala
### *(Lardizabalaceae)*

Diese südamerikanische Gattung kletternder, immergrüner Pflanzen umfasst lediglich zwei Arten, von denen nur eine wegen ihrer schönen Blätter und ungewöhnlichen Früchte kultiviert wird. Blüten eingeschlechtig, aber nicht an verschiedenen Pflanzen. Männ-

liche und weibliche Blüten mit 6 recht fleischigen Kelchblättern, weibliche mit 3 bis 6 Fruchtblättern, von denen aber nur eines zu einer wurstförmigen, fleischigen Frucht heranwächst.

### ▦ *L. biternata*

Triebe bis 4 m hoch windend. Blätter ein- bis dreifach dreizählig, mit 3 bis 9 ledrigen, dunkelgrünen Blättchen. Blüten mit grünen und dunkel schokoladenbraunen, kronblattartigen Kelchblättern und kleinen, weißlichen Kronblättern; die männlichen etwa 1 cm lang und zu langen, überhängenden Trauben vereinigt; die weiblichen gut 1,5 cm lang, einzeln an dünnen Stielen in den Blattachseln, Blütezeit Winter. Früchte fleischig, violett, länglich, 5 bis

7,5 cm lang. Diese Art gedeiht in gemäßigten Klimazonen nur an warmen, geschützten Mauern. Eignet sich gut für das Mittelmeerklima, wo sie zahlreiche Blüten und Früchte bildet. In kälteren Gebieten hübsch im Wintergarten an einer Mauer oder an Gitterwerk, sollte dort häufiger gepflanzt werden. Die süßen Früchte sind essbar, werden in kühlen Gebieten aber nicht immer gebildet.
Chile.
☼ –5 °C ✇

**Mandevilla laxa** *(siehe S. 152)*

### Mitraria
### *(Gesneriaceae)*

Zu dieser Gattung gehört nur eine Art, die wegen ihrer leuchtend orangeroten, bei ausgewachsenen Pflanzen zahlreichen Blüten kultiviert wird. 1846 vom Pflanzensammler William Lobb nach England eingeführt.

#### ✓ ▦ **M. coccinea**
Immergrüne Art mit dünnen, bis 2 m hoch wachsenden Trieben. Blätter gegenständig, etwas ledrig, oval, bis 2,5 cm lang, gezähnt, beidseitig kurz behaart. Blüten orange bis scharlachrot, außen flaumig behaart, etwa 3 cm lang, röhrenförmig, leicht aufgeblasen, mit 4 hervorstehenden Staubblättern, an überhängenden, dünnen, rund 3 cm langen Stielen einzeln in den Blattachseln, Blütezeit Spätfrühling bis Frühherbst. Fruchtkapseln eiförmig, ungefähr 1 cm lang. Diese hübsche Pflanze gedeiht am besten an halbschattigen Mauern oder

Mitraria coccinea

Baumstämmen, eignet sich aber auch für Nordmauern. Gedeiht nicht in heißer Sonne und an trockenen Standorten. Liebt feuchte Lehmböden, in die Torf oder ein Torfersatz eingearbeitet wurde. In gemäßigten Klimazonen eine schöne Pflanze für den Wintergarten, die hauptsächlich im Frühjahr und Frühsommer blüht.
Chile, angrenzende Gebiete Argentiniens.
☼ –5 °C ✇

### Mutisia
### *(Compositae)*

Diese prachtvolle, charakteristische südamerikanische Gattung umfasst ungefähr 60 Arten, von denen fünf häufiger kultiviert werden. Sie

klettern mit Hilfe von Ranken an den Enden der wechselständigen, ungeteilten oder gefiederten Blätter. Einzelne Blütenköpfe, meist lang gestielt, tragen am Rand dekorative, kronblattartige Strahlenblüten. Am Grund der Blütenköpfe finden sich einander überlappende, eiförmige, zugespitzte Hochblätter, die am Rand behaart sind.

Diese prächtigen Kletterpflanzen wachsen am besten in durchlässigen Böden. Die Wurzeln und größeren Triebe sollten sich im Schatten und die Blüten in der Sonne befinden. *Mutisia*-Arten wollen ungestört wachsen. Man kann sie im Frühjahr aber ein wenig zurückschneiden, damit sie ihr hübsches Wuchsbild behalten. In voller Blüte sind die Pflan-

zen wunderschön, und die farbenfrohen Blütenköpfe halten lange. *Mutisia*-Arten gelten als kälteempfindlich, doch dies trifft nicht immer zu, und man sollte viel häufiger versuchen, sie zu kultivieren. Man sagt auch, dass sie kurzlebig seien, und manche Pflanzen sterben tatsächlich ohne erkennbare Ursache plötzlich ab. Andere gedeihen jedoch viele Jahre im Garten.

*Mutisia*-Arten wachsen gut an Mauern und Zäunen, sind aber am schönsten, wenn man sie an Sträuchern emporklettern lässt, die an einer Mauer stehen. Am einfachsten ist die Vermehrung aus Samen, sofern man diese bekommen kann.

#### ✓ **M. clematis**
Diese Art erreicht 9 m Höhe und mehr. Blätter gefiedert, mit 6 bis 10 länglichen bis ovalen, 1,5 bis 3,5 cm langen Blättchen, die jung beidseitig weiße Wollhaare tragen und später oberseits kahl werden. Ranken doppelt oder dreifach verzweigt. Blütenköpfe nach unten hängend, 5 bis 6 cm groß, mit 9 oder 10 leuchtend scharlachroten, horizontal ausgebreiteten oder etwas zurückgeschlagenen Strahlenblüten, Blütezeit Spätfrühling bis Herbst. Diese wüchsige Art muss oft leicht geschnitten werden, damit sie nicht zu groß wird. Die am einfachsten zu kultivierende *Mutisia*-Art.
Anden Kolumbiens und Ecuadors.
☼ 0 °C ✇

#### ✓ ▦ **M. decurrens**
Dünne, unbehaarte, bis 3 m hoch kletternde Triebe. Blätter schmal länglich, sitzend, 7,5 bis

13 cm lang, Spreite unten an beiden Seiten am Trieb herablaufend, sodass zwei schmale Flügel entstehen. Ranken gegabelt. Blütenköpfe 10 bis 13 cm groß, mit 10 bis 15 orangefarbenen oder scharlachroten Strahlenblüten und gelber Scheibe aus Röhrenblüten. Blütezeit Sommer. Weil diese Art oft schlecht anwächst, ist sie selten in Gärten anzutreffen. Sie lohnt aber die Mühe, denn in voller Blüte ist sie wunderschön. Am besten blüht sie an einer leicht schattigen Süd- oder Westmauer. Chile, Argentinien.
☼ −5 °C ✻

### ⊞ M. ilicifolia

Triebe dünn, bis gut 4 m hoch kletternd, jung mit gezähnten Flügeln. Blätter sitzend, bis 6 cm lang, oval-länglich, am Rand wie Stechpalmenblätter kräftig dornig gezähnt, oberseits dunkelgrün, unterseits wollhaarig. Ranken nicht verzweigt. Blütenköpfe mit 8 bis 12 blass malvenfarbenen oder rosafarbenen Strahlenblüten und gelber Scheibe aus Röhrenblüten. Blütenköpfe bis 7,5 cm groß, ihre Stiele mit einer Länge von höchstens 1,2 cm kürzer als bei den anderen Arten. Blüht im Sommer und in unregelmäßigen Abständen das ganze Jahr über. Hübsch an niedrigen Mauern oder Gitterwerk, wächst auch gut durch Sträucher. Robuster als die vier anderen hier beschriebenen Arten, kann außerdem stärker geschnitten werden als diese. Setzt gut Samen an, kann auch durch Ableger oder Stecklinge vermehrt werden. Chile.
☼ −5 °C ✻

### ✓ ⊞ M. oligodon

Triebe bis 1,5 m hoch, jung gerippt und hell wollhaarig. Blätter sitzend, etwa 3 cm lang, länglich, am Rand gezähnt, oberseits dunkelgrün, unterseits hell wollhaarig. Ranken nicht verzweigt. Blütenköpfe 4 bis 7 cm groß, mit 6 bis 12 kräftigen, leuchtend rosafarbenen, 3 cm langen Strahlenblüten, in der Mitte mit gelber Scheibe aus Röhrenblüten. Blüht im Sommer und sporadisch bis zum Herbst.
Chile, Argentinien.
☼ −10 °C ✻

### M. spinosa
(M. retusa)

Triebe bis 6 m hoch, jung mit dornigen Flügeln. Blätter 2,5 bis 6 cm lang, sitzend, elliptisch bis länglich, meist gezähnt, unbehaart, oberseits dunkelgrün, unterseits kahl oder wollig behaart. Ranken nicht verzweigt. Blütenköpfe 4 bis 6 cm groß, mit 8 bis 10 rosafarbenen, 3 cm langen Strahlenblüten und gelber Scheibe aus Röhrenblüten. Blütezeit Sommer.
Chile, Argentinien.
☼ 0 °C ✻

### Pandorea jasminoides (siehe S. 153)

## Passiflora
## (Passifloraceae)

PASSIONSBLUME

Diese Gattung wird auf S. 153 vorgestellt. Neben den nachfolgend beschriebenen Arten können auch P. × allardii, P. antioquiensis und P. edulis in gemäßigten Klimazonen kultiviert werden, sofern man

Passiflora × caeruleoracemosa

sie vor Frost schützt. Diese drei Passionsblumen werden im Kapitel »Kletterpflanzen für den Wintergarten« beschrieben (S. 153/154). Die krautigen Arten P. amethystina und P. incarnata werden auf S. 138 vorgestellt.

### ✓ ⊞ P. caerulea ♀
BLAUE PASSIONSBLUME

Die wüchsigen, gefurchten, unbehaarten Triebe dieser Art bilden ein Gewirr, das bis 5 m, in warmen Gebieten bis 10 m hoch wird. Blätter mehr oder weniger immergrün, in kühlgemäßigten Gebieten sommergrün; meist mit 5 oder 7 Lappen, unbehaart, Blattstiele mit 2 oder 4, selten auch 6 Drüsen. Blüten schwach duftend, einzeln, 7 bis 10 cm groß. Blütezeit Sommer bis Frühherbst, in den Tropen ganzjährig. Kelch- und Kronblätter außen grünlich, innen weiß oder zartrosa. Krone mit violetten, weißen und blauen Streifen, Staubfäden bis 2 cm lang, die inneren sehr kurz, in 4 Reihen. Früchte eiförmig, mit zäher Schale, orange, 4 bis 6 cm lang. P. caerulea wird meist als Topfpflanze

angeboten und eignet sich sehr gut für den Wintergarten. Aus ihr gingen mehr Kreuzungen hervor als aus jeder anderen Passionsblumenart. In gemäßigten Gebieten die am häufigsten kultivierte Art, aber nur in sehr milden Gegenden zuverlässig winterhart. In strengen Wintern friert sie zwar bis zum Erdboden zurück, treibt jedoch anschließend meist wieder aus. Benötigt einen durchlässigen Boden. Die Blüten öffnen sich in der Sonne und bleiben an wolkigen Tagen geschlossen. Die Vermehrung erfolgt durch Samen oder Stecklinge, die im Hochsommer aus halb reifem Material geschnitten werden. Die Früchte sind zwar essbar, schmecken aber fade. Südbrasilien, Argentinien.
☼ –10 °C ❦

**'Constance Elliott'**: ♀ Blüten elfenbeinweiß, nicht ganz so zahlreich wie bei der Art. **'Grandiflora'**: Blüten 12 bis 20 cm groß.

### ⊞ *P. × caeruleoracemosa*
In Kultur entstandene Kreuzung, die den ganzen Sommer über prachtvolle rosarote Blüten trägt. Benötigt eine warme, geschützte Mauer.
☼ –5 °C ❦

## Periploca
### *(Asclepiadaceae)*

BAUMSCHLINGE

Diese Gattung wird im Kapitel »Sommergrüne Kletterpflanzen gemäßigter Klimazonen« beschrieben (*S. 49*).

### *P. laevigata*
Triebe bis 3 m hoch kletternd, an den Enden windend. Blätter immergrün oder halb immer-

grün, unbehaart, elliptisch oder lanzettlich, 2,5 bis 5 cm lang. Blüten außen grünlich, innen braunviolett und weiß, gut 1 cm groß, in sehr kurz gestielten, endständigen und achselständigen Trugdolden aus bis zu 15 Blüten, Blütezeit Spätfrühling bis Herbst. Früchte aus zwei miteinander verbundenen, walzenförmigen Balgkapseln bestehend, 5 bis 10 cm lang. Nordafrika, Kanaren.
☼ –5 °C ❦

## Pileostegia
### *(Hydrangeaceae)*

Diese kleine Gattung ist mit *Schizophragma (S. 51)* verwandt und klettert ebenfalls mit Hilfe von Haftwurzeln. Sie wird wegen ihrer schneeballähnlichen Blütenstände und der großen, hübschen, dichten Blätter kultiviert. Die ausnahmslos fertilen Blüten sind zu endständigen Rispen vereinigt. Sie tragen jeweils 4 oder 5 Kelch- und Kronblätter sowie 8 bis 10 Staubblätter.

### ✓ *P. viburnoides* ♀
(*Schizophragma viburnoides*)
Langsam wachsende Pflanze, die 6 m oder höher klettert. Junge Triebe und Blätter schorfig. Blätter ledrig, gegenständig, länglich oder verkehrt eiförmig, 6 bis 15 cm lang, ganzrandig, mattgrün. Blüten weiß oder cremefarben, knapp 1 cm groß, mit langen Staubblättern, in dichten, pyramidenförmigen, 10 bis 15 cm langen Rispen. Blütezeit Spätsommer bis Herbst. Hübsche, anpassungsfähige Pflanze, die sich für jeden Boden und jede Lage eignet und am besten an einer

Pileostegia viburnoides

Nordmauer gehalten wird. Man schneidet im Frühjahr zurück und entfernt im Sommer störende Triebe, wenn sie noch jung sind.
Indien, China, Taiwan.
☼ ◗ –5 °C ❦F

## Solanum
### *(Solanaceae)*

NACHTSCHATTEN

Zu dieser großen Gattung gehören ungefähr 1700 Arten, die in tropischen und gemäßig-

ten Gebieten der ganzen Welt vorkommen, darunter die Kartoffel (*S. tuberosum*) und die Aubergine (*S. melongena*). Ein einheimischer kletternder Halbstrauch, der aber nicht in Gärten kultiviert wird, ist der Bittersüße Nachtschatten (*Solanum dulcamara*). Blätter wechselständig. Kelch und Krone fünfzipfelig. Die 5 Staubblätter besitzen kurze Staubfäden, und die langen Staubbeutel sind zusammengeneigt, sodass ein kegelähnliches Gebilde entsteht. Die Früchte sind vielsamige, meist giftige Beeren.

Die beiden nachfolgend beschriebenen Arten werden wegen ihrer dekorativen Blüten und ihrer langen Blühperiode kultiviert. Ihre klimmenden Triebe müssen zumindest anfangs angebunden werden. Beide gedeihen in jedem durchschnittlichen Gartenboden und können im Hochsommer durch kräftige junge Triebe vermehrt werden, die man in einen Vermehrungskasten setzt. Sie harmonieren sehr gut mit kleinblütigen Waldreben und Heckenkirschen. Die Laub abwerfende Art S. valdiviense wurde bereits auf S. 52 beschrieben.

### ⊞ S. crispum

Raschwüchsige, halb immergrüne, bis 5 m hoch klimmende Art. Blätter oval, 6 bis 13 cm lang. Blüten leicht duftend, bis 3 cm groß, bläulich violett mit gelben Staubbeuteln, in 7,5 bis 15 cm großen Doldentrauben, Blütezeit Sommer bis Frühherbst. Beeren kugelig, etwa 5 mm groß, reif cremefarben. Hübsche Pflanze, die vollsonnige Standorte benötigt und Süd- oder Westmauern bevorzugt. Gedeiht gut in kalkreichen Böden. Kann auch an Zäunen oder Gitterwerk gehalten oder zur Begrünung unansehnlicher Gebilde verwendet werden. Man sollte diese Art vorsichtig schneiden, denn die Triebe brechen leicht, und der Kontakt mit den intakten und den zerdrückten Blättern kann Hautausschlag hervorrufen. Chile, Peru.
☼ –5 °C ⋎F

✓ 'Glasnevin' ('Autumnale'): ♉ Länger blühende Sorte, die oft auch in milden Wintern einige Blüten her-

Solanum crispum 'Glasnevin'

vorbringt. Eine der schönsten Pflanzen an Mauern. Blüten tief bläulich violett. Benannt nach dem Glasnevin Botanic Garden im irischen Dublin, wo diese Sorte entstand. Erträgt Temperaturen bis –10 °C und ist damit härter als der Typ.

### ⊞ S. jasminoides

Meist halb immergrüne Art, die bis 5 m hoch klimmt. Blätter oval bis lanzettlich, 2,5 bis 5 cm lang, mit etwas welligem Rand, am Grund manchmal gelappt oder mit getrennten Blättchen. Blüten blassblau mit gräulichem Ton und gelben Staubbeuteln, bis 2,5 cm groß. Blütezeit Sommer bis Herbst. Nicht so hart wie S. crispum, muss im Schutz einer Süd- oder Westmauer kultiviert werden. In strengen Wintern oder kalten Gebieten friert diese Art bis zum Erdboden zurück. In kühlen Gegenden trägt sie keine Früchte, in geeigneten Gebieten bringt sie jedoch violette, gut 1 cm große Beeren hervor.
Südbrasilien, Paraguay.
☼ ◑ –5 °C ⋎F

✓ 'Album': ♉ Blüten weiß, lange haltend. Häufiger kultiviert als die Art, gilt vielfach als schöner. 'Album Variegatum': Blätter weiß panaschiert. Manche meinen jedoch, dass die Panaschierung die Wirkung der weißen Blüten beeinträchtigt.

Solanum jasminoides 'Album'

## Stauntonia
### (Lardizabalaceae)

Mit der bekannteren Gattung *Holboellia* verwandt. Bei *Stauntonia* sind die Staubblätter miteinander verwachsen, bei *Holboellia* dagegen nicht. Die Gattung umfasst etwa 15 ost- und südostasiatische Arten, nur *S. hexaphylla* wird häufiger kultiviert.

### S. hexaphylla
*(Rajania hexaphylla)*
Bis 10 m oder höher windende Pflanze, die ein dichtes Gewirr von Trieben bildet. Blätter lang gestielt, mit 3 bis 7 ovalen, scharf zugespitzten, 5 bis 13 cm langen Blättchen. Blüten duftend, weiß mit veilchenfarbenem Ton, knapp 2 cm groß, mit 6 fleischigen Kelchblättern, ohne Kronblätter. Männliche und weibliche Blüten an verschiedenen Pflanzen, in wenigblütigen Trauben, Blütezeit Frühjahr und Sommer. Früchte fleischig, pflaumenförmig, reif violett, 2,5 bis 5 cm lang.

Diese attraktive Kletterpflanze gedeiht an warmen, geschützten Orten in milden Gebieten und toleriert die meisten Gartenböden. Sie wächst gut im Mittelmeerklima, in kühleren Gebieten eignet sie sich für ein Kalthaus oder für den Wintergarten. Früchte essbar, saftig, süß schmeckend, werden in Kultur aber nur nach heißen Sommern in größerer Zahl gebildet. Ebenso wie bei *Sinofranchetia* bilden weibliche Pflanzen auch in Abwesenheit männlicher Exemplare gelegentlich einige Früchte. Manchmal werden die Pflanzen in Büchern und Katalogen auch unter dem Namen *Holboellia hexaphylla* geführt. Südkorea, Japan und Riukiu-Inseln.
☼ ◐ –5 °C ✿

### *Tecomaria capensis* (siehe S. 157)

## Trachelospermum
### (Apocynaceae)

STERNJASMIN

Windende Sträucher, deren Triebe bei Verletzung Milchsaft absondern. Blätter gegenständig, ledrig, ganzrandig. Blüten jasminähnlich, mit fünfzipfeligem Kelch und ebensolcher Krone, deren Zipfel einander in einer Rechtswindung überlappen. Die in den dünnen, zylindrischen Balgfrüchten befindlichen Samen tragen oben jeweils ein Haarbüschel.

Die beiden kultivierten Arten werden wegen ihrer schönen Blätter und süß duftenden Blüten gehalten. Sie versagen nur in sehr kühlen Gebieten der gemäßigten Klimazonen, benötigen allerdings den Schutz einer warmen Mauer. Sternjasmin eignet sich auch für halbschattige Orte, wächst jedoch in sonnigen Lagen an Süd- oder Westmauern am besten, wo sich die duftenden Blüten an den vorjährigen Trieben öffnen. Hübsch auf Patios, wo die Pflanzen in großen Kübeln an Gitterwerk gehalten werden können. Der Schnitt beschränkt sich darauf, tote, schwache und störende Triebe zu entfernen. Die Vermehrung erfolgt am besten durch Stecklinge im Spätsommer, die in

*Sternjasmin* (Trachelospermum jasminoides)

einem Vermehrungskasten angezogen werden.

### T. asiaticum ✿
*(T. majus, T. japonicum)*
Triebe reich verzweigt, bis 6 m hoch. Blätter glänzend dunkelgrün, oval, 2 bis 5 cm lang. Blüten duftend, zunächst cremefarben mit dunklerem Schlund, später gelb; ungefähr 2 cm groß, mit aufrechten Kelchzipfeln, in endständigen Trugdolden, Blütezeit Sommer. Balgfrüchte 1 bis 2 cm lang. Etwas härter als *T. jasminoides*, doch die Blüten duften nicht so stark.
Japan, Korea.
☼ ◐ –10 °C ✿

### ✓ T. jasminoides ✿
Die Triebe dieser Art können bis 9 m hoch klettern. Blätter glänzend dunkelgrün, elliptisch, länglich oder umgekehrt lanzettlich, bis 10 cm lang. Blüten stark duftend, weiß, ungefähr 2,5 cm groß, mit zurückgeschlagenen Kelchzipfeln, in endständigen und achselständigen Büscheln. Blütezeit Sommer. Balgfrüchte bis 15 cm lang. Diese Art wird oft in den Gärten subtropischer Gebiete und im Mittelmeerraum kultiviert und blüht dort bereits im Frühjahr.
China.
☼ ◐ –10 °C ✿

**'Variegatum':** ✿ Blätter oval bis schmal lanzettlich, weiß gerandet und gepunktet, im Winter purpurrot überlaufen. Eher erhältlich als der Typ und vermutlich auch winterhärter. **'Wilsonii':** Blätter bronzefarben mit blassgrünen Adern, im Winter meistens tiefrot gefärbt.

# Kletterrosen

# EINFÜHRUNG

Die Rose ist die beliebteste, am längsten und am häufigsten kultivierte Zierpflanze. Dank der Selektionen und Kreuzungen von Züchtern und Gärtnern ist ein riesiges Sortiment von Sorten entstanden, das eine enorme Auswahl an Blütenfarben, Blütengrößen und Wuchsbildern bietet – wenngleich die blau blühende Rose immer noch ein unerfüllter Traum ist. Das Spektrum reicht von Miniaturrosen über Strauchrosen bis hin zu üppigen Kletterrosen. Wer sich auf Rosen spezialisieren möchte, sollte sich aus Büchern informieren, die nur von Rosen handeln, und Kataloge von Rosenzüchtern studieren, um zu sehen, welche neuen Sorten angeboten werden.

Die Gattung *Rosa* kommt in allen gemäßigten Gebieten der Nordhalbkugel vor. Die weitaus meisten kultivierten Arten stammen jedoch aus Ostasien, vor allem aus China. Als Formen der chinesischen *R. × odorata* Ende des 18. und Anfang des 19. Jahrhunderts nach Europa eingeführt wurden, kreuzte man ihr Remontieren (wiederholtes Blühen) in verschiedene andere Rosen ein. Aus diesem Grund blühen die meisten modernen Rosen den ganzen Sommer über, und wer verschiedene Arten und Sorten mit Geschick auswählt, kann sich vom Frühjahr bis zu den ersten Frösten an blühenden Rosen im Garten erfreuen.

Rosen harmonieren gut mit verschiedenen Kletterpflanzen, vor allem mit Heckenkirschen, Waldreben und Jasmin. Eine gelungene Kombination dieser Pflanzen ist ein wichtiger Bestandteil von Cottage-Gärten. Rosen passen auch gut zu verschiedenen Sträuchern, die in wintermilden Gebieten Westeuropas häufig an Mauern kultiviert werden, etwa Säckelblumen, *Fremontodendron* und Myrten. Die kahle Basis mancher Rosen kann durch Stauden wie etwa Bartfaden, Katzenminze *(Nepeta × faassenii)*, Päonien, Lupinen oder Wolfsmilcharten wie *Euphorbia griffithii* und *E. sikkimensis* verdeckt werden. Bei solchen Kombinationen sollte man auf die Farben achten und nur

Stauden auswählen, deren Blütenfarben zu denen der betreffenden Rosen passen.

Rosen klettern nicht mit Ranken oder windenden Trieben, sondern finden mit ihren Stacheln an der Kletterhilfe Halt und sind daher Spreizklimmer wie die Brombeeren. In windigen Lagen werden die Triebe leicht nach unten gedrückt,

wenn man sie nicht gut anbindet. In Bäumen kletternde Rosen müssen nicht angebunden werden, denn ihre Äste und Zweige finden meist genügend Halt.

Rosen lieben sonnige Standorte, einige gedeihen auch im Halbschatten, nur wenige aber blühen in tiefem Schatten. Man kann Rosen jedoch so pflanzen, dass

*LINKS Üppig wach-*
*sende Kletterrosen wie*
*diese 'New Dawn' eig-*
*nen sich hervorragend*
*zur Begrünung großer*
*Pergolen.*

*UNTEN LINKS*
*Kletterrosen erfüllen*
*den Weg unter diesem*
*Bogen mit ihrem Duft.*

*RECHTS Rosen*
*und Waldreben bil-*
*den eine klassische*
*Pflanzenkombina-*
*tion. Wählt man sie*
*so aus, dass sie zur*
*selben Zeit blühen,*
*bietet sich dem Be-*
*trachter im Sommer*
*ein besonders präch-*
*tiger Anblick.*

die Wurzeln im Schatten liegen, die Trie-be jedoch in die Sonne wachsen können. An einer Mauer sollte man dabei einen Pflanzabstand von mindestens 30 cm ein-halten, denn zu dicht an der Mauer leiden die Wurzeln der Rosen unter Trockenheit, weil die Mauer den Regen abhält. Auch an Zäunen, Pergolen, Säu-len und Bäumen sehen Rosen wunder-schön aus. An einem Baum sollte man eine Rose an der Seite pflanzen, die der Hauptwindrichtung zugewandt ist, damit der Wind die Triebe zum Baum hin drückt und nicht von ihm fort weht.

Besonders bei mehltauanfälligen Ro-sen ist eine gute Luftzirkulation wichtig, um eine Infektion zu vermeiden. Pflan-zen, die an heißen, geschützten, von Mau-ern umschlossenen Standorten wachsen, verlieren sehr viel Wasser über ihre Blätter und trocknen dadurch aus. Rosen lieben aber auch keine zugigen Standorte, etwa windige, tunnelartige Lagen zwi-schen zwei Gebäuden. Hier bilden sie nur wenige Blüten.

Der Boden sollte durchlässig sein, denn Rosen vertragen keine Staunässe. Der Bodentyp ist nicht so wichtig, doch wachsen Rosen am besten in fruchtbaren Böden mit ausgewogenem Nährstoffan-gebot. Sie eignen sich auch für Sandbö-den und nicht zu nasse Tonböden. Es trifft nicht zu, dass Rosen nur in tonigen Böden gut wachsen – jeder durchschnitt-liche Boden, der mit Kompost oder Mulchmaterial verbessert wurde, ist ge-eignet, problematisch sind allerdings sehr saure oder stark basische Böden.

Rosen gedeihen am besten in gemäßig-ten Klimazonen. Oft wird jedoch ver-sucht, diese beliebten Pflanzen auch in subtropischen Gebieten zu kultivieren. Dies ist nicht leicht, aber möglich, wenn man geeignete Sorten auswählt und re-gelmäßig spritzt und düngt. Meist eignen sich Sorten am besten, die auf eine *R. × fortuniana*-Unterlage veredelt wurden (zum Beispiel 'Sombreuil', 'Don Juan', 'Blossomtime', 'Royal Sunset' und 'Rosa-rium Uetersen'). Wer in den Subtropen wohnt, kann sich bei einer örtlichen Ro-sengesellschaft erkundigen oder sich aus Büchern informieren, die Hinweise zu ge-eigneten Pflegemaßnahmen geben.

Die Liste der auf den folgenden Seiten vorgestellten Kletterrosen ist in zwei Teile gegliedert worden. Im ersten Teil werden

17 kletternde Arten beschrieben. Der zweite Teil stellt eine Auswahl von Kreuzungen und Sorten vor, mit denen man zum Beispiel Mauern und Zäune schmücken kann.

### Schnitt, Krankheiten und Schädlinge

Wie eine Rose geschnitten werden sollte, hängt vor allem von ihrem Typ ab. Über den richtigen Schnittzeitpunkt herrscht beileibe keine Einigkeit. Mancher schneidet seine Rosen immer im Herbst, andere niemals vor Weihnachten. Die hier vorgestellten Kletterrosen müssen jedoch anders geschnitten werden als die meisten übrigen Rosen. Die Rosenarten, die Strauchrosen und die kletternden Miniaturrosen braucht man nur ein wenig zu schneiden, damit sie nicht zu groß wer-

den. Zudem muss man abgestorbene, schwache und kranke Triebe entfernen. Diese Rosen werden am besten gleich nach der Blüte geschnitten, es sei denn, sie bilden schöne Hagebutten, an denen man sich erfreuen möchte, dann wartet man bis zum Spätwinter. An Bäumen emporwachsende Rosenarten werden nur selten geschnitten, weil ihre Zweige schlecht zugänglich sind.

Rambler-Rosen schneidet man ebenfalls am besten nach der Blüte, mit Ausnahme der wenigen remontierenden Sorten. Alte und abgestorbene Triebe können am Erdboden abgetrennt werden. Die anderen Gruppen – Bourbonrosen, Noisetterosen, kletternde Teerosen, Rosen der *Rosa* × *kordesii*-Gruppe und die großblütigen Rosen – schneidet man im

*OBEN Über Bögen und Pergolen wachsende Rosen sind sehr schön, müssen aber sorgsam geschnitten und erzogen werden.*

Spätwinter, damit sie nicht zu groß werden, und beseitigt dabei auch altes und totes Holz. Lange Rosentriebe, die entfernt werden sollen, schneidet man am besten Stück für Stück und nicht als Ganzes ab, sonst beschädigt man beim Herausziehen des alten, stacheligen Holzes allzu leicht die jungen, empfindlichen Triebe.

### Schädlinge und Krankheiten

Rosen werden von einer Reihe Krankheiten und Schädlinge heimgesucht, die auch verschiedene andere Pflanzen befallen, insbesondere von Blattläusen, Raupen, Roten Spinnmilben, Blattwanzen, Schild-

*OBEN Die zart-rosa blühende Rose 'Constance Spry' gehört zu einer neuen Generation von kletternden Strauchrosen. Der Schnitt erfolgt hier in der Mitte des Winters.*

*OBEN Rosa banksiae 'Lutea' trägt gefüllte gelbe Blüten, ist aber nur eingeschränkt winterhart und blüht nur an warmen, geschützten Orten reich. In voller Blüte ist sie wunderschön.*

läusen, Grauschimmel, Echtem Mehltau und Hallimasch. Befallene Pflanzen sollten stets auf geeignete Weise behandelt werden. Die folgenden Schädlinge und Krankheiten treten speziell bei Rosen auf:

**Sternrußtau** ist wohl die häufigste Pilzkrankheit der Rose. Er zeigt sich auf den Blättern in Form von schwärzlich braunen Flecken, die von vergilbendem Gewebe umgeben sind. Stark erkrankte Blätter fallen vorzeitig ab, und bei sehr starkem Befall kann die Rose alle Blätter verlieren. Weil der Pilz auf abgefallenen Blättern überwintert, müssen diese aufgesammelt und beseitigt werden. Um Sternrußtau zu bekämpfen, kann es notwendig sein, die Pflanzen während der Vegetationsperiode alle zwei Wochen mit einem geeigneten Fungizid zu behandeln. Sternrußtau spielt in Gebieten mit viel Industrie keine so große Rolle, in ländlichen Gebieten sollte man jedoch besser resistente Rosen wählen.

**Rosenrost** ist ebenfalls eine Pilzkrankheit. Er zeigt sich im Frühjahr durch orangefarbene Flecken an Trieben und Blattstielen, im Sommer durch gelbe Flecken auf den Blattoberseiten und orangefarbene Sporenlager auf den Blattunterseiten. Stark befallene Pflanzen und abgefallene Blätter müssen verbrannt werden. Mit einem Fungizid lässt sich Rosenrost bekämpfen; ziehen Sie ein Buch zurate oder fragen Sie bei Ihrem Gärtner nach.

**Blattrollwespen** bevorzugen Rosen, die an geschützten Standorten wachsen. Das erwachsene Tier ist ein kleines schwarzes Insekt, das seine Eier im Frühsommer auf Rosenblättern ablegt. Die Blätter rollen sich anschließend stark ein, und aus den Eiern schlüpfen grüne Raupen, die sich von den eingerollten Blättern ernähren. Man kann diesen Schädling bekämpfen, indem man die eingerollten Blätter entfernt und zerstört, bevor die Raupen schlüpfen. Bei starkem Befall kann man die Pflanzen mit einem geeigneten Insektizid behandeln.

**Rosenzikaden** sind gelbe oder gräuliche, ungefähr 3 mm lange Insekten, die den Pflanzensaft der Rosen saugen. Der Befall zeigt sich an weiß gesprenkelten und gescheckten Bereichen auf den Blättern. Wenn die erwachsenen Tiere gestört werden, hüpfen sie von den Blättern herunter. Besonders anfällig sind Kletterrosen an warmen Mauern. Stark befallene Pflanzen können alle Blätter verlieren. Bei Massenbefall kann mit einem systemischen Insektizid behandelt werden.

### Rosenarten

Die Triebe der meisten Rosenarten sind mit Stacheln besetzt. Diese können groß oder klein, gerade oder gekrümmt sein, und vor allem junge Triebe tragen manchmal außerdem Borsten und Haare. Die Blätter sind wechselständig und gefiedert, die Blättchen gezähnt. Blüten einzeln oder in verzweigten Blütenständen, mit 5 grünen Kelchblättern, 5 breiten, auffälligen Kronblättern, zahlreichen Staubblättern und einer Gruppe kurzer, miteinander verwachsener Griffel. Die Blüten vieler, aber keineswegs aller Arten verströmen einen angenehmen Duft. Die Früchte sind die bekannten Hagebutten in unterschiedlichen Größen und Formen. Sie sind meist kugelig, kürbis- oder urnenförmig, und ihre Farben reichen von Grün über Braun und Rot bis hin zu Schwarz. Bei einigen Rosen sind die Hagebutten ebenso dekorativ wie die Blüten. Die meisten Sorten tragen halb gefüllte oder gefüllte Blüten, bei denen Staubblätter durch zahlreiche Kronblätter ersetzt wurden.

### R. arvensis
FELDROSE, KRIECHROSE
1 bis 2 m hoch, an Mauern auch höher kriechender oder kletternder Strauch. Blätter mit 5 bis 7 ovalen, unterseits oft bläulich grünen Blättchen. Blüten weiß, manchmal auch zartrosa, ungefüllt, bis 5 cm groß, mit oder ohne Duft, einzeln oder in wenigblütigen Doldenrispen, Blütezeit Sommer.

Hagebutten rundlich bis eiförmig, reif dunkelrot, 1 bis 2 cm lang. Diese Art ist ziemlich anspruchslos und gut schattenverträglich, man kann sie in Bäumen klettern lassen und Mauern oder Zäune in Nordlage mit ihr begrünen.
Europa, Türkei.
☼ ◐ ● −25 °C ✿

### R. banksiae
BANKSROSE
Wüchsige, halb immergrüne, bis 12 m hohe Rose. Triebe dünn, nicht oder nur spärlich bestachelt. Blätter mit 3 bis 7 glänzend hellgrünen Blättchen. Blüten weiß oder gelb, ungefüllt oder gefüllt, bis 3 cm groß, duftend, in dichten Doldenrispen im Spätfrühling bis Frühsommer. In wärmeren Gebieten beginnt die Blüte schon Mitte Mai, in kühleren Anfang Juni. Am häufigsten findet man die gelbe, gefüllte 'Lutea'. R. banksiae ist nicht sehr winterhart und wächst am besten an einer sonnigen, geschützten Mauer. Sie benötigt viel Sonne, damit ihr Holz ausreifen kann, und wächst besonders gut im Mittelmeerklima. Auch an sehr geschützten Orten benötigen Banksrosen einige Zeit, um anzuwachsen, und blühen in den ersten Jahren nur spärlich. In voller Blüte sind sie jedoch wunderschön. Man sollte diese Rosen vorsichtig schneiden, denn sie blühen meist an zwei oder drei Jahre altem Holz. Ein jährlicher Schnitt ist nicht zu empfehlen, doch man kann alle zwei oder drei Jahre einige ältere Triebe entfernen, um die Bildung junger Triebe anzuregen. R. banksiae wurde nach Lady Banks benannt, der Ehefrau von Sir Joseph Banks

Rosa banksiae 'Lutea'

(1743–1820), der Präsident der englischen Royal Society und erster Direktor der Royal Botanic Gardens in Kew war.
China (in Kultur entstanden).
☼ −5 °C ✿

var. **banksiae** ('Alba Plena'): Blüten gefüllt, weiß, nach Veilchen duftend. ✓ **'Lutea'**: ♀ Blüten gefüllt, rein gelb, ähnlich wie beim Typ, aber nicht so stark duftend. Am häufigsten kultivierte Form, da etwas härter als die anderen und zudem reicher blühend. **'Lutescens'**: Blüten ungefüllt, gelb, stark duftend. var. **normalis**: Blüten ungefüllt, cremeweiß; die Wildform der Art.

### R. beggeriana
Dichter, 2 bis 3 m hoch werdender Busch. Triebe mit hakenförmigen, meist paarigen Stacheln. Blätter graugrün, mit 5 bis 9 ovalen Blättchen. Blüten weiß, manchmal rosa, ungefüllt, bis 3 cm groß, meist in kleinen Doldenrispen, Blütezeit Sommer. Hagebutten kugelig, zunächst rot und später leicht violett, 5 bis 10 mm lang. Die Blüten riechen unangenehm, doch die hübschen Blätter verströmen einen süßen Rosenduft.
Südwest- und Mittelasien.
☼ −20 °C ✿

## ✓ R. bracteata

MACARTNEYROSE

Immergrüner oder halb immergrüner, klimmender Strauch mit dicken, bis 6 m hohen Trieben, die paarige Stacheln tragen und dicht mit kurzen braunen Haaren bedeckt sind. Blättchen 5 bis 11, glänzend. Blüten weiß, ungefüllt, 5 bis 8 cm groß, mit fruchtigem Duft, meist einzeln, jede von Hochblättern (Brakteen) umgeben, auf die sich der wissenschaftliche Name bezieht. Blütezeit Sommer bis Herbst. Hagebutten kugelig, orangerot, 2,5 bis 4 cm lang. R. bracteata ist nur in warmen Gebieten gemäßigter Klimazonen winterhart und wächst im Mittelmeerklima sehr gut. Diese hübsche Rose blüht lange und ist wohl resistent gegen Sternrußtau. Ebenso wie R. laevigata ist sie im Südosten der USA verwildert. Der deutsche Name erinnert an Lord Macartney, der sie 1793 nach Großbritannien brachte. R. bracteata ist eine der Elternpflanzen der schönen und bekannten Sorte 'Mermaid'. Manchmal handelt es sich bei Pflanzen, die in Baumschulen als R. bracteata angeboten werden, in Wirklichkeit um R. wichuraiana.

Südostchina, Taiwan.

☼ –5 °C 🖋

## R. bruonii

(R. moschata var. napaulensis)

HIMALAJA-MOSCHUSROSE

Starkwüchsige, Laub abwerfende oder halb immergrüne Rose mit bis zu 12 m hohen Trieben, die hakenförmige Stacheln tragen. Blättchen 5 bis 9, elliptisch, graugrün. Blüten weiß, in der Knospe blassgelb, ungefüllt, stark duftend, 2,5 bis 5 cm groß, in dichten, bis zu 30 cm großen Doldenrispen, Blütezeit Sommer. Hagebutten bis knapp 2 cm lang, eiförmig, rotbraun. Angewachsene Pflanzen sind recht winterhart, junge Exemplare und junge Triebe erfrieren leichter. Sehr gut an hohen Süd- und Westmauern, klettert an warmen, geschützten Orten auch gut an Bäumen empor. Blätter charakteristisch überhängend. Ende des 19. Jahrhunderts dachte man, dass R. bruonii und R. moschata identisch seien, und auch heute wird R. bruonii vielfach unter dem Namen R. moschata angeboten.

Himalaja, Südwestchina.

☼ –5 °C 🖋

'La Mortola': sehr wüchsige Sorte, die im italienischen La Mortola entstand und etwas härter ist als die Art.

## ✓ R. filipes

Prächtige, strauchartig wachsende Rose, die bis 10 m hoch klettert. Triebe mit hakenförmigen Stacheln. Blätter mit 5 bis 7, jung kupferfarbenen

Rosa bruonii

Blättchen. Blüten weiß, in der Knospe cremefarben, mit außen seidig behaarten Kronblättern, ungefüllt, duftend, bis 2,5 cm groß, in sehr großen, lockeren Rispen aus bis zu 100 Blüten, Blütezeit Sommer. Hagebutten scharlachrot, kugelig, 8 bis 15 mm lang. 1908 von E. H. Wilson nach England eingeführt. Klettert ebenso wie R. longicuspis sehr gut an großen Bäumen empor. Beide Arten wachsen nur langsam an und bilden ein kissenartiges Gewirr von Trieben unter dem Baum, bevor sie zu klettern beginnen. R. filipes wächst wohl langsamer und ist nicht so schattenverträglich, aber die nötige Geduld lohnt sich. In voller Blüte sind beide Arten mit ihren zahlreichen weißen Blüten wunderschön. Für niedrige Mauern und Zäune werden sie jedoch zu groß.

Westchina, Osttibet.

☼ ◐ –15 °C 🖋

'Kiftsgate': 🏆 besonders stark wachsende Sorte, die in vielen Katalogen statt der Art angeboten wird und noch größere Blütenstände hervorbringt.

## R. × fortuniana

Möglicherweise eine Hybride zwischen R. banksiae und R. laevigata. Ähnelt R. banksiae, Blätter aber mit 3 oder 5 Blättchen und Blüten einzeln, cremefarben, gefüllt, 5 bis 10 cm groß, im Spätfrühling und Sommer. Diese attraktive Rose blüht in gemäßigten Klimazonen nur spärlich. Sie eignet sich viel besser für wärmere Gebiete und ist wohl die beste Unterlage für Rosen, die in den Subtropen kultiviert werden sollen. 1850 von Robert Fortune in den Westen gebracht und nach ihm benannt.

China (in Kultur entstanden).

☼ –5 °C 🖋

## R. gigantea

(R. × odorata var. gigantea)

Wüchsige, Laub abwerfende oder halb immergrüne Rose mit kräftigen Trieben, die bis 15 m und in warmen Gebieten sogar bis 25 m hoch wachsen. Blättchen 5 bis 7, lanzettlich bis oval. Blüten cremeweiß, ungefüllt, leicht duftend, 8 bis 14 cm groß, einzeln oder zu 2 oder 3 beisammen, Blütezeit Frühsommer. Hagebutten kugelig bis zitronenförmig, 20 bis 25 mm lang, gelblich oder orangerot. Wohl die wüchsigste Art, trägt außerdem die größten Blüten. In gemäßigten Gebieten nicht winterhart, kann auch in warmen Lagen in strengen Wintern erfrieren.

Südwestchina, Myanmar, Nordostindien.

☼ 0 °C 🖋

## R. helenae

Wüchsige, stark kletternde Art, die 6 m oder höher wächst. Die kräftigen Triebe tragen hakenförmige Stacheln. Blätter mit 7 oder 9 lanzettlichen oder ovalen Blättchen. Blüten weiß, ungefüllt, 2 bis 4 cm groß, in vielblütigen, flachen Doldenrispen. Blütezeit Sommer. Hagebutten eiförmig, bis 1,5 cm lang, reif scharlachrot, in überhängenden Doldenrispen. Diese Art wächst gut an hohen Mauern oder Gitterwerk und sieht besonders schön aus, wenn man sie in einen Baum klettern lässt. 1907 von E. H. Wilson nach England gebracht und nach seiner Ehefrau Helen benannt.

Zentral- und Westchina.

☼ –5 °C ✀

### R. laevigata
CHEROKEEROSE

Halb immergrüne, recht wüchsige Rose, die 4,5 m hoch klettern kann. Triebe mit zahlreichen hakenförmigen Stacheln. Blätter mit meist 3, manchmal auch 5 glänzend dunkelgrünen Blättchen. Blüten weiß, ungefüllt, 5 bis 8 cm groß, einzeln, Blütezeit Frühsommer. Hagebutten groß und borstig, orangerot, bis 4 cm lang. Diese hübsche Rose ist leider nicht sehr winterhart und eignet sich nur für sonnige, geschützte Lagen in milden Gebieten. Im Südosten der USA sehr häufig verwildert, Staatsblume des US-Bundesstaates Georgia. Der Schnitt sollte gleich nach der Blüte erfolgen.

Myanmar, Südchina.

☼ –5 °C ✀

✓ 'Cooperi': Triebe bis 12 m hoch. Blättchen glänzend grün. Blüten groß, rein weiß, manchmal rosa getönt. Diese prächtige Sorte ist härter als die Art und vermutlich eine Hybride mit R. gigantea, in Katalogen oft als R. gigantea 'Cooperi' zu finden.

### ✓ R. longicuspis

Hübsche, wüchsige, halb immergrüne Kletterrose, die bis 6 m hoch wird. Triebe mit hakenförmigen Stacheln. Blätter mit 5 oder 7 glänzend dunkelgrünen, ledrigen, lanzettlichen bis ovalen Blättchen. Blütenknospen cremefarben, lang zugespitzt. Blüten weiß, ungefüllt, nach Bananen duftend, 3 bis 5 cm groß, mit außen seidig behaarten Kronblättern, in

lockeren Büscheln, Blütezeit Hochsommer bis Spätsommer. Hagebutten eiförmig, scharlachrot, etwa 1,5 cm lang.

Nordostindien, Westchina, Osttibet.

☼ ☀ –15 °C ✀

**var. sinowilsonii** (R. sinowilsonii): Blütenknospen runder, Kronblätter außen nicht seidig behaart.

### R. moschata
MOSCHUSROSE

Starkwüchsiger, bis 4 m hoher Strauch von recht lockerem Wuchs. Triebe mit hakenförmigen Stacheln. Blätter mit 5 oder 7 glänzend dunkelgrünen, ovalen Blättchen. Blüten weiß oder cremefarben, ungefüllt, mit süßem Moschusduft, 3 bis 5 cm groß, in lockeren Büscheln, die zugespitzten Kronblätter nach kurzer Zeit an der Spitze zurückgeschlagen, Blütezeit Spätsommer und Herbst. Hagebutten klein, eiförmig, orangerot. Statt dieser hübschen Art werden heute vielfach einige ihrer Hybriden gepflanzt. Die Moschusrose spielte bei der Züchtung der Moschata-Hybriden und der Noisette-Rosen eine wichtige Rolle. Ihre Herkunft ist nicht mit Sicherheit bekannt. Es ist unklar, ob die ursprüngliche Form noch existiert, im Handel sind heute je nach Vermehrer verschiedene Sorten zu haben.

Himalaja, Iran, im Mittelmeergebiet verwildert.

☼ –15 °C ✀

### R. mulliganii ♀

Wüchsiger, bis 6 m hoch kletternder Strauch. Triebe mit rötlichen Stacheln, die eine breite Basis besitzen. Blätter

mit 5 oder 7 elliptischen Blättchen. Blüten weiß, ungefüllt, duftend, 4 bis 5 cm groß, in lockeren Büscheln. Blütezeit Sommer. Hagebutten orangerot, eiförmig, gut 1 cm lang. Junge Triebe schön purpurn überlaufen. Blüht meist reich. Ebenso wie zahlreiche andere Pflanzen von George Forrest nach England eingeführt, der sie zwischen 1917 und 1919 auf seiner Expedition nach China fand.

Westchina.

☼ –15 °C ✀

### ✓ R. multiflora

Triebe lang und bogig, 3 bis 5 m hoch, mit kleinen Stacheln. Blätter mit 7 oder 9, verkehrt eiförmigen bis lanzettlichen Blättchen, unterseits oft flaumig behaart. Blüten weiß, manchmal zartrosa, ungefüllt, duftend, 2 bis 3 cm groß, in vielblütigen Doldenrispen, Blütezeit Sommer. Hagebutten kugelig, hellrot, 5 mm lang. Eine der schönsten und in Kultur eine der wüchsigsten Rosenarten. Lässt sich leicht vermehren, denn Äste, die den Boden berühren, bewurzeln sich. Wird in den USA gern an Highways gepflanzt. Häufig als Unterlage verwendet, auf die Gartenrosen, besonders Rambler-Rosen, veredelt werden. Viele Rambler-Rosen stammen von dieser Art ab.

Ostasien.

☼ –25 °C ✀

'Carnea': Blüten gefüllt, hellrosa. Nur selten kultiviert, wurde aber als erste Form von R. multiflora aus China in den Westen gebracht, zuvor in China schon lange kultiviert. **var. cathayensis:** Blüten mit 2 bis 4 cm größer. **'Grevillei'** ('Platyphyl-

la'): Sehr wüchsige Rose, deren Blätter größer sind als bei der Art. Blüten weiß bis rosa, rot oder leicht purpurn. Benötigt einen geschützten Standort, denn die jungen Triebe sind empfindlich gegenüber Frost und Wind. Der englische Name »Seven Sisters Rose« (»Rose der sieben Schwestern«) beruht auf einer älteren Beschreibung, in der Blüten in sieben Farbtönen erwähnt werden.

### R. × odorata
TEEROSE

Dieser Name bezeichnet eine Gruppe variabler Kreuzungen zwischen R. chinensis und R. gigantea. Sie sind mehr oder weniger immergrün und wachsen 3 bis 6 m hoch, unter günstigen Bedingungen auch höher. Triebe mit verstreuten hakenförmigen Stacheln. Blätter mit 5 bis 7 ovalen Blättchen. Blüten weiß, rosa oder gelb, ungefüllt oder gefüllt, bis 7,5 cm groß, einzeln oder zu mehreren beisammen, Blütezeit Sommer bis Frühherbst. Außer in subtropischen Gebieten müssen diese nicht sehr winterharten Rosen im Schutz sonniger Mauern wachsen. Sie werden im zeitigen Frühjahr geschnitten. Dabei entfernt man schwache und einen Teil der alten Triebe, um die Bildung kräftiger junger Triebe anzuregen. R. × odorata war bei der Entwicklung der modernen Gartenrosen von großer Bedeutung.

Westchina (in Kultur entstanden).

☼ –5 °C ✀F

'Pseudindica' ('Fortune's Double Yellow'): wüchsige Kletterrose mit halb gefüllten, gelbrosa gefärbten und kupferfarben überlaufenen Blüten. 1845 von Robert Fortune nach Europa eingeführt.

## R. setigera
PRÄRIEROSE

Wüchsiger, klimmender Strauch mit langen, dünnen, 4 bis 5 m hoch wachsenden Trieben, die mit geraden Stacheln bedeckt sind. Blätter tiefgrün, mit 3 ovalen Blättchen. Blüten tief rosarot, später weißlich, ungefüllt, sehr schwach duftend, 5 bis 6 cm groß, in wenigblütigen Doldenrispen, Blütezeit Sommer. Hagebutten kugelig, rot oder bräunlich, 1 cm lang. Wohl die schönste nordamerikanische Wildrose, wunderhübsch an Bäumen und an Gitterwerk. Einer ihrer Vorzüge ist ihre späte Blütezeit. Elternpflanze der bekannten, häufig kultivierten Rambler-Rose 'American Pillar'. Mittleres und östliches Nordamerika.

☼ ☽ −20 °C ✤

## R. wichuraiana

Halb immergrüner Strauch mit kriechenden Trieben, die bis 6 m hoch gezogen werden können. Blätter glänzend dunkelgrün, mit 7 oder 9 Blättchen. Blüten weiß, ungefüllt, 3 bis 5 cm groß, in wenigblütigen Doldenrispen. Blütezeit Hochsommer und Spätsommer. Hagebutten rot, eiförmig, bis 1,5 cm lang. Diese Rose ist in milden Gebieten mehr oder weniger immergrün. Sie wird immer seltener kultiviert, da farbenfrohere Kreuzungen und Sorten bevorzugt werden, eignet sich aber auch für große Gärten und gedeiht an sonnigen Mauern oder an großen Baumstümpfen. Dem Boden aufliegende Triebe bewurzeln sich oft, daher ist die Vermehrung einfach. Dank ihrer Mehltauresistenz für die Züchtung wichtig. Die Elternpflanze verschiedener Rambler-Rosen, zum Beispiel von 'Albéric Barbier' (Blüte weiß), 'Dorothy Perkins' (rosa), 'White Dorothy' (weiß) und 'Albertine' (rosa). In den USA als »Memorial Rose« (»Rose des Gedenkens«) bekannt, weil sie oft auf Friedhöfen gepflanzt wird. Ostasien.

☼ −15 °C ✤

## Gartenhybriden und -sorten

### Rambler-Rosen

Rambler-Rosen sind starkwüchsige Rosen, die überwiegend von *R. moschata*, *R. multiflora*, *R. sempervirens* und *R. wichuraiana* abstammen. Ihre langen, biegsamen Triebe lassen sich leicht erziehen, und die kleinen, weniger als 5 cm großen Blüten sind zu dichten Büscheln vereinigt. Die meisten blühen im Hochsommer, einige Sorten remontieren auch. Die Mehrzahl benötigt sonnige Standorte.

Rambler-Rosen wachsen hervorragend an Zäunen, Gitterwerk und Bögen. Sie klettern auch in Hecken oder Bäumen und passen gut zu kleinblütigen Waldreben, die im Winter oder zeitigen Frühjahr kurz über dem Erdboden abgeschnitten werden, zum Beispiel zu *Clematis viticella* und ihren Sorten. Die Triebe der Rambler-Rosen können geschnitten werden, wenn sie die gewünschte Höhe erreicht haben. Viele sind mehltauanfällig und sollten nicht an Mauern gepflanzt werden,

Rosa 'Albéric Barbier'

wo die Luftbewegung gering ist. Manche Sorten, zum Beispiel 'Albertine', gedeihen jedoch an luftigen, sonnigen Mauern.

Rambler-Rosen schneidet man am besten gleich nach der Blüte. Dabei werden alte, abgestorbene und kranke Triebe entfernt. Die übrigen Triebe können kurz über dem Erdboden abgeschnitten oder bis zu einem kräftigen jungen Trieb eingekürzt werden. Die remontierenden Sorten, zum Beispiel 'Albéric Barbier', sollten jedoch im Winter geschnitten werden.

**'Adélaïde d'Orléans'**. ♀ Halb immergrüne, bis 5 m hohe Sorte. Blüten in der Knospe cremerosa, später weißlich, locker gefüllt, duftend. Blütezeit Sommer.

**'Aimée Vibert'**. Gut 5 m hoch. Blüten gefüllt, in der Knospe rosaspitzig, später weiß, schwach duftend, in kleinen Büscheln, Blütezeit Hochsommer bis Herbst. Die am längsten blühende Rambler-Rose.

**'Albéric Barbier'**. ♀ Triebe bis 6 m hoch, in günstigen Lagen praktisch immergrün. Blüten gefüllt, zunächst blassgelb und später cremeweiß, süß duftend, flach, oft in deutliche Viertel gegliedert. Blütezeit Sommer, in unregelmäßigen Abständen bis in den Herbst remontierend.

✓ **'Albertine'**. ♀ Wüchsige, bis 6 m hohe, stachelige Rose. Blüten locker gefüllt, in der Knospe rot, später kupferfarbenrosa, stark duftend, im Hochsommer geöffnet.

**'Alexandre Girault'**. Triebe bis 6 m hoch, mit wenigen Stacheln. Blüten gefüllt, karminrot mit gelblich-lachsfarbenem Grund, später fliederfarbenkarminrot, duftend. Blütezeit Hochsommer.

**'American Pillar'**. Sehr wüchsige, manchmal bis 7 m hoch kletternde Rose. Blüten ungefüllt, karminrot mit großem weißem »Auge«, in großen Büscheln. Blütezeit Hochsommer, einige Blüten öffnen sich später. Der Standort dieser beliebten Sorte muss mit Bedacht ausgewählt werden, denn sie blüht knallig rosa. Leider ist sie mehltauanfällig.

**'Baltimore Belle'**. Blüten in der Knospe rot, später blass rosarot und schließlich cremeweiß, gefüllt. Blütezeit Sommer.

**'Bloomfield Courage'**. Triebe bis 6 m hoch, kaum bestachelt. Blüten ungefüllt, dunkel samtrot mit weißer Mitte und vorstehenden gelben Staubblättern. Blütezeit Sommer. Wächst gut an Säulen empor.

**'Blush Rambler'**. Triebe nur sehr spärlich bestachelt, 3 bis 4,5 m hoch. Blüten halb gefüllt, blassrosa, duftend. Blütezeit ab Hochsommer bis in den Spätsommer.

**'Bobbie James'**. ♀ Bis 7,5 m hohe, wüchsige Sorte mit hübschem, glänzend grünem Laub. Blüten zahlreich, in großen Büscheln, ungefüllt oder mit einigen zusätzlichen Kronblättern, cremeweiß. Blütezeit Hochsommer.

**'Chevy Chase'**. Triebe gut 4 m hoch. Blüten zahlreich, gefüllt, tief purpurrot, schwach duftend, 10 bis 35 pro Rispendolde. Blütezeit Sommer. Resistent gegen Krankheiten.

✓ **'Crimson Shower'**. ♀ Triebe 3 bis 4,5 m hoch. Blüten halb

gefüllt, purpurrot, in großen Büscheln. Blütezeit Spätsommer bis Herbst. Diese Sorte ist beliebt, da sie spät blüht und ihre Farben nicht verblassen. Leider duftet sie nicht.

**'Débutante'**. Triebe 2,5 bis 4,5 m hoch. Blüten gefüllt, mittelrosa, leicht duftend, zunächst schalenförmig, die eingeschnittenen Kronblätter später zurückgeschlagen. Blütezeit Sommer. Ähnelt 'Dorothy Perkins', ist aber nicht anfällig für Mehltau.

**'Dorothy Perkins'**. Triebe gut 5 m hoch. Blüten gefüllt, rosa, sehr schwach duftend, in großen und kleinen Büscheln, Blütezeit Spätsommer. Besonders häufig kultivierte Rambler-Rose, die seit ihrer Einführung in die USA im Jahr 1901 beliebt ist. Wird wegen ihrer Mehltauanfälligkeit am besten an einem luftigen Ort gehalten, zum Beispiel an einem Bogen oder an Gitterwerk.

**'Evangeline'**. Bis 5,5 m hoch. Blüten ungefüllt, hellrosa, süß duftend. Blütezeit Sommer.

✓ **'Félicité et Perpétue'**. ♀ Vor allem in milden Wintern oft fast immergrüne Rose, die 4,5 m hoch wächst. Blüten gefüllt, weiß, in der Knospe purpurrot getönt, zart duftend, in Büscheln, Blütezeit Hochsommer. Attraktive, leicht zu kultivierende, gut winterharte Rose, die auch an schattigen Nordmauern gedeiht und besonders reich blüht, wenn man sie nicht schneidet.

✓ **'Francis E. Lester'**. ♀ Triebe bis ungefähr 4,5 m hoch,

Rosa *'Dorothy Perkins'*

jung rötlich. Blüten ungefüllt, in Büscheln bis zu 30, in der Knospe rosa, später weiß, mit fruchtigem Duft. Blütezeit Hochsommer. Winterharte, nicht zu wüchsige Rose, deren Größe durch einen Schnitt gut regulierbar ist.

**'Goldfinch'**. Triebe kaum bestachelt, bis 4,5 m hoch. Eine der wenigen gelb blühenden

Rambler-Rosen. Blüten halb gefüllt, in der Knospe gelb, später verblassend, Staubblätter dunkelgelb. Fruchtig duftend. Blütezeit Hochsommer und Spätsommer.

**'Hiawatha'**. Kann 4,5 bis 6 m hoch wachsen. Blüten ungefüllt, tief blutrot mit weißer Mitte, nicht duftend, im Spätsommer geöffnet.

✓ **'Kew Rambler'**. Triebe etwa 5 m hoch, mit gräulich grünen Blättern. Blüten ungefüllt, blassrosa mit weißer Mitte, duftend. Blütezeit Sommer bis Frühherbst. Sehr schön, wenn sie in einem Baum klettert.

**'Lykkefund'**. Stachellose, bis 6 m hohe Sorte. Blüten halb gefüllt, zunächst cremegelb mit lachsrosa Ton, später verblassend, im Hochsommer.

**'Madame Alice Garnier'**. Triebe bis 3 m hoch. Blüten gefüllt, hellrosa mit gelber Mitte, im Alter flacher und blassrosa, in deutliche Viertel gegliedert, süß duftend, zahlreich. Blütezeit Sommer.

✓ **'Paul Transon'**. ♀ Triebe 3 bis 4,5 m hoch. Blüten gefüllt, in der Knospe kupferfarbenorange, später lachsfarbenorange und schließlich gelblich lachs- bis cremefarben, duftend, zahlreich. Blütezeit Sommer, einige Blüten öffnen sich später.

✓ **'Paul's Himalayan Musk'**. ♀ Wüchsige, bis 9 m hohe Rose. Blüten klein, gefüllt, fliederfarben-rosa, duftend, dünn gestielt. Blütezeit Hochsommer. Kommt an einem alten Baum wunderschön zur Wirkung.

**'Phyllis Bide'**. ♀ Bis 3,5 m hoch. Blüten gefüllt, gelb mit lachsrosa Ton, süß duftend, im Sommer und Frühherbst.

**'Rambling Rector'**. ♀ Sehr stachelige, bis 6 m hohe Rose. Blüten halb gefüllt, zunächst cremefarben und später weiß, duftend, in großen Büscheln, sehr zahlreich. Blütezeit Sommer.

**'Russelliana'**. Triebe dicht bestachelt, 3 bis 6 m hoch. Blüten klein, gefüllt, tiefrot bis purpurrot, später malvenfarben, angenehm duftend. Blütezeit Hochsommer.

✓ **'Sander's White Rambler'**. ♀ Sehr spärlich bestachelte, gut 5 m hohe, dekorative Rose. Blüten gefüllt, weiß, süß duftend, im Spätsommer und Frühherbst. Mit 'Dorothy Perkins' nahe verwandt, aber mit weißen Blüten und resistent gegenüber Mehltau.

**'Seagull'**. ♀ Gut 4 m hoch. Blüten ungefüllt oder halb gefüllt, weiß mit hellgelben Staubblättern, duftend, in großen Büscheln. Blüht den ganzen Sommer.

**'Splendens'** ('Ayrshire Splendens'). Wüchsige, 5 bis 7,5 m hohe Rose. Blüten halb gefüllt, nach Myrrhe duftend, cremefarben mit rot gerandeten Kronblättern, einzeln oder in kleinen Büscheln. Blütezeit Hochsommer. Gedeiht gut im Schatten, vor allem, wenn man sie in einem Baum klettern lässt.

**'Tausendschön'**. Triebe bis 3 m hoch, mit wenigen Stacheln. Blüten gefüllt, zunächst tief rosarot mit weißer Mitte, später mittelrosa, leicht duftend, in vielblütigen Büscheln. Blütezeit Sommer.

✓ **'The Garland'**. ♀ Triebe bis 4,5 m hoch, grün mit leicht violetten Stacheln. Blüten halb gefüllt, in der Knospe lachsfarben, später cremefarben, flach, mit eingeschnittenen Kronblättern, nach Orangen

Rosa *'Francis E. Lester'*

Rosa *'Sander's White Rambler'*

duftend. Alte Sorte. Blütezeit Hochsommer.

**'Trier'**. Triebe 2 bis 3 m hoch. Blüten halb gefüllt, stark duftend, Kronblätter cremeweiß mit gelbem Grund und rosa Ton. Blütezeit Sommer.

**'Veilchenblau'**. ♀ Triebe sehr spärlich bestachelt, 3,5 bis 4,5 m hoch. Blüten halb gefüllt, lila mit weißer Mitte und weißen Streifen auf den Kronblättern, später kastanienbraun und schließlich zu Fliederfarben-grau verblassend, süß duftend. Blütezeit Früh- bis Hochsommer, reich blühend, jedoch nicht remontierend. Schon als junge Pflanze blühend. Im Halbschatten verblassen die Blüten nicht so stark, für tiefen Schatten aber nicht geeignet. Nicht anfällig für Mehltau und sehr frosthart.

Rosa *'Veilchenblau'*

**'Wedding Day'**. Sehr wüchsige, über 10 m hohe Rose. Blüten ungefüllt, in der Knospe gelb, später cremeweiß mit orangefarbenen Staubblättern und zugespitzten Kronblättern, nach Orangen duftend. Blütezeit Sommer. Schön an hohen Mauern oder Bäumen, aber nicht sehr winterhart, benötigt eine geschützte Südlage. Die Blüten halten lange, doch die Kronblätter zeigen nach Regen oft rosafarbene Flecken.

**'White Wedding'**. Recht wüchsige, an 'Wedding Day' erinnernde Sorte. Die in kleinen Büscheln stehenden cremegelben Blütenknospen öffnen sich den ganzen Sommer über zu weißen, ungefüllten Blüten.

### Großblütige Kletterrosen

Die Triebe dieser Rosen sind steifer als die der Rambler-Rosen, zudem sind ihre Blüten größer, meist über 5 cm. Blüten einzeln oder locker zusammenstehend. Zu dieser Gruppe gehören die kletternden »großblütigen« Rosen, die früher als Teehybriden bezeichnet wurden, und die kletternden, »in Büscheln blühenden« Rosen, früher als Floribundarosen bekannt. Viele dieser Rosen sind dauerblühend oder remontierend, sodass man sich vom Sommer bis in den Herbst, in milden Wintern sogar bis Weihnachten, an den Blüten erfreuen kann.

Man schneidet diese Rosen am besten im Spätwinter.

Dabei werden kräftige junge Triebe eingekürzt, damit sie nicht zu groß werden und ein Astgerüst entsteht, an dem die Pflanzen später blühen. Störende, abgestorbene und kranke Triebe werden entfernt. Wenn man die Pflanzen zu stark schneidet, blühen sie viel später und auch nicht sehr reich. Alte Exemplare müssen manchmal aber einen starken Verjüngungsschnitt erhalten, damit sie von unten her wieder kräftig neu austreiben.

Die im Folgenden beschriebenen Sorten sind nach Blütenfarben geordnet.

(r): remontierend
(nr): nicht remontierend
      (einmal blühend)

### WEISS ODER CREMEFARBEN

✓ **'City of York'** (r). Wüchsige, bis 2,5 m hohe Rose. Blüten halb gefüllt, cremeweiß, duftend, zu 7 bis 15 in Büscheln.

**'Climbing Mrs. Herbert Stevens'** (r). Blüten gefüllt, weiß mit zitronengelbem oder blassgrünem Ton, duftend. Wüchsige, bis 6 m hohe Sorte, die auch in nährstoffarmen Böden gedeiht. Leider werden die Blüten bei sehr nassem Wetter unansehnlich.

**'Swan Lake'** (r). Triebe bis 3 m hoch. Blüten gefüllt, weiß, in der Mitte rosa getönt, duftend. Die Blüten bleiben auch bei nassem Wetter schön, leider müssen die Pflanzen aber durch regelmäßige Fungizidspritzungen vor Sternrußtau geschützt werden, was ihre Verwendbarkeit sehr einschränkt.

**'White Cockade'** (r). ♀ Bis 2,5 m hoch. Blüten gefüllt, weiß, leicht duftend, zahlreich.

### GELB

✓ **'Casino'** (r). Bis 3 m hoch. Blüten gefüllt, zartgelb, duftend. Reich blühende, krankheitsresistente Sorte.

✓ **'Easlea's Golden Rambler'** (r). Triebe 4 m hoch. Blüten gefüllt, gelb mit roten Flecken auf den äußeren Kronblättern, süß duftend. In Katalogen oft als Rambler-Rose angeboten.

**'Emily Gray'** (nr). Halb immergrüne, wüchsige, bis 6 m hohe Rose. Blüten gefüllt, beigegelb, duftend. Wächst oft nur lang-

Rosa *'Gloire de Dijon'*

sam an, aber wegen der zahlreichen Blüten lohnt es sich, etwas Geduld aufzubringen. In Katalogen manchmal als Rambler-Rose angeboten.

**'Gloire de Dijon'** (r). ♀ Gut 5 m hoch. Blüten groß, gefüllt, beigegelb, rosa und aprikosenfarben überlaufen, duftend. Wächst in sonnigen und schattigen Lagen und ist sehr winterhart. Alte, schon 1853 entstandene Sorte.

✓ **'Golden Showers'** (r). ♀ Triebe nur bis 3 m hoch. Blüten halb gefüllt, narzissengelb, später zu Cremefarben verblassend, duftend. Reich blühende, witterungsunempfindliche und auch für Nordmauern geeignete Sorte.

**'Royal Gold'** (r). Triebe bis 3 m hoch. Blüten gefüllt, goldgelb, duftend. Gedeiht am besten in geschützter Lage an Süd- und Westmauern.

### ORANGE, APRICOT UND KUPFERFARBEN

**'Auguste Gervais'** (nr). Triebe bis 6 m hoch. Blüten halb gefüllt, blassapricot mit kupferlachsfarbener Außenseite, duftend, in großen Büscheln. In Katalogen oft als Rambler-Rose angeboten. Nicht remontierend, bringt meist aber bis gegen Ende der Vegetationsperiode noch einige Blüten hervor.

✓ **'Compassion'** (r). ♀ Kann bis 3 m hoch werden. Blüten

gefüllt, blass lachsfarben mit orangefarbener Tönung, stark duftend.

✓ **'Meg'** (r). Triebe 3 bis 4 m hoch. Blüten fast ungefüllt, lachsfarben-aprikosenfarben mit rotgoldenen Staubblättern, angenehm duftend.

✓ **'Schoolgirl'** (r). Triebe 3 bis 4,5 m hoch. Blüten gefüllt, orange-aprikosenfarben, außen leicht rosa, duftend. Gut für kühlere Gebiete geeignet, denn dort verblassen die Blüten viel weniger als in warmen Gegenden.

### SCHARLACHROT ODER PURPURROT

**'Altissimo'** (r). ♀ Triebe 3 bis 4,5 m hoch. Blüten ungefüllt, blutrot, leicht nach Gewürznelken duftend, unempfindlich gegen Sonne und Regen.

**'Blaze'** (r). Triebe bis 4,5 m hoch. Blüten halb gefüllt, zunächst hell scharlachrot, später mit bläulichem Ton, leicht duftend, in großen Büscheln. Blüht im ersten Jahr nicht immer, anschließend aber reich.

**'Climbing Crimson Glory'** (r). Bis gut 3 m hoch. Blüten gefüllt, tief samtig purpurrot, stark duftend. In grellem Sonnenlicht färben sich die Blüten zartviolett.

✓ **'Climbing Ena Harkness'** (r). Wächst 2,5 bis 3 m hoch. Blüten gefüllt, purpurrot bis scharlachrot, mäßig duftend.

**'Climbing Etoile de Hollande'** (r). ♀ Triebe 4 bis 6 m hoch.

Rosa *'Guinée'*

Blüten gefüllt, dunkelrot, stark duftend.

✓ **'Danse du Feu'** ('Spectacular') (r). Triebe bis 3 m hoch. Blüten gefüllt oder halb gefüllt, kräftig scharlachrot, duftend. Reich blühende Rose, die gut an Nordmauern wächst.

**'Guinée'** (nr). Nicht remontierend, aber später im Jahr doch noch mit einzelnen Blüten, 3 bis 6 m hoch. Blüten gefüllt, dunkelrot bis kastanienbraun, duftend.

✓ **'Red Fountain'** (r). Sehr wüchsig. Blüten gefüllt, samtig scharlachrot, stark duftend. Blütenknospen zugespitzt. Reich blühend und krankheitsresistent.

**'Souvenir de Claudius Denoyel'** (r). ♀ Triebe gut 5 m hoch. Blüten gefüllt, kräftig purpurrot, stark duftend, auch in grellem Sonnenlicht nicht verblassend.

**'Thor'** (nr). Etwa 4 m hoch. Blüten gefüllt, purpurrot, gut 10 cm groß, leicht duftend. Winterharte Rose, die sich auch für recht kalte Gebiete eignet.

**ROSA**

✓ **'Aloha'** (r). Triebe bis 3 m hoch. Blüten gefüllt, rosa, jung in der Mitte orange überlaufen, duftend. Blüht auch an Nordmauern.

**'Bantry Bay'** (r). Triebe bis 3 m hoch. Blüten halb gefüllt, blassrosa, lachsfarben überlaufen, leider nur schwach duftend.

**'Christine Wright'** (nr). Nicht remontierend, trägt im Herbst aber manchmal einige Blüten. Triebe etwa 4 m hoch. Blüten halb gefüllt, hübsch blassrosa, früh blühend.

**'Climbing Madame Butterfly'** (r). 3 bis 6 m hoch. Blüten gefüllt, blassrosa, gelblich überlaufen, stark duftend.

✓ **'Climbing Shot Silk'** (r). ♀ Etwa 3 m hoch. Blüten gefüllt, kirschrosa, am Grund gelb, stark duftend.

**'Cupid'** (nr). Etwa 4 m hoch. Blüten ungefüllt, fleischrosa, mit hübschen, gekräuselten Kronblättern. Hagebutten groß, orange, bis in den Winter hinein haltend.

**'Dream Girl'** (r). ♀ Bis 4 m hoch. Blüten gefüllt, lachsrosa, apricot überlaufen, nach Gewürzen duftend. Klettert oft erst nach 2 bis 4 Jahren.

**'Dr. W. van Fleet'** (nr). 3,5 bis 6 m hoch. Blüten gefüllt, zunächst zartrosa, später verblassend, duftend.

**'Inspiration'** (r). Gut 2 m hoch. Blüten halb gefüllt, rosa, zur

Rosa *'Aloha'*

Mitte hin heller, duftend. Krankheitsresistent.

**'Madame Grégoire Staechelin'** (nr). ♀ Bis 6 m hoch. Blüten halb gefüllt, rosa, außen dunkler, duftend. Früh und auch an Nordmauern blühend.

**'Morning Jewel'** (r). ♀ Nur 3 m hoch. Blüten halb gefüllt, rosa, angenehm duftend. Reich blühend.

✓ **'New Dawn'** (r). Triebe 4,5 bis 6 m hoch. Blüten gefüllt, silbrig rosa, leicht duftend, unempfindlich gegen Regen. Diese Sorte ist ein Sport (eine Mutante) von 'Dr. W. van Fleet'. Sie wird ziemlich häufig gepflanzt und ist sehr winterhart.

✓ **'Parade'** (r). ♀ Triebe bis 2,5 m hoch. Blüten gefüllt, tief rosarot, duftend. Reich blühend und auch für Nordlagen geeignet.

**'Pink Perpétue'** (r). Kann etwa 3 m hoch werden. Blüten gefüllt, hellrosa, außen dunkler, duftend.

**ZWEI- ODER MEHRFARBIG BLÜHEND**

**'Climbing Masquerade'** (nr). Nicht remontierend, aber noch im Spätsommer mit einigen Blüten. Bis 6 m hoch. Blüten halb gefüllt, in der Knospe gelb, später zunächst hellgelb, dann lachsrosa und schließlich dunkelrot, leicht duftend, in großen Büscheln. Bekannte, aber etwas knallig gefärbte Rose.

**'Climbing Peace'** (r). Starkwüchsig, bis 6 m hoch. Blüten groß, gefüllt, goldgelb mit blassrosa gerandeten Kronblät-

Rosa *'New Dawn'*

tern, leicht duftend. Sehr hübsche Rose, die nur spärlich blüht, bis sie richtig angewachsen ist.

✓ **'Handel'** (r). ♀ Etwa 3 m hoch. Blüten gefüllt, cremefarben mit tiefrosa gerandeten Kronblättern, leicht duftend und unempfindlich gegen Regen.

**'Joseph's Coat'** (r). Bis 3 m hoch. Blüten gefüllt, gelb und orange, mit kirschrot gerandeten Kronblättern.

**Kletternde Teerosen**

Nicht sehr winterharte Gruppe remontierender Rosen, die am besten in warmen Gebieten gedeihen und sonnige Standorte benötigen. Weil ihre weichen Triebe leicht von Frost geschädigt werden, sollte man sie erst so spät wie möglich schneiden. Der Schnitt beschränkt sich darauf, schwache, kranke oder vom Frost geschädigte Triebe herauszuschneiden. Kletternde Teerosen wachsen und blühen am besten in nährstoffreichen Lehmböden. Sie blühen vom Hochsommer bis zum Herbst.

Rosa *'Handel'*

SCHNITT: ✁ *gleich nach der Blütezeit* ✁f *im Frühjahr* ✁w *im Winter* ✁ *nicht regelmäßig erforderlich*

**'Climbing Devonensis'** (r). Gut 3 m hoch. Blüten gefüllt, in der Knospe tiefrosa überlaufen, später cremefarben, oft mit rosa-aprikosenfarbener Mitte, duftend.

✓ **'Climbing Lady Hillingdon'** (r). ♕ Wüchsige, bis 6 m hohe Rose. Blüten nickend, halb gefüllt, apricot bis gelb, duftend. Blüht auch auf recht nährstoffarmen Böden.

✓ **'Marie van Houtte'** (r). Triebe nur 2 m hoch. Blüten gefüllt, Kronblätter tiefrosa und zum Rand hin cremefarben überlaufen, duftend.

**'Sombreuil'** (r). 4 bis 6 m hoch. Blüten groß, gefüllt, recht flach, cremeweiß, in der Mitte rosa überlaufen, in deutliche Viertel gegliedert und mit eingeschnittenen Kronblättern, duftend.

### Noisetterosen

Gruppe strauchiger, überwiegend remontierender Rosen, die aus einer Kreuzung von *R. moschata* und einer rosa blühenden Form von *R. × odorata* hervorgingen. Die ersten Sorten blühten weißlich oder rosa. Später kamen durch Einkreuzen einer gelben Form von *R. × odorata* Sorten mit gelben Blüten hinzu. Noisetterosen werden am besten im Spätwinter geschnitten, wobei alte, schwache und kranke Triebe entfernt und zu lange Triebe eingekürzt werden. Die meisten Noisetterosen sind nicht völlig winterhart und gedeihen am besten an sonnigen, geschützten Süd- oder Westmauern in milden Lagen.

✓ **'Alister Stella Gray'** (r). ♕ An einer Mauer bis 4 m hoch. Blütenknospen lang zugespitzt. Blüten gelb, in der Mitte orange, süß duftend. Sehr hübsche, vom Hochsommer bis zum Herbst reich blühende Rose.

✓ **'Blush Noisette'** (r). Triebe 3 bis 5 m hoch, kaum bestachelt. Blüten ziemlich gefüllt, tiefrosa, später zu Fliederfarben-rosa verblassend, nach Gewürznelken duftend, in kleinen oder großen Büscheln. Bekannte alte Sorte mit guter Krankheitsresistenz.

**'Céline Forestier'** (r). ♕ Nicht so wüchsig wie die beiden zuvor beschriebenen Sorten, nur selten höher als 3 m. Blüten gefüllt, blassgelb, zum Rand hin weißlich, in deutliche Viertel gegliedert, duftend. Nicht sehr winterhart, muss an einer warmen, geschützten Mauer wachsen. Wächst oft nur langsam an, blüht anschließend aber meist reich.

**'Claire Jacquier'** (nr). Ähnelt 'Alister Stella Gray', aber viel wüchsiger und bis 9 m hoch. Blüten gefüllt, gelb, duftend, im Alter etwas verblassend. Blüht vor allem im Sommer, trägt aber auch später noch einige Blüten.

**'Desprez à Fleur Jaune'** ('Jaune Desprez') (r). Gut 5 m hoch. Blüten gefüllt, recht flach, sehr blass gelblich mit pfirsichfarbenem Ton, stark duftend, in Büscheln. Historische Hybride (vermutlich die erste gezüchtete Kletterrose mit gelben Blüten) aus einer Kreuzung von 'Blush Noisette' mit 'Park's

Rosa *'Claire Jacquier'*

Yellow Tea-scented China'. Benötigt einen sonnigen, geschützten Standort.

**'Madame Alfred Carrière'** (r). ♕ Wüchsige, bis etwa 7 m hohe Rose. Blüten kugelig, zunächst cremerosa, später weißlich, duftend, Mitte oft in deutliche Viertel gegliedert, einzeln oder in kleinen Büscheln. Blüht auch an Nordmauern noch reich.

**'Maréchal Niel'** (nr). Nicht remontierend, aber einige Blüten öffnen sich später. Triebe 3 bis 4 m hoch. Blüten gefüllt, mit 10 bis 12 cm ziemlich groß, rein gelb, in deutliche Viertel gegliedert, stark duftend, an recht dünnen Stielen, nickend. Nicht sehr winterhart, benötigt sehr guten Schutz einer sonnigen Südmauer in milden Lagen. Auch für Wintergärten sehr gut geeignet.

**'Rêve d'Or'** (r). Wüchsige, bis 6 m hohe Rose. Blüten gefüllt oder halb gefüllt, beigegelb, im Alter verblassend, duftend. Für warme, geschützte Lagen.

### Bourbonrosen

Recht vielfältige Gruppe von Rosen, die aus einer Kreuzung der Herbst-Damaszenerrose (*R. × bifera*) und einer rosa blühenden Form von *R. × odorata* hervorgingen. Die Kreuzung erfolgte 1817 auf der Insel Réunion, die damals Bourbon hieß und diesen Rosen ihren Namen gab.

**'Blairii Number Two'**. ♛ Wüchsige, gut 4 m hoch kletternde Rose. Junge Blätter mahagonifarben. Blüten gefüllt, blassrosa mit dunklerer Mitte, süß duftend, vom Frühsommer bis weit in den Hochsommer geöffnet.

**'Climbing Souvenir de la Malmaison'**. Triebe 3 bis 4,5 m hoch. Blüten groß, gefüllt, cremerosa, flach und in deutliche Viertel gegliedert, duftend. Blütezeit Frühsommer und Hochsommer, einige Blüten öffnen sich im Herbst. Für sonnige und schattige Mauern geeignet. Kann nach der ersten Blüte vorsichtig geschnitten werden.

**'Coupe d'Hébé'** (r). Blüten dicht gefüllt, tiefrosa, duftend, im Frühsommer geöffnet. Gut zur Begrünung von Säulen und Zäunen.

**'Paul Ricaut'** (nr). Blüten stark gefüllt, malvenfarben-rosa, in deutliche Viertel gegliedert, duftend, schwer.

✓ **'Zéphirine Drouhin'** (r). ♛ Triebe nicht bestachelt, 1,5 bis etwa 4 m hoch. Junge Blätter bräunlich violett. Blüten halb gefüllt, kirschrosa, im Alter verblassend, duftend, einzeln oder in kleinen Büscheln, Blütezeit Frühsommer bis Herbst. Eine wegen ihrer stachellosen Triebe gern gepflanzte Rose.

**'Kathleen Harrop'** ist ein muschelrosa blühender, nicht so wüchsiger Sport dieser Sorte, dessen Anbau ebenfalls lohnt.

### Kordesii-Hybriden

*'Rosa kordesii'* wurde von dem deutschen Züchter Wilhelm Kordes aus der Hybride 'Max Graf' gezogen, die aus einer Kreuzung von *R. rugosa* und *R. wichuraiana* hervorgegangen war. Diese Hybride ist normalerweise steril, aber ein Zufallssämling erwies sich als fertil und erhielt eben den Namen *'R. kordesii'*. Durch züchterische Bearbeitung gingen aus dieser Pflanze die Kordesii-Hybriden hervor. Diese Rosen tragen ihre Blüten in Büscheln und

Rosa *'Zéphirine Drouhin'*

remontieren. Ihr glänzendes Laub wird nicht von Krankheiten befallen. Der Schnitt wird am besten im Spätwinter durchgeführt.

✓ **'Dortmund'**. Triebe bis 3 m hoch. Blüten ungefüllt, hell purpurrot mit weißem Auge, in großen Büscheln. Schöne, reich blühende Rose, gut zur Begrünung von Säulen, Gitterwerk und Mauern geeignet.

**'Goldbusch'**. Bis etwa 4 m hoch. Blüten halb gefüllt, gelb, mit zunehmendem Alter heller, leicht duftend, bis zu 20 in Büscheln. Die Blätter duften angenehm, wenn man sie zerdrückt.

**'Hamburger Phoenix'**. Bis 3 m hoch. Blüten halb gefüllt, kräftig purpurrot, leicht duftend. Damit diese Sorte remontiert, müssen die nach der ersten Blüte gebildeten Hagebutten entfernt werden.

**'John Cabot'**. Etwa 4 m hoch. Blüten gefüllt, kirschrot, duftend. Klettert oft erst nach 3 bis 4 Jahren.

✓ **'Leverkusen'**. Triebe um 3 m hoch. Wächst stark in die Breite und verzweigt sich reichlich. Blüten gefüllt, blassgelb, nach Zitronen duftend.

✓ **'Morgengruß'**. Recht wüchsige, bis 4 m hohe Rose. Blüten gefüllt, blassrosa, gelb überlaufen, duftend, zahlreich.

✓ **'Parkdirektor Riggers'**. Triebe kräftig, bis 4 m hoch. Blüten halb gefüllt, samtig purpurrot, sehr schwach duftend, in großen Büscheln.

**'Sympathie'**. Triebe gut 3 m hoch. Blüten gefüllt, dunkel samtrot, duftend.

### Kletternde Strauchrosen

Recht vielfältige Gruppe von Rosen, die hier aus praktischen Gründen zusammengefasst werden. Zu dieser Gruppe zählen alle kletternden Rosen, die in den vorherigen Gruppen nicht enthalten sind. Sie alle werden am besten zum Ende des Winters geschnitten.

✓ **'Anemone'** (*'Anemonoides'*, *R. × anemonoides*). Wüchsig, bis 4 m hoch kletternd. Blüten ungefüllt, blassrosa mit dunkleren Adern, 8 bis 10 cm groß, duftend, vom Spätfrühling bis zum Hochsommer. Vermutlich eine Hybride zwischen *R. laevigata* und einer Teerose. Muss an einer warmen, sonnigen Mauer gehalten werden, wo sie mehrere Wochen lang blüht. Eine der schönsten ungefüllten Rosen.

**'Climbing Cécile Brunner'**. ♛ Kräftige, bis ungefähr 6 m hoch kletternde Rose. Blüten gefüllt, rein rosa, duftend, vom Spätfrühling bis zum Frühherbst erscheinend.

✓ **'Complicata'**. ♛ Wunderschöner Strauch mit bogigen, bis 3 m langen Trieben. Blüten ungefüllt, rosa mit hellerer Mitte und goldfarbenen Staubblättern, 10 bis 12 cm groß, duftend. Blütezeit Hochsommer. Vermutlich eine Kreuzung, an der *R. gallica* oder *R. macrantha* beteiligt ist. Besonders hübsch an einem Baum oder an Gitterwerk.

Rosa *'Lawrence Johnston'*

✓ **'Constance Spry'**. ♥ Strauchige, an einer Mauer bis 2 m hohe Rose. Blüten kugelig, zartrosa, nach Myrrhe duftend, einzeln oder in wenigblütigen Büscheln an den vorjährigen Trieben, im Hochsommer.

**'Gruß an Teplitz'** (r). Bis 2 m hoch. Blüten gefüllt, purpurrot, duftend, in kleinen Büscheln.

✓ **'Lawrence Johnston'** (r). Wüchsig, bis 9 m hoch kletternd. Blüten halb gefüllt, kanariengelb, duftend, im Frühsommer und in unregelmäßigen Abständen bis in den Herbst hinein.

Rosa *'Complicata'*

**'Maigold'** (r). ♥ Überaus stachelige, gut 3 m hohe Rose mit glänzendem Laub. Blüten halb gefüllt, in der Knospe rötlich orange, später bronzegelb, stark duftend.

**'Madame Hardy'**. Damaszener-Rose, an einer Mauer bis 2 m hoch werdend. Blüten anfangs schalenförmig, später flach ausgebreitet, dicht gefüllt, rein weiß mit kleinem grünem Auge. Duft sehr intensiv, mit Zitronennote. Ist ausgezeichnet für schattige und schwierige Standorte geeignet.

**'Madame Plantier'**. Strauchige, an einer Mauer oder einem Bogen bis zu 2 m Höhe erreichende Alba-Hybride. Blüten rein weiß, dicht gefüllt und intensiv duftend. Blätter blassgrün, Triebe fast stachellos. Sehr winterhart, gedeiht auch noch an einer kalten Wand.

✓ **'Mermaid'** (r). ♥ Wüchsige, bis 6 m hohe Rose. Triebe mit langen, hakenförmigen Stacheln. Blätter fast immergrün, glänzend. Blüten ungefüllt, rein gelb mit orangefarbenen, erst nach den Kronblättern abfallenden Staubblättern, etwa 10 cm groß, duftend. Blütezeit Sommer bis Herbst. Diese hübsche, bekannte Rose entstand durch eine Kreuzung von *R. bracteata* mit einer gelben Teerose. Sie ist nicht sehr winterhart und wird daher am besten an einer sonnigen, geschützten West- oder Südmauer kultiviert. Für das Mittelmeerklima gut geeignet. Ältere Exemplare bilden dicke, holzige Triebe und nehmen einen starken Schnitt sehr übel. Man sollte sich daher darauf beschränken, abgestorbene und kranke Triebe zu entfernen und einige Triebe einzukürzen, damit die Pflanzen zu neuem Wachstum angeregt werden.

**'Pompon de Paris'** (r). Starkwüchsig, vieltriebig, ein kletternder Sport der ursprünglichen Chinarose. Blüten gefüllt, rosa, ähnlich wie bei 'Old Blush China'. Lässt sich überall dort verwenden, wo größere Flächen dicht bedeckt werden sollen. Öfter blühend, nachdem sie sich richtig eingewöhnt hat.

**'Ramona'** (nr). Triebe 4 bis 5 m hoch. Blüten ungefüllt, purpurrot, außen heller, 8 bis 10 cm groß, im Sommer geöffnet. Ein kletternder Sport von 'Anemone'.

✓ **'Souvenir du Docteur Jamain'** (r). An geeigneten Mauern bis 3 m hoch. Blüten groß, gefüllt, pflaumenfarben mit purpurrotem Ton, duftend. Blüht im Hochsommer und ein zweites Mal im Herbst. Eignet sich nicht für Südmauern, denn zu viel Sonne lässt die Blüten bräunlich werden. Liebt nährstoffreiche Böden.

✓ **'William Lobb'** (nr). ♥ An einer Mauer gut 2 m hoch. Blüten halb gefüllt mit etwas unordentlich aussehender Mitte, duftend, dunkel purpurrot bis schwach violett, Kronblätter außen etwas heller rosa, im Alter oft verblassend und grau. Blütezeit Hochsommer. Diese hübsche Moosrose kann als frei stehender Strauch gezogen werden, sieht aber auch an einer Mauer sehr schön aus. Kelchblätter und Blütenstiele sind blassgrün bemoost.

Rosa *'Souvenir du Docteur Jamain'*

# Einjährige Kletterpflanzen und kletternde Stauden

# EINFÜHRUNG

Im Unterschied zu allen anderen in diesem Buch beschriebenen Kletterpflanzen – mit Ausnahme einiger krautiger Waldreben – sind die Triebe der hier aufgeführten Pflanzen nicht dauerhaft. Die Pflanzen sterben am Ende jeder Vegetationsperiode entweder völlig ab, sind also einjährig und müssen jedes Jahr neu aus Samen angezogen werden, oder es handelt sich um Stauden, deren oberirdische Triebe am Ende der Vegetationsperiode absterben, deren Wurzeln im Frühjahr jedoch wieder neue Triebe hervorbringen. Damit eignen sich Einjährige und Stauden hervorragend für vorübergehende Standorte und als zeitweilige Begrünung.

Mit einjährigen Kletterpflanzen und kletternden Stauden kann man Gitterwerk und Sichtschutzeinrichtungen begrünen, die nicht ständig bewachsen sein sollen, etwa Mauern, die regelmäßig gestrichen werden müssen, und Zäune, die wiederholte Imprägnierungen mit Holzschutzmitteln benötigen. (Viele Holzschutzmittel können die Pflanzen jedoch schädigen, wenn sie in den Boden gelangen!)

*OBEN Kletternde Stauden, zum Beispiel dieser goldblättrige Hopfen, begrünen Zäune und Mauern rasch und hübsch.*

*LINKS Tropaeolum speciosum liebt kühle, feuchte Standorte und schmückt sich dort mit prächtigen Blüten sowie kontrastierenden Früchten.*

Die meisten der hier vorgestellten Pflanzen benötigen nur leichte Kletterhilfen wie kräftige Stäbe oder starke Schnüre, die am Ende der Vegetationsperiode wieder entfernt werden. Mit einjährigen Arten kann

man die kahle Basis verschiedener an Mauern wachsender Pflanzen verdecken oder auch eine Lücke zeitweilig schließen, die durch das Entfernen eines Strauchs entstand. Liegt der Standort nicht an einer Mauer oder einem Zaun, kann man durch Stäbe oder Dreifußgestelle für Halt sorgen.

Viele einjährige Kletterpflanzen und kletternde Stauden lassen sich gut aus Samen heranziehen. Sie werden am besten vorgezogen und im Frühjahr ins Freiland gepflanzt, wobei die weniger winterharten Arten zunächst vor Frost und kaltem Wind geschützt werden müssen. Wer jedes Jahr Samen sammelt, kann sich viele Jahre an diesen rasch blühenden Pflanzen erfreuen. Alle hier beschriebenen frostempfindlichen Arten eignen sich in gemäßigten Zonen sehr gut für Wintergärten; die betreffenden Pflanzen sind durch das Symbol ⊞ gekennzeichnet.

*OBEN LINKS   Die beliebte Staudenwicke (hier:* Lathyrus latifolius *'Albus') ist eine winterharte und sehr pflegeleichte Kletterstaude.*

*OBEN RECHTS Die Blüten der Glockenrebe (Cobaea scandens) faszinieren durch ihr zartes Farbenspiel.*

*RECHTS   Stangen oder Stäbe geben Wohlriechenden Wicken und anderen einjährigen Kletterpflanzen an einer Mauer Halt und ermöglichen zudem ein rasches Wachstum nach oben.*

## Abobra
### (Cucurbitaceae)

Die einzige Art dieser Gattung ist mehrjährig, aber nicht frosthart und wird in gemäßigten Klimazonen daher meist als einjährige Pflanze behandelt. Die Blüten sind recht unscheinbar, doch die Pflanze besitzt schöne Blätter, und auch ihre roten Früchte sind dekorativ, besonders wenn sie zahlreich gebildet werden. Aus Samen vorgezogene Pflanzen sollten im Frühsommer ins Freiland gepflanzt werden. In frostgefährdeten Lagen kann man die knolligen Wurzeln im Herbst aus dem Boden nehmen und bis zum kommenden Frühjahr an einem frostsicheren Ort lagern. Wie bei den meisten anderen Gurkengewächsen sind die Blüten getrenntgeschlechtig und befinden sich an verschiedenen Pflanzen.

### ✓ ⊞ A. tenuifolia
Kann 3 bis 4 m hoch werden, klettert mit gegabelten Ranken. Blätter wechselständig, glänzend grün, breit oval mit 3 oder 5 tiefen, in schmale Segmente gegliederten Lappen. Blüten duftend, blassgrün, fünfzipfelig, innen behaart; männliche mit 3 Staubblättern und in Trauben, weibliche meist einzeln, Blütezeit Hochsommer bis Spätsommer. Früchte eiförmig, gut 1 cm groß, reif hellrot, reifen aber nur an geschützten, warmen und sonnigen Standorten aus.
Gemäßigte Gebiete des südamerikanischen Kontinents.
☼ 0 °C ✤

Aconitum hemsleyanum

## Aconitum
### (Ranunculaceae)

EISENHUT

In dieser Gattung mit etwa 60 Arten finden sich auch einige Kletterpflanzen. Sie sind mehrjährig, bilden knollige Wurzeln und stammen aus den gemäßigten Gebieten der Nordhalbkugel, unter anderem aus dem Himalaja. Die kletternden Arten besitzen dekorativ eingeschnittene Blätter und zu Trauben vereinigte helmartige Blüten, die sich überwiegend im Spätsommer und Herbst öffnen. Balgfrüchte drei- oder fünfteilig, ähnlich wie bei Rittersporn (Delphinium) und Akelei (Aquilegia).
Die Pflanzen gedeihen in den meisten Gartenböden. Man vermehrt sie durch Teilung oder aus Samen, die gleich nach der Reife ausgesät werden. Alle Arten sind äußerst giftig (auch bei Hautkontakt!), denn sie enthalten das Alkaloid Aconitin und einige ähnliche Verbindungen.

### ✓ A. hemsleyanum
(A. volubilis hort.)
Triebe dünn, bis 5 m hoch windend, oft aber niedriger bleibend. Blätter glänzend tiefgrün, mit 5 oder 7 keilförmigen oder lanzettlichen, gezähnten und gelappten Segmenten. Blüten blauviolett, 3 bis 4 cm lang, in lockeren, überhängenden Trauben. Blütezeit Spätsommer und Herbst.
Zentral- und Westchina.
◗ –30 °C ✤
Das vor kurzem aus Westchina eingeführte A. episcopale sieht ähnlich aus, trägt aber blassere Blüten. Beide Arten sind sehr hübsch, wenn man sie an einer Säule oder Pergola emporwachsen lässt.

## Asparagus
### (Liliaceae)

SPARGEL

Diese bekannte Gattung wird wegen ihrer schönen blattähnlichen Zweige und der essbaren jungen Triebe kultiviert. A. plumosus und A. sprengeri werden in der Blumenbinderei verwendet. Auf die kleinen, sechszähligen Blüten folgen bei weiblichen Pflanzen farbenfrohe Beeren.

### ⊞ A. scandens
Triebe nicht verholzend, glatt oder leicht gerippt, bis 2,5 m hoch. Blätter zu eng anliegenden Schuppen reduziert. Phyllokladien (blattartig verbreiterte Zweige) flach, schmal lanzettlich, zu 2 oder 3 in Quirlen. Blüten meist einzeln. Beeren rot, einsamig.
Südafrika.
◗ 10 °C ✤

## Benincasa
### (Cucurbitaceae)

WACHSKÜRBIS

Diese Gattung umfasst nur eine einjährige Art, die wegen ihrer großen Früchte gern als Bodendecker verwendet wird. Wer sie als Kletterpflanze hält, muss die Früchte abstützen. Die Früchte können als Gemüse gekocht, aber auch eingelegt oder kandiert werden. In gemäßigten Klimazonen gedeiht der Wachskürbis nur an sehr warmen, geschützten Orten. Anbau wie bei Cucurbita (S. 128). Die Vermehrung erfolgt aus Samen.

### B. hispida
Sehr raschwüchsige, einjährige Pflanze, deren flaumig behaarte Triebe mit verzweigten Ranken klettern. Blätter handförmig gelappt, mit 5 bis 7 Lappen, 10 bis 25 cm lang. Blüten gelb, einzeln in den Blattachseln, teller- bis glockenförmig, fünfzählig, mit 3 Staubblättern. Früchte fleischig, sehr groß, kugelig bis länglich, zunächst behaart, später kahl und wachsig bereift.
Tropisches Südostasien, in den Tropen der Alten Welt verbreitet kultiviert.
☼ 10 °C ✤

## Bomarea
### (Alstroemeriaceae)

Eine Gattung mit über 100 Arten Wurzelknollen bildender Stauden, die in Südamerika beheimatet sind und im Unterschied zu der verwandten, bekannteren Gattung Alstroe-

*meria* klettern. Die windenden Triebe tragen überwiegend lanzettliche Blätter und endständige Blütendolden. Blüten meist schmal glockenförmig mit schöner Zeichnung.

Fruchtbare Sandböden eignen sich für *Bomarea* am besten. Während der Wachstumsphase benötigen die Pflanzen viel Wasser. Wer sie in Töpfen hält, sollte ihnen mit Stäben Halt geben. Die Vermehrung erfolgt aus Samen oder durch Teilung der Wurzeln.

### ⊞ *B. caldasii* ♛
*(B. caldasiana, B. kalbreyeri)*
Triebe bis 4 m hoch, Blätter bis 15 cm lang. Blüten zu 20 bis 60 in Dolden, äußere Segmente bis 2,5 cm lang und rötlich orange bis bräunlich, innere Segmente etwa 3 cm lang und gelb bis orange, manchmal auch gefleckt. Die Pflanzen blühen im Sommer.
Nördliches Südamerika.
☼ ☽ 0 °C ✿

### ⊞ *B. multiflora*
Triebe bis 3 m hoch, Blätter bis 10 cm lang. Blüten zu 20 bis 40 in Dolden; alle Segmente ungefähr 2,5 cm lang, äußere rötlich und innere orange mit braunen Flecken. Blütezeit im Spätsommer.
Nördliches Südamerika.
☽ 0 °C ✿

## Bowiea
## (Liliaceae)

Diese ungewöhnliche Gattung umfasst drei Arten mit unverholzten, windenden Trieben, einer großen, kugeligen Zwiebel und kleinen, kurzlebigen Blättern. Blüten sechszählig, in endständigen Trauben. Vermehrung aus Samen und durch Brutzwiebeln.

Eine Art wird in den Tropen und in gemäßigten Klimazonen kultiviert. In gemäßigten Gebieten benötigt sie einen sonnigen Standort an einer Mauer und Schutz vor Frost. Sie wird vor allem wegen ihres interessanten Aussehens, weniger wegen ihrer Schönheit kultiviert. Der Boden sollte leicht und durchlässig sein.

### ⊞ *B. volubilis*
Mit glänzend grüner Zwiebel, die zum größten Teil aus dem Boden ragt und mit bis zu 20 cm Durchmesser sehr groß werden kann. Triebe 3 bis 4 m hoch windend, unten stark verzweigt und nicht blühend, oben wenig verzweigt und Blüten tragend. Die kurzen, linealischen Blätter fallen nach kurzer Zeit ab, sodass die Triebe rasch verkahlen. Blüten grünlich weiß oder gelblich, gut 1 cm groß, im Sommer und Herbst geöffnet. Früchte grün, kugelig und vielsamig.

In gemäßigten Klimazonen sollten sich die Zwiebeln zur Hälfte oder ganz im Boden befinden und trocken gehalten werden, bis sie anfangen, auszutreiben. Wenn die Triebe im Herbst abzusterben beginnen, sollte man die Wasserversorgung schrittweise einschränken. Wo es im Winter friert, nimmt man die Zwiebeln im Herbst aus dem Boden und lagert sie bis zum Frühjahr trocken und frostfrei.
Südafrika.
☼ 0 °C ✿

## Calystegia
## (Convolvulaceae)

Diese Pflanzen besitzen große, kurzlebige, trichterförmige Blüten, die sich morgens öffnen und nur bis zum Spätnachmittag halten. Einige können sehr lästige Unkräuter werden, doch ihre herzförmigen Blätter und die dekorativen, über einen langen Zeitraum gebildeten Blüten sorgen stets für Aufmerksamkeit. Diese Pflanzen eignen sich nicht für jede Blumenrabatte, passen aber gut in Wildgärten und lassen sich zur Begrünung von Draht- und Gitterzäunen verwenden.

Die Gattung umfasst überwiegend starkwüchsige, windende Stauden mit herz- oder pfeilförmigen Blättern und weit reichenden, knolligen, Ausläufer treibenden Wurzeln. Die Vermehrung ist einfach und erfolgt durch Teilung der Wurzeln oder aus Samen.

### *C. hederacea*
*(C. japonica)*
Bis 5 m hoch kletternd. Blätter schmal pfeilförmig, bis 10 cm groß. Blüten rosarot, 3 bis 4 cm lang, einzeln an langen, geflügelten Stielen, im Sommer und Herbst.
Ostasien.
☼ −25 °C ✿

'Flore Pleno': Blüten rosa, gefüllt. In Kultur die häufigste Form, steril.

### *C. macrostegia*
Kann bis 4 m hoch klettern, bleibt aber oft niedriger. Triebe unten etwas verholzt. Blätter dreieckig bis pfeilförmig, be-

haart und etwas fleischig. Blüten überwiegend einzeln, zunächst weiß und später blassrosa, 5 bis 6 cm groß. Blütezeit Sommer bis Frühherbst.
USA (Kalifornien und der Küste vorgelagerte Inseln).
☼ −10 °C ✿

### *C. sepium*
ZAUNWINDE
Bis 4 m hoch. Blätter pfeil- bis herzförmig, 5 bis 10 cm lang. Blüten einzeln, weiß, 5 bis 7,5 cm lang, Kelch nicht von einem Paar Vorblättern verborgen. Blütezeit Sommer bis Herbst.
Europa.
☼ −30 °C ✿

ssp. *spectabilis*: rosa blühend und mit rundlichem (nicht dreieckigem) Einschnitt am Blattgrund. Russland (Sibirien).

### *C. silvatica*
Ähnelt *C. sepium*, Kelch aber durch ein Paar Hochblätter verdeckt, Blüten zudem etwas größer; Krone weiß, außen manchmal blassrosa gestreift. Blütezeit Sommer bis Herbst.
Südeuropa, Nordafrika.
☼ −30 °C ✿

### *C. tuguriorum*
Triebe dünn, bis 2,5 m hoch. Blätter herzförmig, 1 bis 4 cm lang. Blüten einzeln, weiß oder rosa, 2,5 bis 5 cm groß. Blütezeit Sommer bis Herbst.
Neuseeland, Südchile.
☼ −25 °C ✿

## Canarina
## (Campanulaceae)

Zu dieser Gattung gehören drei Arten Wurzelknollen bildender Stauden. Ihre Blüten

Canarina eminii

erinnern an Glockenblumen (*Campanula*), die Blütenkrone ist aber sechs- und nicht fünfzipfelig. Die Frucht ist eine Beere, bei *Campanula* dagegen eine Kapsel. Die Pflanzen klettern mit ihren Blattstielen, die sich um einen geeigneten Halt schlingen. Die Vermehrung erfolgt aus Samen, durch Stecklinge vom unteren Teil der Pflanzen oder auch durch Teilung.

### C. canariensis
KANARISCHE GLOCKENBLUME
Triebe wenig kletternd, bis 2 m hoch. Blätter gegenständig, schmal oval bis linealisch, gezähnt. Blüten 2,5 bis 5 cm lang, von den Enden der Seitenzweige herabhängend, glockenförmig mit ausgebreiteten oder zurückgeschlagenen Zipfeln, orange mit rotbraunen Adern. Blütezeit Herbst bis zeitiges Frühjahr. Benötigt einen fruchtbaren, während der Wachstumsphase frischen Boden. Wenn die Triebe nach der Blüte abzusterben beginnen, sinkt der Wasserbedarf deutlich. In gemäßigten Klimazonen eine ungewöhnliche Pflanze für den

Wintergarten, die den Sommer über an einen warmen Standort im Freiland gepflanzt werden kann.
Kanarische Inseln.
☼ ◑ 7 °C ✎

### C. eminii
Ähnelt *C. canariensis* und ist wohl noch schöner, wird aber nicht so hoch. Blüten 7,5 cm lang, einzeln in den Blattachseln, orange mit roten Adern. Kaum in Kultur.
Ostafrika.
◑ 13 °C ✎

## Cayratia
## (Vitaceae)

Zu dieser Gattung gehören rund 16 Arten kletternder, recht strauchig wachsender Weinrebengewächse, die vor allem wegen ihres üppigen Laubs kultiviert werden. Eng mit *Vitis* verwandt, aber die Blüten sind vier- und nicht fünfteilig. Standort und Pflege wie bei *Cissus (S. 150)*.

### C. japonica
(*Cissus, Columella* oder *Vitis japonica*)
Nicht verholzte, mit Ranken bis 4 m hoch kletternde Art. Triebe dünn und gerippt. Blätter gefingert, mit 5 ovalen, gezähnten Blättchen. Blüten klein, grünlich, in verzweigten achselständigen Büscheln, im Hochsommer und Spätsommer geöffnet. Beerenfrüchte erbsengroß, reif weißlich. Ist recht winterhart, wenn die Wurzeln im Winter geschützt werden.
Japan bis Malaysia, Australien.
◑ –15 °C ✎

var. *marmorata*: Blätter gelb gefleckt.

## Clematis
## (Ranunculaceae)

WALDREBE

Einige der kaum verholzenden kletternden Waldrebenarten könnten auch unter den kletternden Stauden aufgeführt werden, denn ihre Triebe sterben im Winter weitgehend ab. Dies gilt vor allem für Sorten von *C. viticella*. Die Gattung *Clematis* wurde in einem eigenen Kapitel vorgestellt (*S. 66*), in dem auch die nicht verholzenden Waldreben besprochen wurden.

## Clitoria
## (Leguminosae)

Hübsche Schmetterlingsblütler mit recht großen, farbenfrohen Blüten und langer Blühperiode. *Clitoria* ist eine in den Tropen und Subtropen verbreitete Gattung, die ungefähr 70 Arten überwiegend kletternder Stauden umfasst. Die wechselständigen Blätter sind gefiedert, und die eigentümlichen, »auf dem Kopf stehenden« Schmetterlingsblüten finden sich einzeln oder zu wenigen in den Blattachseln. Die Fahne ist lang und oben gekerbt.

Die Vermehrung kann aus Samen oder durch Ausläufer erfolgen. In gemäßigten Gebieten muß man die Pflanzen wie Einjährige kultivieren und jedes Jahr neu aus Samen anziehen. Die vorgezogenen Pflänzchen werden erst dann ins Freiland gesetzt, wenn keine Fröste mehr zu erwarten sind.

### C. mariana
Triebe bis 1 m hoch windend. Blätter mit 3 ovalen Blättchen, 2,5 bis 7,5 cm lang. Blüten fliederfarben, etwa 5 cm lang, zu 1 bis 3 beisammen, im Sommer. Die Früchte sind schmale, bis 5 cm lange Hülsen.
Osten und Süden der USA, Mexiko.
☼ 5 °C ✎

### ✓ C. ternatea
BLAUE SCHMETTERLINGSERBSE
Triebe kriechend oder bis 6 m hoch kletternd, in gemäßigten Klimazonen meist niedriger bleibend. Blätter mit 5 bis 9 elliptischen Blättchen, 1 bis 6 cm lang. Blüten blau, in der Mitte weiß und gelb, 3 bis 5 cm lang, zu 1 oder 2 in den Blattachseln. Blütezeit Sommer bis Frühherbst. Die Früchte sind flaumig behaarte, 6 bis 12 cm lange Hülsen. In frostfreien Gebieten immergrün.
Tropisches Asien, weltweit in den Tropen und Subtropen verwildert.
☼ ◑ 5 °C ✎F

'Blue Sails': Blüten halb gefüllt, tiefblau. 'Semi-double': Blüten halb gefüllt, intensiv blau.

## Cobaea
## (Polemoniaceae)

Eine der dankbarsten Kletterpflanzen, wüchsig und sehr reich blühend, mit lange haltenden, großen, glockenförmigen Blüten, deren Farbe sich mit zunehmendem Alter sehr ansprechend ändert. Diese strauchigen Kletterpflanzen besitzen wechselständige, gefiederte Blätter, die in verzweigten Ranken enden.

Codonopsis vinciflora

Codonopsis grey-wilsonii
'Himal Snow'

Blüten meist einzeln in den Blattachseln, mit großem, fünflappigem Kelch, dessen Lappen an Blätter erinnern, und glockenförmiger, fünfzipfeliger Krone. Die Kapselfrüchte enthalten zahlreiche, geflügelte Samen.

### ✓ ⊞ C. scandens
GLOCKENREBE, KRALLENWINDE
Die kantigen Triebe können gut 7 m hoch klettern, bleiben aber deutlich niedriger, wenn man die Pflanze als Einjährige kultiviert. Blätter gefiedert, mit 4 bis 6 länglichen oder ovalen, bis 10 cm langen Blättchen. Blüten einzeln an langen Stielen, mit gut 2 cm langem Kelch. Krone doppelt so lang, mit rundlichen Zipfeln, zunächst weiß oder grünlich, später kräftig violett. Blütezeit Hochsommer bis Herbst.

Damit die Pflanzen sich gut verzweigen und reich blühen, sollte man die Triebe regelmäßig entspitzen. In tropischen und subtropischen Gärten können die Pflanzen fünf Jahre und länger leben. Wo es im Sommer zu kühl ist, blühen sie erst sehr spät und werden besser in großen Wintergärten gehalten. Mexiko.

☼ 4 °C ∿ (bei Haltung als mehrjährige Pflanze)

**'Alba'**: Blüten rein weiß. **'Variegata'**: Blätter cremefarben panaschiert.

## Codonopsis
## *(Campanulaceae)*

GLOCKENWINDE

Gattung mit 30 bis 40 überwiegend kletternden, Wurzelknollen bildenden, prachtvollen Arten, die sich durch ihre glocken- oder tellerförmigen Blüten auszeichnen. Das Farbspektrum der Blüten ist groß, manchmal sind sie innen zudem schön gezeichnet. Viele Arten verströmen einen unangenehmen, fuchsartigen Geruch, der Gartenfreunde jedoch nicht abschrecken sollte. Glockenwinden sind in Mittel- und Ostasien, dem Himalaja und Malaysia beheimatet. Die kletternden Arten besitzen windende Triebe, die jeden Winter bis zum Erdboden abfrieren. Blüten fünfteilig, meist einzeln. Die trockenen, selten auch fleischigen Kapselfrüchte enthalten zahlreiche kleine Samen.

Glockenwinden lassen sich leicht aus Samen ziehen und blühen meist im zweiten oder dritten Jahr. Sie gedeihen in feuchten, leichten Böden an Mauern, kommen aber am besten zur Geltung, wenn man sie über einen geeigneten Strauch klettern lässt. Sie gedeihen auch sehr gut in großen Kübeln und können mit verzweigten Stäben und Maschendraht stabilisiert werden.

### C. convolvulacea
Bis 1,5 m hoch, mit dünnen Trieben. Blätter oval bis schmal lanzettlich, 2,5 bis 6 cm lang, ganzrandig oder leicht gezähnt. Blüten tellerförmig, blau oder blauviolett, 2,5 bis 4,5 cm groß, Kelch die Krone in der Knospe umschließend. Blütezeit Spätsommer bis Mitte des Herbsts. Früchte birnenförmig. Oft werden *C. forrestii* und *C. grey-wilsonii* unter dem Namen *C. convolvulacea* angeboten.
Nordmyanmar, äußerster Südwesten Chinas.

☽ –15 °C ∿

### ✓ C. forrestii
Diese Art wird gut 3 m hoch und erinnert an große Exemplare von *C. convolvulacea*. Blätter oval bis lanzettlich, meist ganzrandig, 6 bis 10 cm lang. Blüten tellerförmig, blau bis lavendelfarben, 5 bis 10 cm groß, im Spätsommer und Herbst. Früchte birnenförmig. Die schönste und wüchsigste kletternde Art.
Westchina.

☽ –25 °C ∿

### ✓ C. grey-wilsonii
(*C. nepalensis* hort.)
Bis 2,5 m hoch. Blätter blassgrün, oval, gezähnt, 1,5 bis gut 5 cm lang. Blüten tellerförmig, 5 bis 8 cm groß, blau mit purpurrotem oder violettem Haarkranz in der Mitte. Blütezeit Spätsommer bis Herbst. Früchte kreiselförmig. Oft unter dem Namen *C. forrestii* angeboten.
West- und Zentralnepal.

☽ –25 °C ∿

### ✓ 'Himal Snow' (*C. convolvulacea* 'Alba'): ♈ Blüten rein weiß.

### C. lanceolata
Triebe blassviolett, bis 1 m hoch. Blätter gedrängt an den Enden der Seitenzweige, schmal oval, 2,5 bis 6 cm lang, ganzrandig oder mit rundlichen Zähnen. Blüten hängend, glockenförmig, bis 4 cm lang, blass bläulich oder fliederfarben, innen mit veilchenfarbenen Flecken oder schmalen Streifen. Blütezeit Spätsommer bis Herbst.
China, Japan.

☽ –15 °C ∿

Codonopsis viridis

### C. tangshen

Bis 2 m hoch. Blätter oval, 2,5 bis 6 cm lang. Blüten hängend, glockenförmig, 3 bis 4 cm lang, grünlich mit violettem Ton, innen violett gefleckt und gestreift. Blütezeit Spätsommer und Frühherbst.
Westchina.
☽ –25 °C ✺

### ✓ C. vinciflora

Bis 1,5 m hoch, mit sehr dünnen Trieben. Blätter oval, gezähnt, blassgrün, 1 bis 3,5 cm lang. Blüten tellerförmig, 3 bis 4 cm groß, blau bis blauviolett, Kelchblätter in der Knospe ausgebreitet. Blütezeit Hochsommer bis Herbst. Früchte birnenförmig. Oft mit *C. convolvulacea* verwechselt, lässt sich aber an den Knospen gut unterscheiden.
Süd- und Südosttibet bis Westchina.
☽ –25 °C ✺

### ⊞ C. viridis

Kräftige, Wurzelknollen bildende, windende Pflanze, die bis 3 m hoch wird. Blätter herzförmig bis lanzettlich, wechselständig. Blüten grün, innen

Convolvulus althaeoides

violett oder rot gestreift und gerandet, breit glockenförmig, 2,5 bis 4 cm lang. Blütezeit Sommer und Frühherbst. Eine der größten Arten, wird aber nur selten kultiviert.
Zentral- und Osthimalaja, vor allem in subtropischen Gebieten.
☽ 5 °C ✺

## Convolvulus
*(Convolvulaceae)*

WINDE

Zu dieser Gattung gehört auch die Ackerwinde mit ihren trichterförmigen Blüten. Nur wenige Arten sind lästige Unkräuter, und einige sind wertvolle Gartenpflanzen, von denen man aber lediglich eine der kletternden Arten häufiger sieht. Diese wunderhübsche Pflanze blüht im Sommer an warmen, geschützten Plätzen sehr lange.

### C. althaeoides

Windende, bis 1,5 m hoch kletternde, Ausläufer treibende Staude mit zahlreichen dünnen

Trieben. Blätter graugrün, die unteren oval, die oberen meist tief gelappt. Blüten rosa bis rosaviolett, oft mit dunklem Auge, 2,5 bis 4 cm groß, meist zu 2 oder 3 beisammen. Blütezeit Sommer. Klettert sehr gut an sonnigen Mauern und Zäunen, verdeckt die kahle Basis von Sträuchern und anderen Kletterpflanzen wie etwa Waldreben.
Südeuropa, Türkei.
☼ –10 °C ✺

**ssp. *tenuissimus*** (*C. elegantissimus*): Blätter tiefer gelappt und silbrig, Blüten einzeln. Häufiger erhältlich.

## Cucurbita
*(Cucurbitaceae)*

KÜRBIS

Diese Gattung bringt ansehnliche, leuchtend gelbe Blüten hervor, wird aber vor allem wegen ihrer Früchte kultiviert, die ganz unterschiedliche Formen und Größen zeigen. Besonders bekannt sind der Gartenkürbis und die Zierkürbisse. Kürbisse sind kletternde oder kriechende, einjährige Pflanzen oder Stauden, die in Amerika beheimatet sind und wechselständige, gelappte Blätter sowie gelbe, fünfteilige Blüten hervorbringen. Blüten getrenntgeschlechtig, aber nicht an unterschiedlichen Pflanzen, weibliche meist größer als männliche. Die oft sehr großen Früchte enthalten zahlreiche Samen, die in einem warmen Gewächshaus oder einem Frühbeetkasten bereitwillig keimen. In gemäßigten Klimazonen müssen die jungen Pflanzen vorsichtig abgehärtet werden. Kürbis liebt

feuchte, humose Böden und benötigt im Sommer viel Wasser.

Weil die meisten Kürbisse starkwüchsig sind und eher grob aussehen, ist es schwierig, sie mit anderen Kletterpflanzen zu kombinieren. Man kann mit ihnen jedoch sehr gut große Sichtschutzvorrichtungen oder Zäune begrünen, wo sie mit ihren auffälligen Früchte besonders dekorativ aussehen. Die Früchte vieler Kürbisse können getrocknet und zur herbstlichen und winterlichen Dekoration verwendet werden. Später kann man ihre Samen herauslösen und im nächsten Jahr aussäen.

Die Haupttriebe müssen etwas erzogen werden. Man bindet sie locker an die Kletterhilfe, damit sie in die gewünschte Richtung wachsen. Wenn sie zu lang werden, kann man sie entspitzen.

### C. argyrosperma

Die glatten Triebe dieser Art klettern mit ihren Ranken bis 6 m hoch. Blätter herz- oder nierenförmig, flach gelappt. Blüten gelb, 5 bis 6 cm groß, im Sommer. Früchte rundlich bis eiförmig, gräulich weiß mit grünen Streifen, 15 bis 20 cm groß.
Mexiko.
☼ 0 °C ✺

### ✓ C. ficifolia

Bis 9 m und manchmal höher kletternde Staude. Blätter blassgrün, zuweilen marmoriert, oval oder rundlich mit herzförmigem Grund und 5 rundlichen Lappen, an die Blätter des Feigenbaums erinnernd. Blüten gelb oder blassorange, 7 bis 12 cm groß, im Hochsommer und Spätsommer. Früchte bis

30 cm lang, rundlich oder eiförmig, grün mit weißen Flecken oder Streifen, mit schwarzen oder braunen Samen.
Mittel- und Südamerika.
☼ 5 °C ✿

### ✓ *C. pepo*
GARTENKÜRBIS, ZIERKÜRBIS, ZUCCHINI

Einjährige Art mit rauen, dem Boden aufliegenden oder 3 bis 4 m hoch kletternden Trieben, die Ranken tragen. Blätter ebenfalls rau, herzförmig, mit 5 stumpf gezähnten Lappen. Blüten tiefgelb, 7,5 bis 10 cm groß, mit spitzen Zipfeln, im Sommer geöffnet. Früchte hinsichtlich Größe, Form und Farbe sehr variabel, glatt oder warzig. Die wegen ihrer dekorativen Früchte kultivierten Zierkürbisse sind ebenfalls Formen dieser Art. Ihre Früchte können getrocknet und als Dekoration verwendet werden. Süden der USA, nördliches Mittelamerika.
☼ 5 °C ✿

## Cynanchum
## (*Asclepiadaceae*)

Mit der Wachsblume (*Hoya*) verwandte Gattung mit windenden Trieben. Blätter gegenständig, Blüten klein, fünfzipfelig, mit tassenartiger Nebenkrone in der Mitte, in Büscheln. Balgfrüchte aus 2 fleischigen, zugespitzten, hülsenartigen Teilfrüchten. Diese dekorative, ungewöhnlich aussehende Pflanze sollte häufiger in Gärten kultiviert werden. Sie kommt sehr gut zur Geltung, wenn man sie an einem Strauch emporklettern lässt.

### *C. acutum*
Bis 3,5 m hoch. Blätter lanzettlich, bis 15 cm lang, mit herzförmigem Grund. Blüten duftend, mit unbehaarter Nebenkrone, weiß oder rosa, etwa 1cm groß, in achselständigen Büscheln. Blütezeit Hochsommer. Reife Balgfrüchte ungefähr 7 cm lang.
Südeuropa.
☼ −5 °C ✿

## Dicentra
## (*Fumariaceae*)

Wohl jeder Gartenfreund kennt das Tränende Herz (*Dicentra spectabilis*), doch nur wenige wissen, dass die Gattung *Dicentra* auch einige attraktive kletternde Stauden enthält, die meist mit fein verzweigten Ranken an den Blattspitzen klettern. Blüten herzförmig, mit 4 Kronblättern, die äußeren Kronblätter recht flach und unten sackartig erweitert. *Dicentra* liebt feuchte, durchlässige Lehmböden und lässt sich aus Samen oder durch vorsichtiges Teilen alter Wurzeln gut vermehren. Am schönsten wirkt sie, wenn man sie an Sträuchern emporklettern lässt.

### *D. chrysantha*
(*Dielytra chrysantha*)
Die bis 1,5 m hohen Triebe dieser Art sind unten verholzt und klimmen. Die Art besitzt keine Ranken, Blätter blass bläulich grün, in zahlreiche linealische oder keilförmige Blättchen zerteilt, 1,5 bis 4 cm lang. Blüten hellgelb, 1,2 bis 2,5 cm lang, in aufrechten, endständigen Trauben. Blütezeit Sommer bis Frühherbst. Diese Art wurde

von David Douglas entdeckt und 1852 erstmals kultiviert. In Kultur kurzlebig, muss regelmäßig aus Samen vermehrt werden. Wächst in der freien Natur an trockenen, sonnigen Hängen, gedeiht in Kultur daher am besten auf leichten Lehmböden am Fuß sonniger Südmauern.
USA (Kalifornien).
☼ −10 °C ✿

### ✓ *D. scandens*
(*D. macrocapnos, D. thalictrifolia*)
Grazile, mit Ranken kletternde Art, die bis 4 m hoch wird, meist aber niedriger bleibt. Triebe dickfleischig, blassgrün. Blätter blass bläulich grün, mit ovalen bis lanzettlichen, 5 mm bis 3 cm langen Blättchen. Blüten hängend, gelb, gut 2 cm lang, in überhängenden Büscheln, im Spätsommer und Herbst geöffnet. Früchte elliptisch, hängend, blassgrün, bis 2,5 cm lang.
Zentral- und Osthimalaja.
☽ −20 °C ✿

### *D. torulosa*
Kletterpflanze mit knolligen Wurzeln und dünnen, bis 3 m hoch kletternden Trieben, die Ranken tragen. Blätter graugrün, mit zahlreichen schmalen, elliptischen, 5 bis 20 mm langen Blättchen. Blüten gelb, etwa 1,5 cm lang, in überhängenden Trauben. Blütezeit Spätsommer bis Frühherbst. Den Artnamen *torulosa* (»mit kleinen Wülsten«) erhielt die Pflanze wegen ihrer dünnen, 4,5 bis 6 cm langen Schoten, die zwischen den einzelnen Samen eingeschnürt sind.
Südwestchina, Indien (Assam).
☽ −15 °C ✿

## Dioscorea
## (*Dioscoreaceae*)

YAMSWURZEL

Viele Yamswurzeln werden in den Tropen und Subtropen wegen ihrer essbaren Knollen kultiviert, einige Stauden dieser Gattung jedoch auch als Zierpflanzen.

Die Gattung *Dioscorea* umfasst ungefähr 200 überwiegend tropische, windende Kletterpflanzen mit dekorativen, meist herzförmigen oder gefingerten Blättern. Die Mehrzahl bildet große Wurzelknollen. Die Batate oder Süßkartoffel (*D. batatas*) wird in vielen tropischen Ländern wegen ihrer essbaren Knollen angebaut. Nur wenige *Dioscorea*-Arten eignen sich für den Freilandanbau in gemäßigten Klimazonen. Ihre Knollen werden am besten im Herbst aus dem Boden genommen und den Winter über in Sand an einem kühlen, frostsicheren Ort gelagert. Nach den letzten Frühjahrsfrösten pflanzt man sie wieder aus. Yamswurzeln benötigen sonnige, geschützte Lagen und leichte, durchlässige Böden, in die gut verrotteter Stallmist eingearbeitet wurde. Während der Wachstumsperiode brauchen sie viel Wasser, doch wenn die Triebe im Herbst abzusterben beginnen, sollte die Wasserzufuhr langsam eingeschränkt werden. Blüten klein, getrenntgeschlechtig, meist aber nicht an unterschiedlichen Pflanzen. Weibliche Blüten in kleinen Büscheln, männliche in langen, schlanken Trauben oder Ähren. Schöne, üppige Kletterpflanzen für Pergolen und Zäune.

### D. balcanica

Knollen klein, rundlich, 2 cm groß. Triebe bis 1,5 m hoch. Blätter oval bis herzförmig, wechsel- oder gegenständig, mit 9 Adern. Blüten klein und unscheinbar, grünlich, im Sommer geöffnet. Früchte in überhängenden, 2,5 cm langen Ähren.

Südwesten des ehemaligen Jugoslawien, Albanien.

☼ ☽ –20 °C ✀

### D. batatas

BATATE, SÜSSKARTOFFEL

Knollen groß, länglich, ausgewachsen 60 bis 90 cm lang, tief in den Boden vordringend. Triebe glatt, 2 bis 3,5 m hoch, grün oder leicht violett. Blätter gegenständig, groß, glänzend tiefgrün, herz- oder leierförmig, mit 7 bis 9 deutlichen Adern, die unteren Blätter meist mit Brutknollen in den Achseln. Blüten klein, weiß, angenehm nach Zimt duftend, im Hochsommer und Spätsommer geöffnet.

Philippinen.

☽ –5 °C ✀

### D. caucasica

Wurzeln dick, horizontal und rhizomartig. Triebe 1 bis 3 m hoch. Blätter herzförmig mit welligem, manchmal gelapptem Rand, untere zu 3 bis 5 in Quirlen, die übrigen meist gegenständig, unterseits weich behaart. Blüten klein, grünlich, in schlanken, lockeren Trauben in den oberen Blattachseln, im Hochsommer und Spätsommer geöffnet. Früchte mit 3 breiten, rundlichen, papierartigen Flügeln, etwa 2 cm groß.

Kaukasus.

☽ –20 °C ✀

## Eccremocarpus
## (Bignoniaceae)

Kleine Gattung attraktiver, kletternder südamerikanischer Halbsträucher. Eine Art (*E. scaber*) wird verbreitet kultiviert und meist wie eine einjährige Pflanze behandelt. In milden Gebieten ist sie jedoch mehrjährig. Sie besitzt fein eingeschnittene Blätter und zahlreiche leuchtend gefärbte röhrenförmige Blüten, die meist Gelb-, Orange- oder Rottöne zeigen. Passt sehr gut zu anderen Kletterpflanzen wie Waldreben, Heckenkirschen und Rosen und ebenso zu Sträuchern, denn die eingeschnittenen Blätter und die zu Trauben vereinigten Röhrenblüten sorgen für Farbakzente, wenn die Blütezeit der benachbarten Kletterpflanzen bereits vorüber ist. Gut aus Samen zu vermehren, die im zeitigen Frühjahr gesät und bei ungefähr 15 °C angezogen werden. Wenn man junge Pflanzen entspitzt, wachsen sie buschiger. Die Pflanzen sind auch in subtropischen Gärten kurzlebig, setzen meist aber reichlich Samen an, der auch in gemäßigtem Klima ausreift.

### ⊞ E. longiflorus

Wie die bekanntere Art *E. scaber*, Triebe jedoch mit zahlreichen roten Haaren. Blüten an hängenden Stielen, gelb mit grünen Lappen, röhrenförmig und leicht gebogen, 2,5 bis 3,5 cm lang, mit kontrastierendem rotem Kelch. Blütezeit Sommer.

Peru.

☼ ☽ –5 °C ⅄ꜰ

Eccremocarpus scaber

### ✓ ⊞ E. scaber

SCHÖNRANKE

Kletternder Halbstrauch mit dünnen, gerippten, bis 4 m hohen Trieben. Blätter gegenständig, doppelt gefiedert und in einer feinen, verzweigten Ranke endend. Blüten in lang gestielten Trauben, nickend, orangerot, röhrenförmig, gut 2 cm lang, mit schmaler Mündung, die von 5 kleinen, rundlichen Zipfeln begrenzt wird. Blütezeit Sommer bis Mitte des Herbsts. Fruchtkapseln aufgeblasen, etwa 3,5 cm lang, mit zahlreichen kleinen, papierartig geflügelten Samen. Die Schönranke gehört zu den besten Kletterpflanzen für geschützte, halbschattige oder sonnige Lagen. In gemäßigten Klimazonen sterben die oberirdischen Triebe bei ca. –5 °C ab, doch treiben die Pflanzen anschließend von unten her oft wieder aus. Nur wenige Kletterpflanzen blühen so lange Zeit.

Chile.

☼ ☽ –5 °C ⅄ꜰ

'Aureus': Blüten goldgelb. 'Carmineus': Blüten karminrot. 'Roseus': Blüten hellrosa. Anglia-Hybriden: mit gelben, roten, rosafarbenen, scharlachroten oder purpurroten Blüten.

## Echinocystis
## (Cucurbitaceae)

IGELGURKE

Amerikanische Gattung mit 15 einjährigen Arten, deren getrenntgeschlechtige Blüten an ein und derselben Pflanze stehen. Igelgurken klettern mit verzweigten Ranken, ihre Blütenkronen besitzen 5 oder 6 Zipfel. Früchte trocken und stachelig.

### E. lobata

Raschwüchsige, bis 8 m hohe Art. Triebe kahl oder leicht behaart. Blätter wechselständig, ungefähr 5 cm lang, mit 3 bis 7 tiefen, dreieckigen, gezähnten Lappen. Blüten grünlich weiß, 10 bis 15 mm groß; weibliche einzeln in den Blattachseln, männliche in Rispen. Blütezeit Hochsommer bis Frühherbst. Früchte eiförmig, 3 bis 5 cm lang, mit langen, dünnen Stacheln besetzt. Ungewöhnliche Pflanze, die gut an Drähten an einer Mauer oder an Gitterwerk klettert. Sie benötigt einen nährstoffreichen Boden und reichlich Wasser. In Teilen Mittel- und Südosteuropas verwildert. Östliches Nordamerika.

☼ –5 °C ✀

## Gloriosa
## (Liliaceae)

RUHMESKRONE

Zu dieser Gattung gehört nur eine variable Art – eine Staude, deren Wurzelknollen je-

*Ruhmeskrone* (Gloriosa superba)

weils ein bis vier Triebe hervorbringen. Die Ruhmeskrone ist bekannt für ihre farbenprächtigen, eleganten Blüten mit zurückgeschlagenen Blütenblättern und vorstehenden, ausgebreiteten Staubblättern. Man sollte Ruhmeskronen an einen sonnigen Ort in durchlässigen Boden pflanzen. Sie eignen sich auch für nährstoffarme Böden, sind aber während des aktiven Wachstums für eine Düngung dankbar. In kühlen Gebieten kann man die Knollen unter Glas in Töpfen vorziehen und im Sommer ins Freiland pflanzen. Wenn die Triebe im Herbst abzusterben beginnen, wird das Gießen eingestellt. Über Winter werden die Knollen an einem frostsicheren Ort gelagert. Wer Ruhmeskronen in einem Wintergarten hält, kann die Knollen den Winter über im Boden lassen, wenn dieser trocken gehalten wird. Vermehrung aus Samen, die aber nur langsam keimen, oder durch Teilung der Knollen. Alle Teile der Pflanze sind äußerst giftig.

### ▦ *G. superba* ♀

Triebe dünn, bis 2,5 m hoch kletternd. Blätter sitzend, schmal oval bis länglich, in jeweils einer Ranke endend. Blüten einzeln in den Blattachseln, lang gestielt, mit 6 Staubblättern und 6 zurückgeschlagenen, 4 bis 10 cm langen Blütenblättern, gelb, rot, violett oder zweifarbig und oft mit welligem oder gekräuseltem Rand. Griffel unten im rechten Winkel gebogen. Blütezeit Sommer und Herbst. Die Blüten ändern mit zunehmendem Alter oft ihre Farbe. Tropen der Alten Welt.
☼ ◑ 8 °C ✿

'Rothschildiana' (*G. rothschildiana*): Blütenblätter zunächst scharlachrot und später dunkler, in der Mitte mit gelbem Streifen. 'Superba': Blütenblätter schmal, zunächst gelblich grün und später orange und rot, Rand stark wellig oder gekräuselt.

### Humulus
### (Cannabaceae)

HOPFEN

Die bekannte, zum Bierbrauen verwendete Art *H. lupulus* ist nicht die einzige Art dieser Gattung windender Stauden mit gegenständigen, recht rauen Blättern. Männliche und weibliche Blüten an unterschiedlichen Pflanzen; männliche in lockeren Rispen, weibliche in kurzen, mit Hochblättern versehenen Ähren, die grünlichen Zapfen ähneln. Hopfen eignet sich für die meisten durchschnittlichen Gartenböden. Er begrünt Mauern, Pergolen und Zäune rasch und dicht. Man kultiviert ihn vor allem wegen seines attraktiven Laubs. Weibliche Pflanzen tragen ab Spätsommer dekorative Fruchtstände aus papierartigen Blättchen.

### *H. japonicus*
### (*H. scandens*)
JAPANISCHER HOPFEN

Bis 10 m hoch kletternde Art. Blätter mit 5 oder 7 Lappen, tief gezähnt. Blüten grünlich, vom Hochsommer bis zum Frühherbst geöffnet. Weibliche Blütenstände, grün mit purpurfarbenem Ton, bis 2 cm groß. Fruchtstände ebenso groß. Diese Art wird meist als einjährige Pflanze gehalten, ist raschwüchsig und bildet üppiges grünes Blattwerk, vor das man Pflanzen mit leuchtenden Blütenfarben setzen kann. Erträgt kaum länger andauernden Frost. Gemäßigte Gebiete Ostasiens.
☼ ◑ −5 °C ✿

'Lutescens': Blätter blass goldfarben bis lindgrün. 'Variegatus': Blätter panaschiert, mit weißen Streifen.

### *H. lupulus*
GEMEINER HOPFEN

Bis 6 m hohe Pflanze mit rauen Trieben. Blätter meist drei- oder fünflappig und grob gezähnt. Blüten grünlich; männli-

Humulus lupulus 'Aureus'

che ungefähr 5 mm groß, weibliche in 15 bis 20 mm langen Ähren. Blütezeit Hochsommer bis Frühherbst. Die überhängenden, 3 bis 5 cm langen weiblichen Blütenstände werden beim Bierbrauen verwendet. Diese Art wird weltweit in vielen gemäßigten Gebieten als Nutzpflanze kultiviert. Im Ziergarten wirkt sie eher grob, ist aber dekorativ, wenn sie fruchtet. Bevorzugt Halbschatten, breitet sich an zusagenden Plätzen durch unterirdische Ausläufer stark aus.
Europa, Westasien.
☼ ◑ −25 °C ✿

✓ 'Aureus': ♀ mit attraktiven goldfarbenen Blättern, verlangt sonnige Lage.

### Ipomoea
### (Convolvulaceae)

PRUNKWINDE

Beliebte, attraktive Pflanzen, mit den Winden (*Convolvulus*) verwandt, in den Subtropen beider Erdhalbkugeln beheimatet. Sie werden wegen ihrer

Blüten kultiviert, die zwar kurzlebig, aber groß und farbenprächtig sind und sich den ganzen Sommer über in großer Zahl öffnen. Diese raschwüchsigen Pflanzen eignen sich hervorragend als Sichtschutz.

Zu der Gattung *Ipomoea* gehören mehr als 500 Arten, von denen nur eine Minderheit kultiviert wird. In gemäßigten Klimazonen gedeihen lediglich wenige Prunkwinden im Freiland, und sie benötigen dort warme, geschützte Standorte. Prunkwinden sind überwiegend windende, immergrüne oder Laub abwerfende Kletterpflanzen mit wechselständigen, herzförmigen oder unterschiedlich gelappten Blättern. Die auffälligen trichter- oder röhrenförmigen Blüten öffnen sich bei Sonnenschein. Sie halten nur einen Tag, werden aber den ganzen Sommer über in großer Zahl gebildet.

In Kultur benötigen die meisten Arten viel Platz. Sie klettern gern an Gitterwerk empor, das an Mauern oder Säulen befestigt ist. Man kann sie sehr gut mit anderen Kletterpflanzen wie etwa Waldreben kombinieren und sich an ihren farbenprächtigen Blüten erfreuen, wenn die benachbarten Pflanzen bereits verblüht sind. Prunkwinden brauchen warme Lagen und während der Vegetationsperiode reichlich Wasser, geschützte Standorte und nährstoffreichen, feuchten Lehmboden. Vor der Pflanzung sollte man gut verrotteten Stallmist in den Boden einarbeiten oder als Mulchmaterial verwenden. Auch für Wände von Wintergärten sind die meisten Prunkwinden gut geeignet. Sie lassen

*Sternwinde* (Ipomoea coccinea)

sich leicht aus Samen heranziehen, müssen aber vorsichtig umgepflanzt werden, weil die Jungpflanzen auf Störungen empfindlich reagieren.

### ✓ ▦ *I. alba*
*(I. bona-nox, Calonyction acuminatum)*
Kräftig wachsende, bis 5 m hoch kletternde Staude. Triebe oft mit kleinen, knollenartigen Ver-

Ipomoea hederacea

dickungen. Blätter rundlich bis herzförmig, lang zugespitzt. Blüten tellerförmig, weiß, außen grünlich, 7 bis 14 cm groß, im Sommer, duftend. In den Tropen ein lästiges Unkraut. Pantropisch.
☼ –5 °C ✿

**'Giant White'**: Blüten rein weiß.

### ✓ ▦ *I. coccinea*
*(Quamoclit coccinea)*
STERNWINDE
Bis 3 m hohe Staude. Blätter variabel, meist herz- oder pfeilförmig, schlank zugespitzt, eckig, gezähnt oder ganzrandig. Blüten duftend, leuchtend scharlachrot, etwa 2 bis 3,5 cm lang, mit gelbem Schlund, vom Spätsommer bis zur Mitte des Herbsts in großer Zahl geöffnet. Osten, Süden und Mitte der USA, Mittelamerika.
☼ 10 °C ✿

**var. *hederifolia*** (*I. hederifolia, Mina sanguinea*): Blätter drei- oder fünflappig. **'Luteola'**: Blüten gelb oder orange.

### *I. hederacea*
*(Pharbitis hederacea)*
Einjährige Art, die 3 bis 5 m hoch klettern kann. Blätter herzförmig, ungeteilt oder dreilappig, zugespitzt. Blüten einzeln oder zu zweit, trichterförmig, blassblau, rosa, rot oder violett, 2,5 bis 5 cm groß. Blütezeit Hochsommer bis Frühherbst. Oft mit *I. nil* verwechselt, aber mit kleineren Blüten und schmaleren ausgebreiteten oder zurückgeschlagenen Kelchblättern.
Süden der USA bis Argentinien.
☼ 0 °C ✿

### ▦ *I. × imperialis*
JAPANISCHE KAISERWINDE
Vermutlich eine Form von *I. nil*. Blüten gefüllt, gerieft, blau bis

blauviolett. In Kultur in Japan entstanden.
☼ −5 °C ✿

### ⊞ *I. indica* ♀
*(I. acuminata, I. congesta)*
Raschwüchsige, bis 6 m hoch windende Staude. Blätter herzförmig, ungeteilt oder dreilappig. Blüten trichterförmig, blau oder bläulich violett, 6 bis 8 cm groß, in Büscheln, nur eine oder zwei gleichzeitig geöffnet. Blütezeit Spätsommer bis Herbst. Diese Art wird oft mit *I. purpurea* verwechselt, ist aber an den fein behaarten (nicht borstigen) Kelchblättern leicht zu erkennen. Pantropisch, dort manchmal ein hartnäckiges Unkraut.
☼ 0 °C ✿

**'Leari'** *(I. leari, Pharbitis leari)*: Blätter vor allem unterseits silbrig behaart.

### *I. jalapa*
*(Batatas jalapa)*
Diese Art kann 5 bis 8 m hoch klettern und bildet dicke, holzige Wurzelknollen. Blätter membranartig dünn, dreieckig bis herzförmig, ungeteilt oder dreilappig, zugespitzt. Blüten schmal trichterförmig, in Paaren, rot bis purpurrosa oder weiß, 5 bis 6,5 cm lang, im Sommer. Die Knollen können recht groß und schwer werden; sie wirken abführend.
Süden der USA, Mexiko.
☼ 5 °C ✿

### ⊞ *I. × multifida*
*(I. × sloteri)*
Einjährige Hybride zwischen *I. coccinea* und *I. quamoclit*. Blätter tief drei- bis siebenlappig. Blüten tiefrot, bis 2,5 cm groß, im Sommer geöffnet.
In Kultur entstanden.
☼ −10 °C ✿

Ipomoea purpurea, *Farbenvielfalt der Blüten*

### *I. nil*
*(I. imperialis, Pharbitis nil)*
Einjährige oder ausdauernde, bis 5 m hoch windende Art mit behaarten Trieben. Blätter herzförmig, ungeteilt oder dreilappig. Blüten trichterförmig, zunächst blass- bis leuchtend blau, später meist rot oder rötlich violett, mit weißer Röhre, 4 bis 5 cm groß. Blütezeit Sommer bis Frühherbst. Wird in vielen tropischen und subtropischen Gebieten kultiviert, ist in einigen Gegenden zum lästigen Unkraut geworden. *I. nil* wird manchmal unter dem Namen *I. acuminata* angeboten, doch dieser ist ein Synonym von *I. indica*.
Nordamerika.
☼ −5 °C ✿

**'Chocolate'**: Blüten blass schokoladenbraun. **'Early Call'**: Blüten scharlachrot mit weißer Röhre, 7 cm groß. **'Flying Saucers'**: Blüten blau und weiß marmoriert. ✓ **'Limbata'**: Blüten violett bis purpurn mit weißem Rand. ✓ **'Scarlet O'Hara'**: Blüten tiefrot. **'Scarlet Star'**: Blüten kirschrot mit weißer, sternförmiger Mitte.

### *I. pandurata*
*(Convolvulus panduratus)*
Bis 4 m hoch windende Staude mit langen, knolligen Wurzeln. Blätter herzförmig, ungeteilt, geigenförmig oder dreilappig, unterseits fein flaumhaarig. Blüten breit trichterförmig, 7,5 bis 10 cm groß, in kleinen, achselständigen Büscheln, weiß mit dunkelviolettem Schlund. Blütezeit Sommer. Oft in Gärten anzutreffen und dekorativ, wohl die härteste mehrjährige Art. In verschiedenen warmen Ländern ein lästiges Unkraut, das wegen seiner langen, knolligen Wurzeln nur sehr schwer zu bekämpfen ist.
Nordamerika.
☼ −10 °C ✿

### *I. purpurea*
*(Convolvulus purpurea, Pharbitis purpurea)*
Einjährige oder mehrjährige Art mit behaarten, 3 bis 5 m hoch windenden Trieben. Blätter herzförmig, ungeteilt oder dreilappig. Blüten einzeln oder zu mehreren beisammen, 5 bis 7,5 cm groß, dunkelviolett bis blauviolett oder rötlich, mit weißer Röhre. Blütezeit Hochsommer bis Frühherbst. Diese häufig gezüchtete Art wird schon seit 1629 kultiviert. Sie wird oft mit *I. indica* und *I. nil* verwechselt, kann aber an ihren borstig behaarten Kelchblättern von diesen beiden Arten unterschieden werden, zudem ist sie härter.
Mittelamerika, heute pantropisch und vielfach ein Unkraut.
☼ ◐ −5 °C ✿

**'Alba'**: Blüten weiß. ✓ **'Dickensonii'**: Blüten blau. **'Flore-pleno'**: Blüten gefüllt, bläulich weiß mit violetten Streifen; spät blühend. ✓ **'Huberi'**: Blüten rosa bis violett, mit weißem Rand; Blätter silbrig gerandet. ✓ **'Kermesiana'**: Blüten scharlachrot. ✓ **'Rosea'**: Blüten rosarot mit rötlichem Ton. **'Tricolor'**: Blüten blau mit roten und weißen Streifen; nicht zu verwechseln mit der Art *I. tricolor!* **'Violacea'**: Blüten gefüllt, kräftig violett.

### ✓ ⊞ *I. quamoclit*
*(Quamoclit pinnata)*
Die glatten Triebe dieser einjährigen Art können 5 bis 7 m hoch klettern. Blätter an Farnwedel erinnernd, kurz gestielt oder sitzend, fein fiederschnittig, mit zahlreichen linealischen Lappen. Blüten scharlachrot, zu 1 bis 5 beisammen, etwa 2 cm groß, mit schmalem Schlund, der sich in einen flachen, fünfzipfeligen Saum erweitert. Blütezeit Hochsommer

Ipomoea tricolor *'Heavenly Blue'*

bis Herbst. Schöne, ungewöhnlich aussehende Art mit fein eingeschnittenen Blättern und leuchtend gefärbten Blüten. Tropisches Amerika.
☼ −5 °C ✀

**'Alba'**: Blüten weiß.

### ⊞ *I. tricolor*
*(I. rubrocaerulea, Pharbitis rubrocaerulea, P. tricolor)*
Kurzlebige Staude, die am besten wie eine einjährige Art behandelt wird, kann 7 m hoch werden, bleibt aber meist viel niedriger. Blätter herzförmig, blassgrün bis mittelgrün. Blüten trichterförmig, in der Knospe weißlich und später rötlich violett, azurblau oder porzellanblau, 7,5 bis 10 cm groß. Blütezeit Hochsommer bis Herbst. Diese schöne Pflanze wird vor allem in Wintergärten gehalten, gedeiht aber auch an sonnigen, geschützten Mauern im Freiland. Sie erregte vor einigen Jahren erhebliches Aufsehen, als man entdeckte, dass die Samen kleine Mengen der Droge LSD enthalten.
Mexiko.
☼ 0 °C ✀

**'Blue Star'**: Blüten himmelblau mit dunkleren Streifen. ✓ **'Crimson Rambler'**: Blüten purpurrot mit weißer Röhre. ✓ **'Heavenly Blue'**: bis 3 m hoch, mit großen, porzellanblauen Blüten. ✓ **'Heavenly Blue Improved'**: ♀ Blüten noch größer, hellblau mit weißem Schlund. **'Pearly Gates'**: Blüten blau, weiß marmoriert. **'Summer Skies'**: Blüten himmelblau. ✓ **'Wedding Bells'**: Blüten lavendelfarben-rosa.

## Jacquemontia
### (Convolvulaceae)

Ähnelt *Ipomoea*, Blüten jedoch mit zwei Narben statt nur einer. Die unten beschriebene Art wird wegen ihrer wunderschönen blauen Blüten kultiviert, die sich über viele Monate hinweg öffnen. Vermehrung aus Samen oder durch Stecklinge.

### *J. pentantha*
Staude mit dünnen, bis 3 m hoch kletternden Trieben. Blätter herzförmig. Blüten glockenförmig, blau mit weißer Mitte, ungefähr 2,5 cm groß, zu 5 bis 12 in lockeren Büscheln. Blütezeit Frühjahr und Sommer. Die Blüten beginnen sich bereits in der Mitte des Nachmittags zu schließen, doch diese Pflanze blüht fast das ganze Jahr über reich.
USA (Florida), Antillen und Bahamas.
☼ 16 °C ⅄ꜰ

## Lablab
### (Leguminosae)

Dekorative, windende Bohne, die wegen ihrer auffälligen Blüten und der zahlreichen farbenfrohen Früchte kultiviert

*Helmbohne* (Lablab purpureus)

wird, einige Arten sind auch wichtige Nahrungspflanzen. Sie bildet einen dichten und raschwüchsigen Sichtschutz, und ihre Früchte sind ebenso hübsch wie die Blüten. Besonders eindrucksvoll, wenn man sie an einem Dreifußgestell aus langen Stäben oder auch an einem Maschendrahtzaun hält.

### *L. purpureus*
*(Dolichos lablab)*
HELMBOHNE
Wüchsige, bis 6 m hoch windende Pflanze. Blätter wechselständig, mit 3 ovalen bis dreieckigen Blättchen. Schmetterlingsblüten in lang gestielten Trauben, violett bis malvenfarben, vom Hochsommer bis zur Mitte des Herbsts geöffnet. Hülsenfrüchte länglich, bis 15 cm lang, glänzend purpurrot-violett, essbar. In kühleren Gebieten wird diese Bohne meist wie eine einjährige Pflanze gehalten. Ihre Samen keimen am besten bei ungefähr 18 °C. Die Pflanzen benötigen während des Sommers reichlich Wasser.
Asien.
☼ ◑ 0 °C ⅄ꜰ

## Lagenaria
### (Cucurbitaceae)

Diese Kürbisgewächse werden wegen ihrer auffallenden, sehr

interessanten Früchte kultiviert. Die Gattung umfasst sowohl einjährige als auch ausdauernde, mit Ranken kletternde Arten. Blätter wechselständig, Blattstiele oben mit einem Drüsenpaar. Blüten getrenntgeschlechtig, aber an einer Pflanze. Standort und Pflege wie *Cucurbita*. Die Vermehrung erfolgt aus Samen.

### L. siceraria

(*L. vulgaris*)

FLASCHENKÜRBIS, KALEBASSE
Einjährige Art mit bis zu 10 m hoch kletternden Trieben. Blätter oval bis herzförmig, gezähnt, flaumhaarig. Männliche Blüten einzeln, weiß, mit 5 Kron- und 3 Staubblättern. Weibliche Blüten ebenfalls einzeln und weiß, glockenförmig, kleiner als die männlichen. Früchte hinsichtlich der Größe enorm variabel (7,5 bis 90 cm), fast kugelig bis flaschenförmig, grün oder gelblich, flaumhaarig. Diese Art wird vor allem wegen der sehr dekorativen Früchte kultiviert, die in tropischen Ländern schon lange Zeit als Gefäße verwendet werden. Die zahlreichen Kulturformen bilden unterschiedlich geformte Früchte. Flaschenkürbisse gedeihen in gemäßigten Klimazonen nur in warmen Lagen. Verbreitet in den tropischen Gebieten aller Kontinente.
☼ 10 °C ✺

### Lathyrus
#### (Leguminosae)

PLATTERBSE

Zu dieser prächtigen Gattung gehören unter anderem die beliebte Staudenwicke und die Duftwicke, beide mit in Ranken endenden Blättern und auffälligen Blütentrauben. Die Gattung umfasst etwa 130 Arten, die in den gemäßigten nördlichen Gebieten sowie in den Bergen Südamerikas und des tropischen Afrikas beheimatet sind. Platterbsen sind einjährig oder Stauden, viele klettern mit Blattranken. Ihre Blüten sind typische Schmetterlingsblüten. Die länglichen, zusammengedrückten Hülsenfrüchte springen bei der Reife in der Mitte auf, wobei die Samen ziemlich weit herausgeschleudert werden.

Platterbsen lassen sich leicht aus Samen vermehren. Manche Gartenfreunde lassen die hartschaligen Samen vorkeimen oder vor dem Aussäen für 24 Stunden in Wasser quellen. Die Sämlinge können entspitzt werden, damit ihre Seitentriebe kräftiger wachsen. Die mehrjährigen Arten können auf gleiche Weise ausgesät werden, man zieht sie

Lathyrus grandiflorus

aber am besten in Töpfen vor. An zusagenden Standorten säen sich die Pflanzen gern selbst aus, diese Sämlinge sollten umgepflanzt werden, wenn sie noch recht jung sind.

Die kletternden Arten, vor allem die Staudenwicke (*L. latifolius*), klettern gut in Büschen und an alten Mauern, Zäunen und Gitterwerk. Dünne Stäbe sind ideale Kletterhilfen, Duftwicken gedeihen auch hervorragend an 2 bis 3 m hohen Stangen. Die meisten Arten lieben feuchte Lehmböden, in die reichlich gut verrotteter Stallmist oder Kompost eingearbeitet wurde. Wenn nicht anders angegeben, klettern die unten vorgestellten Arten mit Ranken.

### ✓ L. grandiflorus

Bis 1,5 m hohe Staude mit ungeflügelten Trieben. Blätter meist mit 2 (manchmal auch 3) ovalen Blättchen. Blüten zu 1 bis 4 beisammen, schwach duf-

Lathyrus latifolius

tend, violett mit veilchenfarbener Fahne und rosa Schiffchen, 2,5 bis 3 cm lang, im Sommer geöffnet. Hülsenfrüchte unbehaart, 6 bis 9 cm lang. Bildet einen hübschen, reich blühenden niedrigen Sichtschutz, mit dem man die kahle Basis anderer Pflanzen wie etwa Waldreben sehr gut verdecken kann. Die Pflanzen haben einen kräftigen Wurzelstock, breiten sich unterirdisch aus und sind oft nicht leicht in Schach zu halten. Südeuropa.
☼ ◑ –20 °C ✺

### L. heterophyllus

Wie *L. latifolius*, Blätter aber mit 2 oder 3 Blättchenpaaren und kleineren Blüten. Blütezeit Sommer.
Mittel- und Westeuropa.
☼ –25 °C ⚘

### L. laetiflorus

Wie *L. violaceus*, Blüten länger (bis zu 2,5 cm) und in längeren Trauben, rein weiß oder mit rosa Ton, Fahne rosa oder violett geadert. Blütezeit Früh- bis Hochsommer.
USA (Kalifornien).
☼ –5 °C ✺

*Duftwicke* (Lathyrus odoratus)

### L. latifolius ♀
STAUDENWICKE
Robuste Staude, deren stark geflügelte Triebe bis 3 m hoch wachsen können, meist aber niedriger bleiben. Blätter mit einem Paar bläulich grüner, lanzettlicher bis fast runder Blättchen, 4 bis 10 cm lang. Blüten rosaviolett, 2 bis 3 cm groß, zu 5 bis 15 in Trauben. Blütezeit Hochsommer bis Frühherbst. Hülsenfrüchte unbehaart, 5 bis 11 cm lang. Diese attraktive Art zeichnet sich durch eine lange Blühperiode aus. Sie verträgt es nicht gut, umgepflanzt zu werden, und benötigt zum Anwachsen oft ein oder zwei Jahre. Hervorragend, um den unteren Teil anderer Kletterpflanzen – zum Beispiel Rosen und Waldreben – zu bedecken; auch sehr schön, wenn sie eine Böschung hinunterwächst.
Mittel- und Südeuropa.
☼ –25 °C ⚘F

'Albus': Blüten weiß mit einer Spur Grün. ✓ 'Blushing Bride': Blüten weiß mit rosa Ton. ✓ 'Pink Beauty': Blüten dunkelviolett und rot. 'Pink Pearl': Blüten rosa. 'Red Pearl': Blüten karminrot. ✓ 'Snow Queen': Blüten rein weiß, in lang gestielten Trauben. ✓ 'Splendens': Blüten tiefrosa. 'White Pearl' ('Weiße Perle'): ♀ Blüten rein weiß.

### ⊞ L. nervosus
(*L. magellanicus*)
Kurzlebige Staude, bis 2 m hoch, meist aber niedriger. Blätter blaugrün, recht fleischig, mit einem Paar ovaler bis länglicher Blättchen. Blüten blauviolett, etwa 2 cm groß, in vielblütigen, lang gestielten Trauben. Blütezeit Sommer bis Frühherbst. Diese schöne Art wurde 1744 von Admiral Lord Anson als Kulturpflanze eingeführt. Sie ist nur selten in Gärten zu finden und sollte häufiger kultiviert werden. Die Pflanzen benötigen geschützte Standorte und während der Wachstumsphase viel Feuchtigkeit.
Südchile.
☼ –5 °C ⚘F

### ✓ L. odoratus ♀
DUFTWICKE
Einjährige Kletterpflanze mit geflügelten, bis 3 m hohen Trieben. Blätter mit einem Paar ovaler bis elliptischer Blättchen, 2 bis 6 cm lang. Blüten 2 bis 3,5 cm groß, blauviolett mit tief purpurroter Fahne, stark duftend, im Sommer geöffnet. Hülsenfrüchte flaumhaarig, 5 bis 7,5 cm groß, reif braun.

Aus *L. odoratus* gingen die modernen Duftwicken hervor. Ihre Blüten sind weiß, cremefarben, rosa, fliederfarben, malvenfarben, violett, rot, purpurrot oder auch zweifarbig und duften manchmal nur sehr schwach. Der Handel bietet in Katalogen und in Gartencentern viele Sorten an. Duftwicken können im Frühwinter in Töpfen im Frühbeetkasten angezogen, aber auch im Frühjahr direkt ins Freiland gesät werden. Leider haben Mäuse eine Vorliebe für die Samen und die jungen Pflanzen. Sehr gute Schnittblumen, hervorragend im Cottage-Garten.
Italien (auch Sizilien).
☼ –5 °C ⚘

### ✓ L. pubescens
Kräftige Staude, manchmal auch halb immergrün. Triebe geflügelt, behaart, bis 3 m hoch. Blätter mit einem, manchmal auch zwei Paaren ovaler Blättchen. Blüten fliederfarben oder blauviolett, 2,5 cm groß, zu mehreren an den Enden steifer Stiele. Blütezeit Sommer bis Frühherbst. In kühleren Gebieten braucht diese Art Südlage an einer Mauer oder einem Zaun, wo sie in heißen Sommern zahlreiche Samen ansetzt. Aus Samen angezogene Pflanzen blühen oft erst nach drei Jahren. Passt sehr gut zu Rosen, die an Mauern wachsen, zum Beispiel zu 'Maréchal Niel'. Eine hübsche, weiß blühende Sorte dieser Art ist leider nur selten anzutreffen, aber sehr lohnend.
Chile, Argentinien.
☼ –5 °C ⚘F

### L. rotundifolius
Unbehaarte Staude mit geflügelten, bis 1,5 m hohen Trieben. Blätter mit einem Paar ovaler bis rundlicher Blättchen. Blüten hellrosa bis rosaviolett, 1,5 bis 2 cm lang, zu 3 bis 8 in Trauben, im Sommer geöffnet. Hülsenfrüchte unbehaart, 4 bis 7 cm lang.
Osteuropa, Westasien.
☼ –20 °C ⚘

### L. tuberosus
KNOLLIGE PLATTERBSE
Staude mit unbehaarten, vierkantigen, gut 1 m hohen Trieben. Wurzeln mit kleinen Knollen, die früher als stärkehaltiges Nahrungsmittel verwendet wurden. Blätter mit einem Paar länglich-ovaler Blättchen. Blüten rosarot, 1 bis 2 cm lang, zu 2 bis 7 in Trauben, im Frühsommer und Hochsommer geöffnet. Hülsenfrüchte unbehaart, 2 bis 4 cm lang. Diese Art breitet sich durch Ausläufer aus, und oft erscheinen neue Triebe in einigem Abstand von der Elternpflanze. Vermehrung erfolgt durch Teilung der knolligen Wurzeln oder aus Samen. Schattenverträglicher als die anderen Arten.
Europa, Westasien.
☼ ◐ –25 °C ⚘

### L. violaceus
Staude mit ungeflügelten, gut 2,5 m hohen Trieben. Blätter mit 4 bis 6 Paaren linealischer bis ovaler Blättchen. Blüten blauviolett mit dunkleren Adern auf der Fahne, 1,5 cm groß, zu 10 bis 14 in Trauben. Blütezeit im Frühsommer bis zum Hochsommer.
USA (Kalifornien).
☼ –5 °C ⚘

## Littonia
### (Liliaceae)

Gattung mit sieben oder acht kletternden, Wurzelknollen bildenden Stauden. Nur *L. modesta* wird relativ häufig kultiviert, denn diese Art besitzt dekorative, glockenförmige Blüten. Blüten mit 6 Blütenblättern (Tepalen), nur an ihrer Basis miteinander verwachsen. Kapselfrucht. Standort und Pflege wie bei *Gloriosa*.

### ▦ *L. modesta*
Triebe verzweigt, gut 1,5 m hoch. Blätter sitzend, linealisch bis schmal oval, unbehaart, jeweils mit einer Ranke an der Spitze, die unteren unregelmäßig angeordnet, die oberen in Quirlen. Blüten tiefgelb bis orange, glockenförmig, 1,5 bis 4 cm lang, nickend, mit zugespitzten Blütenblättern, einzeln in den Blattachseln. Blütezeit Sommer.
Südafrika.
☼ ◗ 8 °C ✾

## Luffa
### (Cucurbitaceae)

Diese Gattung umfasst sechs Arten einjähriger Kletterpflanzen, die vor allem wegen ihrer Früchte kultiviert werden. Diese besitzen ein von harten Sklerenchymfasern umgebenes, stark vernetztes Leitbündelsystem. Die großen Blüten tragen meist goldgelbe Kronblätter, die nicht miteinander verwachsen sind. Männliche Blüten in Trauben, weibliche einzeln. Standort und Pflege wie bei *Cucurbita*. Vermehrung aus Samen.

### *L. cylindrica*
(*L. aegyptiaca*)
SCHWAMMGURKE
Einjährige kletternde oder kriechende Pflanze mit behaarten, bis 15 m hoch rankenden Trieben. Ranken drei- bis sechsfach verzweigt. Blätter oval bis herzförmig, mit 3 bis 7 Lappen. Männliche Blüten zu 4 bis 20 in 12 bis 35 cm langen Trauben, weibliche Blüten einzeln. Alle Blüten mit 5 gelben Kronblättern, im Sommer geöffnet. Früchte zylindrisch bis ellipsoid, manchmal gekrümmt oder gebogen, flaumhaarig, bis 60 cm lang. Samen schmal geflügelt. Die Leitbündelsysteme der Früchte sind die bekannten Luffaschwämme. Diese Art kann in gemäßigten Gebieten an sehr warmen, geschützten Orten im Freiland kultiviert werden.
Tropisches Asien, Afrika.
☼ ◗ 5 °C ✾

## Marah
### (Cucurbitaceae)

Diese im Westen der USA beheimatete Gattung umfasst sechs Stauden mit knolligen Wurzeln, die aber am besten aus Samen angezogen werden. Man kultiviert die Pflanzen vor allem wegen ihrer attraktiven Belaubung und der interessanten stacheligen Früchte. Blüten getrenntgeschlechtig, aber an ein und derselben Pflanze. Auch einzeln stehende Exemplare setzen gut Früchte an.

### *M. fabaceus*
(*Echinocystis fabacea*,
*Megarrhiza californica*)
Mit Ranken bis 6 m oder höher kletternde Art. Blätter silbrig grün, wechselständig, handförmig gelappt. Blüten gelb, recht klein, männliche in Trauben, an deren Basis die weiblichen einzeln stehen. Blütezeit Hochsommer bis Frühherbst. Früchte rund oder länglich, ungefähr 5 cm lang, dicht bestachelt.
USA (Kalifornien).
☼ –5 °C ✾

### *M. macrocarpus*
(*Echinocystis macrocarpus*)
Mit Ranken kletternde, 3 bis 6 m hohe Art. Blätter tiefgrün, wechselständig, tief gelappt, bis 20 cm breit. Blüten wie bei *M. fabaceus*, vom Hochsommer bis zum Frühherbst. Früchte breit länglich, 7,5 bis 10 cm lang, dicht mit unterschiedlich langen Stacheln besetzt.
USA (Südkalifornien).
☼ –5 °C ✾

## Maurandya
### (Scrophulariaceae)

Kleine mittelamerikanische Gattung, die manchmal in Katalogen fälschlich als *Maurandia* bezeichnet wird und hübsche, zum Teil kletternde Stauden umfasst. Die Pflanzen werden wegen ihrer auffälligen Blüten kultiviert, die sich über lange Zeit hinweg öffnen und an die Blüten von Löwenmäulchen (*Antirrhinum*) oder Fingerhut (*Digitalis*) erinnern. Heute wird die Gattung vielfach zu *Asarina* gestellt. Die kletternden Arten sind raschwüchsig und gedeihen sehr gut an Mauern und Zäunen in warmen, geschützten Lagen. Sie lieben durchlässige, recht leichte Böden.

In kalten Gebieten nimmt man die Pflanzen im Herbst

Maurandya barclaiana

aus dem Boden und überwintert sie an einem kühlen, frostfreien Ort. Man kann aber auch im Spätsommer Stecklinge schneiden und in recht warmer Umgebung anziehen, um neue Pflanzen für das folgende Jahr zu bekommen. Die Samen keimen gut, und junge Pflanzen blühen bereits im ersten Jahr.

Die kletternden Arten tragen gegen- oder wechselständige, mehr oder weniger herzförmige Blätter. Die Blüten verbreitern sich oben in 2 Lippen, wobei die untere Lippe zwei- und die obere dreilappig ist. Die Pflanzen klettern mit ihren Blatt- und Blütenstielen, die sich um jeden geeigneten Halt winden.

### ✓ ▦ *M. barclaiana*
(oft *M. barclayana* geschrieben;
*Asarina barclaiana*)
Bis 2 m hohe Pflanze mit dünnen, grünlichen Trieben. Blätter recht dünn, herzförmig und etwas eckig, zugespitzt, mit langen, windenden Stielen. Blüten trichterförmig, blass bis tief purpurviolett mit weißlichem Schlund, außen flaumhaarig,

4 bis 5 cm lang, mit offener Mündung, vom Hochsommer bis zur Mitte des Herbsts. Der Handel bietet Sorten mit verschiedenen Blütenfarben an, die früher zum größten Teil als unterschiedliche Arten betrachtet wurden. Die Formen mit den schönsten Blütenfarben sollten durch Stecklinge vermehrt werden.
Mexiko.
☼ ◑ –5 °C ⋎ℓ_F

'Alba' (M. alba): Blüten weiß. '**Purpurea Grandiflora**' (M. purpureagrandiflora): Blüten purpurviolett, größer als beim Typ. '**Rosea**' (M. rosea): Blüten rosarot.

### ✓ ▦ M. erubescens ♀
(Asarina erubescens, Lophospermum erubescens)
Etwas verholzte, bis 3 m hoch kletternde Art. Triebe und Blätter dicht mit weichen, klebrigen Haaren bedeckt. Blätter dreieckig bis herzförmig, scharf gezähnt, die unteren gegenständig, die oberen wechselständig. Blüten rosarot, 7 bis 7,5 cm lang, Röhre an einer Seite erweitert. Blütezeit Hochsommer bis Mitte des Herbsts.
Mexiko.
☼ –5 °C ⋎ℓ_F

'Alba': Blüten weiß.

### M. filipes
(Antirrhinum filipes, Asarina filipes)
Bis 2 m hoch windende, mehrjährige Art mit stark verzweigten Trieben. Blätter lanzettlich, ganzrandig, die unteren kleiner und ovaler. Blüten goldgelb mit schwarzen Punkten, gut 1 cm lang. Blütezeit Spätfrühling bis Hochsommer.
Westen der USA, Oregon und weiter südlich.
☼ –5 °C ⋎ℓ_F

### ✓ ▦ M. lophospermum
(Asarina lophospermum, Lophospermum scandens)
Ähnelt M. erubescens stark und wird oft als Varietät dieser Art betrachtet. Triebe und Blätter schwächer behaart oder fast kahl. Blätter etwas gelappt. Blüten purpurrosa mit weißlicher, nicht erweiterter Röhre, schwach gepunktet, Blütezeit Hochsommer bis Frühherbst. Diese schöne Pflanze eignet sich besser für den Garten als M. erubescens. Wie bei M. barclaiana blühen aus Sämlingen herangezogene Pflanzen bereits nach kurzer Zeit. M. lophospermum wird oft unter dem Namen M. scandens angeboten, doch dies ist eine ganz andere Art, die nur selten kultiviert wird und kleinere, blass veilchen- bis lavendelfarbene oder rötlich violette Blüten trägt.
Mexiko.
☼ –5 °C ⋎ℓ_F

'Victoria Falls': Besonders schöne Sorte.

## Mina
### (Convolvulaceae)

Interessante Pflanzen, die nahe mit Ipomoea verwandt sind und früher zu dieser Gattung gestellt wurden. Sie sind leicht an ihren einseitswendigen Trauben röhrenförmiger, sackartig erweiterter Blüten zu erkennen, die oben keinen breiten Saum tragen. Gute und raschwüchsige Kletterpflanzen für Zäune und Pergolen.

### ▦ M. lobata
(Ipomoea versicolor, Quamoclit lobata)
Wüchsige, mehrjährige Art, die bis 6 m hoch winden kann, oft

Mina lobata

aber niedriger bleibt. Blätter dreilappig mit herzförmigem Grund. Blüten sackartig erweitert und leicht gebogen, zunächst purpurrot und später orange, voll erblüht schließlich blassgelb, gut 1 bis 2,5 cm lang, in paarigen, einseitswendigen Trauben, sehr zahlreich, Blütezeit Hochsommer bis Herbstmitte. Schöne, raschwüchsige Art. In gemäßigten Klimazonen kann man die Pflanzen zurückschneiden und an einem frostsicheren Ort überwintern. Nach den letzten Frühjahrsfrösten werden sie wieder ausgepflanzt. Sie sind gut aus Samen zu vermehren und blühen nach einem warmen Frühjahr bereits im ersten Sommer.
Südmexiko.
☼ –5 °C ⋎ℓ_F

## Passiflora
### (Passifloraceae)

PASSIONSBLUME

Die Gattung Passiflora wird auf S. 153 vorgestellt.

### ✓ ▦ P. amethystina
(P. 'Lavender Lady')
Nicht verholzte Kletterpflanze mit dünnen Trieben und dreilappigen Blättern, deren Stiele 3 bis 5 Drüsen tragen. Blüten etwa 10 cm groß, in unregelmäßigen Abständen das ganze Jahr über erscheinend. Kelch- und Kronblätter violett oder blauviolett. Strahlenkrone mit violetten, weißen und blauvioletten Streifen; Staubblätter in zwei Reihen, bis 2,5 cm lang. Früchte orange, 5 bis 6 cm lang. Bei diesen in Großbritannien als P. amethystina und auf dem europäischen Kontinent als P. violacea verkauften Pflanzen handelt es sich meist wohl nicht um P. amethystina, denn deren Blüten sind blauer und nur 6 bis 8 cm groß. Auf trockenem Boden ertragen die Pflanzen leichten Frost und bilden neue Triebe, sobald es wärmer wird. Diese Art wird in gemäßigten Klimazonen am besten unter Glas kultiviert.
Ostbrasilien.
☼ –2 °C ✀

### ▦ P. incarnata
Die unverholzten Triebe dieser Passionsblume klettern bis 6 m, manchmal auch höher. Blätter dreilappig und sehr fein gezähnt, ihre Stiele mit 2 Drüsen. Blüten 7 bis 9 cm groß, duftend; Kelchblätter außen grün und innen weiß oder malvenfarben, Kronblätter weiß oder malvenfarben, Korona rosa oder malvenfarben; Staubblätter 1,5 bis 2 cm lang, die inneren sehr kurz, in mehreren Reihen. Früchte eiförmig, gelbgrün, ungefähr 6 cm lang. Eine der härtesten Passionsblumen; benötigt einen sehr durchlässigen, recht nährstoffarmen Boden, um gut zu wachsen und zu blühen. Sollte an eine

sonnige, geschützte Südmauer gepflanzt werden und bildet oft Ausläufer, die in einiger Entfernung von der Mutterpflanze wachsen. Sollen unter Glas Früchte angesetzt werden, empfiehlt sich eine Bestäubung von Hand. Die Vermehrung erfolgt aus Samen, durch Stecklinge oder durch Wurzelschnittlinge. Südosten Nordamerikas.

☼ –15 °C ✿

## Pueraria
### (Leguminosae)

In der Alten Welt beheimatete Gattung mit etwa 35 windenden oder halbstrauchigen Arten. Blätter wechselständig, mit 3 Blättchen. Schmetterlingsblüten in achselständigen Trauben. Hülsenfrüchte schmal.

### P. lobata
KOPOUBOHNE, KUDZUBOHNE
Bis 5 m hoch windende, behaarte Pflanze. Blätter breit oval, manchmal am Rand mit flachen Lappen, bis 15 cm lang. Blüten duftend, rötlich violett, gut 2 cm lang, in aufrechten, bis 30 cm langen Trauben. Blütezeit Hochsommer bis Spätsommer. Hülsenfrüchte behaart, bis 7 cm lang. Diese raschwüchsige Art eignet sich gut für Sichtschutzvorrichtungen und als zeitweilige Begrünung. In warmen Gebieten überwintern die Wurzeln und treiben im Frühjahr neu aus, doch in kalten Gegenden behandelt man die Pflanze am besten wie eine Einjährige. Im Südosten der USA als Futterpflanze und zur Erosionsbekämpfung kultiviert, in einigen Gegenden verwildert und ein gefürchtetes Unkraut. Wegen der starken Ausbreitung

für tropische und subtropische Gärten nicht geeignet.
China, Japan.

☼ –15 °C ✿F

## Rhodochiton
### (Scrophulariaceae)

Zu dieser Gattung gehört nur eine einzige Art, die in gemäßigten Klimazonen meist als Staude unter Glas gehalten wird, im Sommer aber auch ins Freiland gepflanzt und wie eine Einjährige behandelt werden kann. Die ungewöhnlichen Blüten erregen stets Aufmerksamkeit, und auch die Früchte mit ihren großen, breiten, beständigen Kelchen sind sehr dekorativ. Man hält die Pflanzen am besten an dünnen Stangen oder Stäben. Vorgezogen wird ein humoser, durchlässiger Boden, die Pflanzen reagieren auf Trockenheit im Wurzelbereich empfindlich. Vermehrung aus Samen, die im zeitigen Frühjahr in torfhaltiges Substrat gesät und bei warmen Temperaturen angezogen wurden. Die Sämlinge wachsen zunächst nur langsam.

### ✓ ▦ R. atrosanguineus ⚲
(R. volubile)
Die dünnen Triebe dieser Art klettern mit Hilfe ihrer Blatt- und Blütenstiele bis 3 m hoch. Blätter wechselständig, herzförmig, 6 bis 8 cm lang, etwas gezähnt, oft rot oder violett überlaufen. Blüten hängend, einzeln, schwärzlich violett, röhrenförmig, mit 5 leuchtend gefärbten Lappen, 5 cm lang, unten von glockenförmigen, rötlich violetten Kelchen mit großen Lappen umgeben. Blütezeit Hochsommer bis Herbstmitte. Die papierartigen Kapselfrüchte enthalten

zahlreiche geflügelte Samen. Diese herrliche Pflanze ist leider oft recht kurzlebig, auch unter Glas. Werden die Triebe regelmäßig entspitzt, wächst sie buschiger.
Mexiko.

☼ ◗ –5 °C ✿F

## Sandersonia
### (Liliaceae)

Diese mit *Gloriosa* verwandte Gattung enthält nur eine Art – eine Staude mit knolligem Rhizom, die wegen ihrer dekorativen, überhängenden, urnenförmigen Blüten kultiviert wird. Standort und Pflege wie bei *Gloriosa*.

### ▦ S. aurantiaca
CHINALATERNE
Triebe bis 75 cm hoch windend. Blätter unregelmäßig angeordnet, sitzend, oft in einer Ranke endend. Blüten orange, urnenförmig, ungefähr 2,5 cm lang, mit 6 Blütenblättern (Tepalen), die nur an den gebogenen Spitzen nicht miteinander verwachsen sind. Die Blüten stehen einzeln an dünnen Stielen in den oberen Blattachseln und öffnen sich im Sommer. Frucht eine Kapsel. Ihren Namen verdankt die Pflanze den an chinesische Lampions erinnernden Blüten. Südafrika.

☼ ◗ 0 °C ✿

## Sicyos
### (Cucurbitaceae)

HAARGURKE
Diese Gattung umfasst 15 einjährige, mit Ranken kletternde Arten, die überwiegend im tropischen Amerika und auf den Pazifikinseln beheimatet sind. *S. angulatus*, die einzige häufig

Haargurke (Sicyos angulatus)

kultivierte Art, wird in Südeuropa und Amerika wegen ihrer schönen Blätter und eigenartigen Früchte in Gärten gehalten und verwildert dort auch.

### ▦ S. angulatus
Bis 6 m hohe Pflanze mit drüsig behaarten Trieben und verzweigten Ranken. Blätter wechselständig, breit oval, ungefähr 7,5 cm groß, mit 5 flachen Lappen. Blüten weißlich, 1 bis 2 cm groß, in Büscheln; getrenntgeschlechtig, aber nicht an unterschiedlichen Pflanzen. Blütezeit Hochsommer bis Frühherbst. Früchte stachelig, eiförmig, bis 1,5 cm lang. Gut als raschwüchsiger Sichtschutz. Auch Einzelexemplare setzen Früchte an. Östliches Nordamerika.

☼ –5 °C ✿

## Thladiantha
### (Cucurbitaceae)

QUETSCHBLUME
Eine Gattung von 15 Arten mehrjähriger Kletterpflanzen

Thladiantha dubia

mit knolligen Wurzeln. Sie sind zwischen Ostasien und Malaysia beheimatet und werden in kühleren Gebieten meist unter Glas kultiviert. T. dubia ist jedoch vielfach ausreichend frosthart, um in milden Gebieten auch im Freiland gehalten zu werden.

### T. dubia
Bis 2,5 m hohe Art, deren weich behaarte Triebe mit Hilfe unverzweigter Ranken klettern. Blätter wechselständig, oval mit herzförmigem Grund, 5 bis 10 cm groß. Blüten goldgelb, fünflappig, glockenförmig; männliche in gedrängten, 5 bis 7,5 cm langen Trauben, weibliche einzeln; an unterschiedlichen Pflanzen. Blütezeit Hochsommer bis Mitte des Herbsts. Früchte rot, unbehaart, länglich oder eiförmig, bis 5 cm lang, mit 10 Längsfurchen. In Teilen Mittel- und Südosteuropas verwildert, in einigen subtropischen Gebieten ein hartnäckiges Unkraut. Die weiblichen Pflanzen setzen nur Früchte an, wenn männliche Exemplare in der Nähe wachsen. Nordchina, Korea.
☼ ◗ –15 °C ⅄F

### T. nudiflora
Ähnelt T. dubia, Ranken aber verzweigt und Früchte rundlicher, 3 bis 4 cm groß. Blüten etwas größer, vom Hochsommer bis zum Frühherbst. Ostchina.
☼ –5 °C ⅄F

## Thunbergia
### (Acanthaceae)

Diese Gattung wird auf den S. 157/158 vorgestellt.

### T. alata
SCHWARZÄUGIGE SUSANNE
Staude mit bis zu 2 m hoch windenden Trieben. Blätter elliptisch bis pfeilförmig, gezähnt, mit geflügelten Stielen. Blüten einzeln in den Blattachseln, lang gestielt, unten mit jeweils 2 leicht aufgeblasenen Hochblättern. Krone ungefähr 4 cm lang, mit kurzer, gebogener Röhre und 5 ausgebreiteten Lappen, cremefarben, gelb oder orange, mit meist braunviolettem oder schwärzlichem Schlund, Blütezeit Sommer bis Frühherbst. Diese Art wird in gemäßigten Klimazonen als

Einjährige behandelt, ist im Wintergarten aber mehrjährig. Tropisches Afrika.
☼ ◗ 7 °C ⅄F

### T. gregorii
(T. gibsonii)
Ähnelt T. alata, besitzt aber dreieckig-ovale Blätter und größere, orangefarbene Blüten ohne dunklen Schlund. Blütezeit Sommer. Etwas kälteempfindlicher als T. alata. Tropisches Afrika.
☼ ◗ 10 °C ⅄F

## Trichosanthes
### (Cucurbitaceae)

HAARBLUME
Diese tropische Gattung umfasst starkwüchsige Kletterpflanzen mit hübschen Blättern und großen, gefransten Blüten. Die 15 krautigen Arten sind in Australien und Indomalaysia beheimatet. Die unten vorgestellte Pflanze ist einjährig und muss jedes Jahr neu aus Samen angezogen werden.

### ✓ T. cucumerina var. anguinea
SCHLANGENHAARGURKE
Triebe bis 4 m oder höher, flaumhaarig, etwas windend, mit verzweigten Ranken. Blätter wechselständig, breit oval, bis gut 20 cm groß, manchmal mit 3 bis 7 flachen Lappen. Blüten weiß, fünfteilig, 4 bis 5 cm groß, mit tief gefransten Lappen; getrenntgeschlechtig, aber nicht an unterschiedlichen Pflanzen. Männliche Blüten in Trauben, weibliche einzeln. Blütezeit Hochsommer bis Frühherbst. Früchte oft gekrümmt oder eingerollt, 30 bis 200 cm lang, grün und weiß gestreift. Die Samen

keimen bei Temperaturen von etwa 20 °C am besten. Indien bis Pakistan.
☼ 15 °C ❦

## Tropaeolum
### (Tropaeolaceae)

KAPUZINERKRESSE
Nur wenige krautige Kletterpflanzen blühen so prächtig und so reich wie gut entwickelte Kapuzinerkresse. Die kleineren kletternden Arten sind sehr hübsch in Töpfen und Kübeln, die wüchsigeren und besonders farbenfrohen sind ein wahrer Schmuck für Sichtschutzvorrichtungen, Gitterwerk und Hecken. Kapuzinerkresse passt gut zu anderen Kletterpflanzen und Sträuchern. T. peregrinum etwa wächst hübsch an Clematis montana und blüht nach der Waldrebe. Kapuzinerkresse eignet sich auch gut für den Wintergarten, wo das einjährige T. majus dekorativ und zudem in der Küche nützlich ist: Junge Blätter, Früchte und Blüten sind eine hübsche, schmackhafte, in kleinen Mengen zu verwendende Zutat für Salate.

Die Gattung Tropaeolum umfasst etwa 90 Arten, die in Mexiko und den Anden beheimatet sind. Die kletternden Vertreter besitzen meist windende Blattstiele, ihre gespornten Blüten tragen 5 Kronblätter und sind sehr unterschiedlich geformt – fast flach bis kapuzenartig. Die Vermehrung erfolgt aus Samen, bei einigen Arten auch durch Wurzelknollen. Die einjährigen Arten lassen sich gut aus Samen vermehren, die mehrjährigen aus bisher ungeklärten Gründen nicht immer. Wenn man die Triebe junger

Pflanzen regelmäßig entspitzt, wachsen die Pflanzen buschiger.

Kohlweißlinge legen ihre Eier auf den Unterseiten der Blätter ab. Ihre Raupen können beträchtliche Schäden anrichten, wenn man sie nicht bekämpft. Auch Blattläuse befallen Kapuzinerkresse gern in großer Zahl. Sie sollten jedoch nicht mit systemischen Insektiziden bekämpft werden, weil diese die Pflanzen schädigen könnten. Besser sind Derriswurzelpräparate oder biologische Schädlingsbekämpfung.

T. azureum, T. hookerianum, T. pentaphyllum, T. tricolorum und einige andere Arten wachsen am besten in Töpfen in Kalthäusern und sollten allmählich immer weniger Wasser erhalten, wenn die Blätter im Spätfrühling zu vergilben beginnen. Bis die Pflanzen im Herbst neu austreiben, dürfen sie nur sehr spärlich gegossen werden.

### ✓ ▦ T. azureum

Bis gut 1 m hohe, mehrjährige Art mit kleinen, rundlichen unterirdischen Knollen. Blätter bis 5 cm groß, mit 5 bis 6 schmal elliptischen oder lanzettlichen graugrünen Lappen. Blüten blauviolett, ungefähr 1 bis 2 cm groß, mit gekerbten Kronblättern und kegelförmigem, ungefähr 4 mm langem Sporn. Blütezeit Frühjahr bis Frühsommer. Diese hübsche Art zeichnet sich durch ihre für *Tropaeolum* ungewöhnliche Blütenfarbe aus. Sie wird leider nur selten kultiviert. Chile.

☼ −5 °C ✾

### ▦ T. brachyceras

Bis 1 m hohe Staude mit kleinen, rundlichen oder länglichen unterirdischen Knollen und fadenartig dünnen Trieben. Blätter mit 5 bis 7 ovalen bis linealischen, blassgrünen Lappen. Blüten gelb, oft violett gestreift, gut 1 cm groß, mit etwas gekerbten Kronblättern und stumpfem, 6 mm langem Sporn. Blütezeit Spätfrühling bis Frühsommer. Chile.

☼ −5 °C ✾

### T. ciliatum

Wüchsige, bis 3 m hohe Staude mit schnurartig angeordneten, kleinen, rundlichen Knollen. Blätter in recht hellem Grün, mit 5 bis 7 ovalen Lappen. Blüten klein, gelb oder gelborange, dunkler geadert, 1 bis 2 cm groß, mit kurzem, kegelförmigem Sporn. Blütezeit Hochsommer bis Frühherbst. Die Pflanzen sind oft mehr oder weniger immergrün, reagieren aber gut auf einen Schnitt im Frühjahr. Bei kaltem Wetter frieren die Triebe zurück. Da diese Art zahlreiche Ausläufer bildet, kann sie sich mit der Zeit stark ausbreiten. Vermehrung aus Tochterknollen. Chile.

☼ ◗ −5 °C ✇F

Tropaeolum brachyceras

### ▦ T. hookerianum

Bis 1,5 m hohe Staude mit länglichen unterirdischen Knollen. Blätter meist mit 7 elliptischen Lappen. Blüten gelb mit blassgrünem Kelch, 2 cm lang, lang und dünn gestielt, mit kegelförmigem Sporn. Blütezeit Frühjahr bis Frühsommer. Chile.

☼ −5 °C ✾

### ▦ T. leptophyllum

Bis 1,5 m hohe Staude mit großen unterirdischen Knollen. Blätter mit 6 oder 7 elliptischen Lappen. Blüten weißrosa bis gelb oder orange, 2 bis 3 cm lang, mit gekerbten Kronblättern und geradem, ungefähr 2 cm langem Sporn. Blütezeit Frühsommer bis Hochsommer. Chile, Bolivien.

☼ −5 °C ✾

### ✓ T. majus

Bekannteste, recht dickfleischige, wüchsige einjährige Art, deren unbehaarte Triebe 2 bis 3 m hoch klettern können. Blätter fast rund, 5 bis 17 cm groß, schildförmig. Blüten duftend, 5 bis 7,5 cm groß, gelb, orange oder rot, oft dunkler gezeichnet,

Tropaeolum azureum

mit geradem, bis 2,5 cm langem Sporn. Blütezeit Sommer bis Mitte des Herbsts. Im Handel sind auch halb gefüllte und gefüllte Formen erhältlich, ebenso nicht kletternde Zwergformen. Diese Art gedeiht am besten in nicht allzu nährstoffreichen Böden und in sonnigen Lagen, denn sonst bildet sie zahlreiche große Blätter und nur wenige Blüten. Klettert gut an Schnüren oder Drähten, ebenso an Gitterwerk und Zäunen. Wird leider gern von schwarzen Blattläusen befallen, die bekämpft werden müssen, sobald man sie bemerkt. Die Pflanzen werden von mäßigen Frösten stark geschädigt, können im Boden aber längere winterliche Frostperioden überleben. Diese Art gedeiht auch in tropischen Gebieten mit einer Trockenzeit.
Peru (Anden).
☼ –3 °C ✀

### T. peltophorum
*(T. lobbianum)*
Behaarte, bis 2 m hoch kletternde einjährige Art. Blätter rundlich mit welligem Rand, unterseits behaart. Blüten rot oder orangerot, etwa 2,5 cm lang, mit gebogenem, rund 3 cm langem Sporn; die 3 unteren Kronblätter gefranst. Blütezeit Frühsommer bis Hochsommer.
Ecuador, Kolumbien.
☼ 3 °C ✀

**'Spitfire'**: Blüten tief orangerot.

### ✓ ▦ T. pentaphyllum
Bis 1,5 m hohe Staude mit langen unterirdischen Knollen und unbehaarten Trieben. Blätter mit 5 ovalen Lappen, ebenso wie die Triebe schwach purpurfarben. Blüten rot, bis 3 cm groß, mit rundlichen Kronblättern und vorstehenden Staub-

Tropaeolum peregrinum

blättern; Sporn grün und rot, ungefähr 2,5 cm lang. Blütezeit Spätfrühling bis Hochsommer. Südamerika.
☼ –5 °C ✀

### ✓ T. peregrinum
*(T. canariense)*
Eher blassgrüne, bis 2,5 m hohe einjährige Art. Blätter meist mit 5 ovalen Lappen. Blüten hellgelb, bis 2,5 cm groß, die beiden oberen Kronblätter viel größer und gefranst; Sporn grünlich, gebogen, gut 1 cm lang. Blütezeit Sommer bis Frühherbst. Diese hübsche, raschwüchsige Art eignet sich vor allem zur Begrünung von Sichtschutzvorrichtungen. Wie *T. majus* gut aus Samen anzuziehen; Blüten, junge Blätter und Früchte sind ebenfalls in Salaten sehr schmackhaft.
Peru, Ecuador.
☼ ◗ 3 °C ✀

### ✓ T. speciosum ♀
Ausläufer bildende, mehrjährige Art mit dünnen, bis 3 m hohen Trieben. Blätter mit 5 oder 6 ovalen Blättchen. Blüten hell scharlachrot, 2 bis 3 cm lang, mit gekerbten Kronblättern und bis 3 cm langem Sporn. Blütezeit Sommer bis Frühherbst. Reife Früchte hellblau, mit bleibendem, tiefrotem Kelch. Eine der schönsten Arten der Gattung, in voller Blüte besonders hübsch. Gedeiht an Nord- und Ostmauern und in jeder Lage; zieht es vor, wenn der Wurzelbereich im Schatten liegt. Ansprüche variabel, scheint aber kühle Lauberde zu lieben. Kann an Gitterwerk oder an Maschendraht an einer Mauer gehalten werden, sieht besonders schön aus, wenn sie an einer immergrünen Hecke aus Eibe oder Buchsbaum klettert. Die auffälligen Früchte sind dekorativ und eine zusätzliche Bereicherung zum Ende des Jahres.
Chile.
☼ ◗ –5 °C ✀

### ✓ ▦ T. tricolorum ♀
*(T. tricolor)*
Bis 1 m hoch kletternde, reich verzweigte Staude mit rundlichen oder länglichen unterirdischen Knollen und fadenartig dünnen, rötlichen bis purpurfarbenen Trieben. Blätter mit 5 bis 7 ovalen oder umgekehrt eiförmigen Lappen. Blüten glühend orangerot mit schwarzvioletter Spitze und kleinen gelben Kronblättern, einschließlich des langen, leicht gebogenen Sporns bis 2,5 cm lang. Blütezeit Spätfrühling bis Frühsommer. Eine der hübschesten und elegantesten Arten.
Chile, Bolivien.
☼ –5 °C ✀

---

SCHNITT: ✀ *gleich nach der Blütezeit* ✀ꜰ *im Frühjahr* ✀ᴡ *im Winter* ✀ *nicht regelmäßig erforderlich*

Tropaeolum speciosum

## ✓ ▦ *T. tuberosum*

KNOLLIGE KAPUZINERKRESSE

Eine weitere mehrjährige, bis 2,5 m hoch kletternde Staude mit zahlreichen länglichen, purpurrot gestreiften gelben Knollen. Blätter mit 3 bis 6 ovalen Lappen. Blüten etwa 2 cm lang, rot mit orangegelben bis orangeroten, ganzrandigen Kronblättern, lang und dünn gestielt, Blütezeit Sommer bis Frühherbst. Die Knollen werden an der Bodenoberfläche an der Basis der oberirdischen Triebe gebildet. Sie ertragen zwar mäßige Fröste, müssen in Mitteleuropa aber im Herbst ausgegraben und an einem frostfreien Ort bei etwa 5 °C überwintert werden. Nach den letzten Frühjahrsfrösten werden sie wieder ausgepflanzt. In ihrer Heimat wird diese Art wegen ihrer essbaren Knollen als Nutzpflanze kultiviert.
Peruanische Anden, Bolivien.
☼ ◑ −5 °C ⚘

**'Ken Aslett'**: ⚥ eine reich blühende, recht häufig angebotene Sorte mit schönen, orangefarbenen Blüten, die meistens der var. *lineamaculatum* zugeordnet wird.

### Tweedia (Oxypetalum) (*Asclepiadaceae*)

Zu dieser mit der Wachsblume (*Hoya*) verwandten Gattung gehören etwa 150 Arten, überwiegend aus Mexiko und Brasilien sowie von den Antillen und den Bahamas. Nur *T. caerulea* wird verbreitet kultiviert; sie besitzt schöne, auffällige, fünfteilige, blaue Blüten, die zu lockeren, achselständigen Büscheln vereinigt sind. Blätter gegenständig. Wie bei *Hoya* verdeckt eine auffällige Nebenkrone in der Mitte die Staubblätter.

Tweedia caerulea (*fruchtend*)

## ✓ *T. caerulea* ⚥
(*Oxypetalum caeruleum*)

Schwach windender, bis 2 m hoher Halbstrauch mit dicht weißflaumig behaarten Trieben. Blätter schmal länglich, mit herzförmigem Grund, bis 10 cm lang, behaart. Blüten recht fleischig, bis 2,5 cm groß, zunächst blassblau, später dunkler und etwas violett, mit tiefblauer Nebenkrone, Blütezeit Hochsommer. Früchte spindelförmig, bis 15 cm lang. In kühleren Gebieten behandelt man diese Pflanze meist als Einjährige und zieht sie jedes Jahr neu aus Samen an. Man kann sie aber auch aus dem Boden nehmen und an einem frostsicheren Ort überwintern.
Brasilien, Uruguay.
☼ 3 °C ⚘

### Vigna (*Leguminosae*)

Zu dieser Gattung gehören ungefähr 150 Stauden, darunter Nutzpflanzen wie die Adzubibohne (*V. angularis*), die Kuh- oder Augenbohne (*V. unguiculata* ssp. *unguiculata*) sowie die Spargel- oder Langbohne (*V. unguiculata* ssp. *sesquipedalis*). Blätter wechselständig, mit 3 Blättchen. Schmetterlingsblüten mit runden Fahnen und nach innen gebogenem Schiffchen. Hülsenfrüchte schmal. Vermehrung durch Aussaat.

## *V. caracalla*
(*Phaseolus caracalla*)
SCHNECKENBOHNE

Staude mit bis 6 m hoch windenden Trieben. Blättchen oval, zugespitzt, flaumhaarig. Blüten bis 5 cm lang, weiß, gelb oder lavendelfarben, mit rosavioletten Flügeln und spiralig gewun-

denem Schiffchen, Blütezeit Frühjahr bis Sommer. Hülsenfrüchte linealisch, bis 18 cm lang. Diese Art wird wegen ihrer schneckenartig eingerollten Blüten kultiviert, die immer wieder Erstaunen hervorrufen.
Tropisches Südamerika.
☼ ◑ 10 °C ⚘

### Vincetoxicum (*Asclepiadaceae*)

SCHWALBENWURZ

Ähnelt *Cynanchum* sehr, doch die Blüten der Schwalbenwurz besitzen eine einfache, fünfzipfelige Nebenkrone. Diese Pflanzen werden wegen ihres raschen Wachstums und der schönen Blütenstände kultiviert. Auch ihre Früchte sind dekorativ, wenn sie die zahlreichen seidigen Samen freigeben, die vom kleinsten Lufthauch fortgetragen werden.

## *V. ascyrifolium*
(*Cynanchum acuminatifolium*)

Triebe graugrün, kantig, oben windend, bis 2 m hoch, Blätter gegenständig, breit oval, ganzrandig. Blüten weiß, bis 1 cm, in achselständigen Büscheln, im Sommer. Spindelförmige, zweiteilige Balgfrüchte. Ebenso wie die verwandte *Araujia sericofera* (S. 88) »Folterpflanze« genannt, da sich in ihren Blüten Insekten verfangen.
Japan.
☼ ◑ −25 °C ⚘

## *V. nigrum*

Ähnlich *V. ascyrifolium*, aber mit länger zugespitzten Blättern und dunkelvioletten Blüten, die sich ebenfalls im Sommer öffnen.
Südeuropa.
☼ ◑ −20 °C ⚘

# Kletter-pflanzen für den Wintergarten

# EINFÜHRUNG

*OBEN Viele tropische Kletterpflanzen, zum Beispiel diese* Allamanda cathartica, *eignen sich ungeachtet ihrer Wüchsigkeit sehr gut für beheizte Wintergärten.*

*RECHTS* Hoya carnosa *ist mit ihren duftenden Blütendolden eine der beliebtesten Kletterpflanzen für den Wintergarten.*

*LINKS* Mandevilla ×amabilis *'Alice du Pont' ist eine tropische Kletterpflanze, die üppig wächst und zahlreiche Blüten hervorbringt.*

Zwar kann man auch an Südmauern einige nicht besonders winterharte Pflanzen ziehen, doch erst ein Wintergarten oder ein Gewächshaus vergrößert die Auswahl an Pflanzen enorm. In einem Wintergarten gedeihen sehr viele Pflanzen und sorgen dort für eine tropisch anmutende Üppigkeit. Man darf jedoch nicht vergessen, dass einige dieser Pflanzen sehr groß werden können und zurückgeschnitten werden müssen, sofern der Wintergarten oder das Gewächshaus nicht außergewöhnlich viel Platz bietet. In gerade frostfreien, kühlen Wintergärten kann man viele Pflanzen halten, die im Freiland nicht überleben würden. In beheizten Wintergärten mit mindestens 10 °C lassen sich zahlreiche tropische und subtropische Pflanzen kultivieren.

Wintergärten und Gewächshäuser besitzen meist ein Gerüst aus Metall oder Holz (oder beidem). Die Verglasung kann aus Glas oder Kunststoff bestehen und muss regelmäßig gereinigt werden, damit die Pflanzen viel Licht bekommen. Wer sich für Kunststoff entscheidet, sollte darauf achten, dass es optische Eigenschaften ähnlich wie Glas aufweist.

Bei der Auswahl der Pflanzen muss man auch die Lage des Wintergartens oder Gewächshauses bedenken. In ein frei stehendes Gebäude scheint die Sonne den ganzen Tag, ein an ein Haus angrenzendes profitiert von der Sonne am besten, wenn es auf der Südseite liegt. Ein Wintergarten auf der Nordseite eignet sich sehr gut für Pflanzen, die nur wenig Licht benötigen, ein Wintergarten auf der Südseite muss dagegen oft schattiert werden, damit es dort nicht zu warm wird. Dies kann zum Beispiel durch beschichtetes Glas oder bewegliche, außen oder innen angebrachte Schattiervorrichtungen geschehen. Temperatur und Feuchtigkeit können auch durch die Belüftung reguliert werden. Hier kommen von Hand zu öffnende Lüftungsklappen im Dach oder in den Wänden ebenso infrage wie automatisch gesteuerte, motorgetriebene Lüftungsklappen oder Sauglüfter. Die Entscheidung hängt von den Kosten und davon ab, ob Sie handbetriebene Lüftungsklappen zur richtigen Zeit öffnen können (ungünstig, wenn Sie außer Haus arbeiten oder verreist sind).

Die Pflanzen im Wintergarten können in eigens angelegten Beeten oder in Kübeln wachsen. Wer Beete anlegt, sollte überlegen, ob er den Boden mit Hilfe unterirdischer Heizrohre oder Stromkabel heizen möchte. Eine Bewässerungsmöglichkeit sollte ebenfalls installiert werden. Auch hier hängt die richtige Wahl davon ab, wie viel Zeit Sie für Ihre Pflanzen haben und wie viel Geld Sie für Installation und Betrieb von Heizung und Bewässerungssystem ausgeben können oder wollen. Pflanzen in Kübeln kann man innerhalb des Wintergartens gut umräumen und an warmen Tagen ins Freiland bringen.

In vielen Ländern müssen alle neuen Gewächshäuser gewissen baulichen Standards entsprechen, unabhängig davon, ob ihr Gerüst aus Holz oder Metall besteht oder die Verglasung aus Glas oder Kunststoff ist. Achten Sie darauf, die betreffenden Vorschriften einzuhalten. Stabilität ist vor allem dort wichtig, wo oft starker Wind weht oder viel Schnee fällt.

Auf Seite 158 finden Sie eine Liste von Kletterpflanzen, die sich sowohl für den Wintergarten als auch für warme Standorte im Freien eignen.

*RECHTS  Ein Wintergarten fügt dem Haus quasi ein weiteres Zimmer hinzu. Hier kann man sich zwischen den üppig wachsenden Pflanzen sehr gut entspannen. In diesem Beispiel sorgen Bleiwurz, Bougainvillea und Wachsblume für Höhe und schöne Farben.*

Goldtrompete (Allamanda cathartica)

## Allamanda
### (Apocynaceae)

Immergrüne Sträucher aus dem tropischen Amerika mit großen, sehr auffälligen Blüten an den Zweigenden. Am häufigsten wird die goldgelb blühende *A. cathartica* kultiviert. Zu wüchsige Pflanzen können an die Kletterhilfe gebunden und die vorjährigen Triebe auf 1 oder 2 Knoten eingekürzt werden. Die Vermehrung erfolgt durch Stecklinge.

### ✓ *A. cathartica*
GOLDTROMPETE

Die sehr kräftigen Triebe dieser Art klettern bis 16 m hoch. Blätter zu 3 oder 4 in Quirlen, schmal, verkehrt eiförmig, ledrig, glänzend. Blüten 6 bis 10 cm groß, trichterförmig mit schmaler Röhre und 5 abgerundeten Zipfeln, goldgelb, Blütezeit Sommer bis Herbst. Diese sehr pflegeleichte, aber giftige Pflanze wird fast nie von Krankheiten und Schädlingen befallen.
Tropisches Südamerika.
☼ ◑ 13 °C ⅄ғ

'Hendersonii': Blüten 9 bis 12 cm groß, tiefer gelb, außen bronzefarben getönt, in der Knospe braun; Schlund am Grund der Zipfel weiß gefleckt. 'Williamsii': Blüten gelb mit braunem Schlund.

## Aristolochia
### (Aristolochiaceae)

PFEIFENWINDE

Zu dieser Gattung gehören ungefähr 300 meist kletternde Arten. Pfeifenwinden werden wegen ihrer dekorativen Blätter und der eigentümlichen Kesselfallenblüten kultiviert. Die Blüten tragen keine Kronblätter, sondern nur einen Kelch mit bauchig erweiterter Basis. Diese verengt sich oben zu einer Röhre, die dann in einen flachen oder trichterartig ausgebreiteten Saum übergeht. Die Blüten der meisten Arten verströmen einen aasartigen Geruch, der Insekten anlockt. Die Tiere dringen in die Blüten ein und werden darin von nach unten weisenden Haaren festgehalten. Die Insekten bestäuben die Blüten und können sie erst wieder verlassen, wenn die Blüten altern und ihre Form verändern oder wenn die nach unten weisenden Haare vergehen. Pfeifenwinden lieben nährstoffreiche, durchlässige Böden und benötigen in der Wachstumsphase reichlich Wasser. Oftmals muss man sie schneiden, damit sie nicht zu groß werden. Der Standort sollte wegen des unangenehmen Geruchs der Blüten sorgsam ausgewählt werden. Im Wintergarten stehen Pfeifenwinden am besten nahe an einer Tür oder einem Fenster, wo Luftzug gewährleistet ist. Die Vermehrung erfolgt am besten durch Stecklinge. Von den zahlreichen Arten, die kultiviert werden, kann hier nur eine ganz kleine Auswahl vorgestellt werden.

### *A. californica* und
### *A. chrysops* (siehe S. 40)

### *A. gigantea*
Triebe unverholzt, bis 4 m hoch. Blätter breit dreieckig, 10 bis 15 cm lang, unterseits weiß behaart. Blüten violett und weiß, mit rund 4 cm langer Röhre und breit herzförmigem Saum, etwa 14 cm breit, Blütezeit Sommer.
Panama.
☼ ◑ 15 °C ⅄ғ

### *A. grandiflora*
Triebe unverholzt, bis 3 m hoch. Blätter dreieckig bis herzförmig. Blüten einzeln in den Blattachseln, unterschiedlich groß, mit weißen, gelben, roten, violetten und grünen Flecken; bauchig erweiterte Basis 6 bis 16 cm lang; Röhre in der Mitte stark gebogen, 7 bis 15 cm lang; Saum herzförmig mit riemenartigem Anhängsel, 20 bis 50 cm breit, Blütezeit Sommer.
Mittelamerika, Karibik.
☼ ◑ 15 °C ⅄ғ

### *A. littoralis* ♀
(*A. elegans*)
Blätter herzförmig, unterseits graugrün, zerdrückt unangenehm riechend. Blüten einzeln, lang gestielt, mit gebogener, grünlich gelber, gut 3 cm langer Röhre und braunviolettem, unregelmäßig weiß gezeichnetem, etwa 10 cm breitem Saum. Blütezeit Sommer.
Brasilien.
☼ ◑ –5 °C ⅄ғ

## Beaumontia
### (Apocynaceae)

Immergrüne Kletterpflanzen mit großen, auffälligen, sehr stark duftenden Blüten in achsel- und endständigen Büscheln. Die Vermehrung erfolgt aus Samen, durch Stecklinge aus halb reifem Material oder durch Wurzelschnittlinge.

Beaumontia grandiflora

## ✓ *B. grandiflora*
(*B. jerdoniana*)

Triebe holzig, bis 5 m oder höher windend, Milchsaft führend. Blätter breit länglich, glänzend, 10 bis 30 cm lang. Blüten trichter- bis glockenförmig, 12 bis 18 cm lang, mit 5 ausgebreiteten Zipfeln, weiß, innen grünlich. Blütezeit Frühling bis Sommer. Gute Pflanze für Wintergärten, manchmal aber zu wüchsig, muss dann nach der Blüte geschnitten werden. Der Schnitt fördert auch die Bildung von Seitentrieben. Lässt man die Pflanze ungestört wachsen, muss ihr Gewicht von einer stabilen Kletterhilfe getragen werden. Indien bis Vietnam.

☼ 7 °C ✀

## Bougainvillea
(*Nyctaginaceae*)

BOUGAINVILLEA, DRILLINGS-BLUME

Bougainvilleen sind wohl die bekanntesten tropischen Kletterpflanzen und werden weltweit in allen warmen Gebieten im Freiland kultiviert. In gemäßigten Klimazonen hält man sie vielfach unter Glas oder in Kübeln. Diese Pflanzen werden wegen ihrer langen Blütezeit und der prächtig gefärbten, für manche eher kitschigen Hochblätter kultiviert, die meist zu dritt um 1 bis 3 röhrenförmige Blüten stehen.

Bougainvilleen eignen sich für fast jeden Boden, wachsen und blühen aber am besten bei guter Nährstoffversorgung. Während der Wachstumsphase sollten sie daher regelmäßig gegossen und gedüngt werden. Der Schnitt erfolgt am besten nach der Blüte, damit die Bildung neuer Triebe gefördert wird, die im nächsten Jahr blühen. Zu groß gewordene Pflanzen kann man um ungefähr ein Drittel zurückschneiden und alle schwachen Triebe entfernen. Die Vermehrung erfolgt durch Stecklinge, die im Frühjahr geschnitten werden und zur Bewurzelung sehr warm (um 30 °C) gehalten werden müssen.

In Kultur sind *B. glabra*, *B. peruviana* und *B. spectabilis* sowie die Hybride *B. × buttiana*. Heute findet man in vielen Gärten aber Sorten mit ganz unterschiedlichen Blütenfarben, die leider sehr uneinheitlich benannt werden. Die Beschreibungen sind auch in Gartenkatalogen oft sehr verschieden, vor allem die Farben der Hochblätter. Auch Synonyme werden häufig nicht einheitlich vergeben – ein Synonym kann bis zu drei verschiedene Sorten bezeichnen. Die folgende Liste enthält nur Namen, die (hoffentlich) nicht umstritten sind. Die Farbangaben beziehen sich auf die Hochblätter.

Bougainvillea '*Pride of Singapore*'

**'Afterglow'**: zunächst tieforange, später orangerosa. ✓ **'Alba'**: weiß. **'Asia'**: rotviolett. ✓ **'Barbara Karst'**: leuchtend rot. **'Bois de Rose'**: schwach rosa. ✓ **'Camarillo Fiesta'** ('Orange Glow'): zunächst dunkelorange, später kupferrot. **'Elizabeth Angus'**: hellviolett. **'Formosa'**: zartviolett. ✓ **'Lateritia'** ('Brasiliensis'): ziegelrot. **'Miss Manila'** ('Tango'): zunächst apricot, später rosenrot. **'Mrs Butt'** ♔ karminrot. **'Mrs. H. C. Buck'**: kräftig tiefrot. **'Poultonii Special'**: ♔ purpurn. **'Rosa Catalina'**: rosarot. ✓ **'Sanderiana'**: tiefviolett. ✓ **'Scarlett O'Hara'** ('San Diego Red'): dunkelrot. **'Shubra'** ('Mary Palmer's Enchantment'): weiß. **'Texas Dawn'**: blass rosaviolett. **'Thomasii'**: hell purpurrosa.

GEFÜLLT BLÜHENDE SORTEN (BLÜTEN VON MEHREREN HOCHBLÄTTERN UMGEBEN):
✓ **'Mahara'** ('Carmencita'): purpurn. **'Mahara Orange'**: ('Thai Gold'): orange. **'Mahara Pink'** ('Pagoda Pink'): hell kirschrot. ✓ **'Roseville's Delight'**: zunächst orangerot, später orangerosa und purpurn.

SORTEN MIT PANASCHIERTEN BLÄTTERN:
✓ **'Golden Summers'**: weiß. ✓ **'Orange Stripe'**: hellorange.

**'Pride of Singapore'**: rosaviolett, Hochblätter deutlich geadert. **'Raspberry Ice'** ('Brilliant'): purpurrot. **'Red Fantasy'**: tiefrot. ✓ **'Sanderiana Variegata'**: tiefviolett. **'Thimma'** ('Harlequin'): zweifarbig, rosa und weiß.

SORTEN MIT ZWEIFARBIGEN HOCHBLÄTTERN:
**'Begum Sikander'**: rosaviolett und weiß. **'Chitra'**: weiß, malvenfarben und rotviolett. **'Makris'**: rosa und weiß. ✓ **'Mary Palmer'** ('Surprise'): rosa und weiß. **'Wajid Ali Shah'**: tiefrot und weiß. **'Thimma'** ('Harlequin'): rosa und weiß, siehe oben.

## Cissus
### (Vitaceae)

KLIMME

Zu dieser Gattung gehören ungefähr 350 Arten meist verholzter, mehrjähriger Pflanzen aus tropischen und subtropischen Gebieten, die vor allem wegen ihrer oft schön gezeichneten Blätter kultiviert werden. Die winzigen, grünlich weißen Blüten tragen 4 Kronblätter und sind zu Doldentrauben vereinigt. Die meisten Arten klettern mit Ranken. Frucht eine Beere. Die Vermehrung erfolgt aus Samen oder durch Stecklinge.

### C. antarctica ♀

Immergrüne Art mit verholzten Trieben, die mit gegabelten, den Blättern gegenüber ansitzenden Ranken bis 5 m oder höher klettern. Blätter glänzend, oval bis länglich, ganzrandig oder gezähnt. Beliebte und leicht zu kultivierende Wintergarten- und Zimmerpflanze. Südöstliches Australien.
☽ 7 °C ✂F

### ✓ C. discolor
(Vitis discolor)

Triebe dunkelrot, dünn, verholzt, bis 3 m hoch. Blätter oval-länglich bis lanzettlich, gezähnt, oberseits tiefgrün mit silberweißen oder rosa Flecken zwischen den Adern, unterseits dunkelrot. Eine der schönsten Arten der Gattung, gedeiht am besten bei hohen Temperaturen und guter Wasserversorgung. Im Wintergarten eine sehr hübsche Blattschmuckpflanze. Südostasien bis Australien.
☽ 18 °C ✂F

Cissus discolor

### C. rhombifolia ♀

Immergrüne Art, deren Triebe mit gegabelten Ranken bis 3 m oder höher klettern und jung rotbraun behaart sind. Blätter mit je 3 gezähnten Blättchen, jung ebenfalls rotbraun behaart. Gern im Wintergarten und als Zimmerpflanze kultiviert. Manchmal unter dem Namen *Rhoicissus rhomboidea* angeboten, doch ist dies eine ähnlich aussehende südafrikanische Art, die in Kultur seltener ist. Mexiko bis Brasilien, Antillen und Bahamas.
☽ 7 °C ✂F

'Ellen Danica': ♀  wüchsige Art mit großen, tief gelappten Blättern.

### C. striata (siehe S. 89)

## Epipremnum
### (Araceae)

Zu dieser Gattung gehören etwa 12 Arten, die in Südostasien und auf den Pazifischen Inseln beheimatet sind. Sie sind immergrün, besitzen unterschiedlich aussehende Ju-

*Efeutute* (Epipremnum aureum)

gend- und Alterstriebe und klettern mit Hilfe von Luftwurzeln. Die Pflanzen wachsen am besten in nährstoffreichen Böden im Halbschatten. Die Vermehrung erfolgt durch Stecklinge oder Ableger.

### E. aureum ♀
(Pothos aureus, Scindapsus aureus, Rhaphidophora aurea)
EFEUTUTE

Alterstriebe bis 15 m hoch. Jugendblätter bis 15 cm lang, breit herzförmig, grün mit unregelmäßiger weißer oder gelber Panaschierung; Altersblätter bis 80 cm lang, oval bis länglich, unregelmäßig fiederschnittig. Blüten in bis zu 15 cm langen Ähren. Diese raschwüchsige Art ist eine beliebte Wintergarten- und Zimmerpflanze. Einige Botaniker bezeichnen sie heute als *E. pinnatum* 'Aureum'. Salomonen.
☽ ● 15 °C ✂

'Marble Queen': wächst schwächer als die Art. Blätter ungeteilt, grün mit dunkler grünen und weißen Streifen, weiß gestielt. 'Tricolor': Blätter ungeteilt, cremefarben und weiß panaschiert, mit weißlichen Stielen. 'Tropic Green': Blätter grün.

## Ficus
### (Moraceae)

FEIGE

Zu dieser Gattung gehören ungefähr 800 überwiegend tropische Arten, von denen die meisten immergrün sind. Das Spektrum reicht von kleinen, kriechenden Sträuchern bis zu riesigen Bäumen. Die wechselständigen Blätter sind sehr unterschiedlich geformt. Feigen besitzen eingeschlechtige Blüten, die in einem hohlen Blütenstand verborgen sind. Beim Echten Feigenbaum *(F. carica)* wird der als »Feige« bekannte, wohlschmeckende Fruchtstand geerntet.

### *F. pumila* ☙
(*F. stipulata*)
KLETTER-FICUS
Die Triebe dieser Art klettern mit Hilfe ihrer an den Knoten entspringenden Luftwurzeln an geeigneten Kletterhilfen empor. Die Pflanze besitzt ein Jugend- und ein Altersstadium, erreicht das Altersstadium, in dem sie ab 3 bis 4 m Höhe blüht und fruchtet, aber nur in wärmeren Gebieten oder unter Glas. Jugendblätter herzförmig, 2 bis 3 cm lang; Altersblätter 3 bis 8 cm lang, stark ledrig. Früchte umgekehrt eiförmig, ungefähr 6 cm lang, zunächst grün und später hellorange, schließlich purpurn getönt. Diese schöne Art wird oft in Wintergärten oder als Zimmerpflanze gehalten. Sie ist weniger kälteempfindlich, als allgemein vermutet wird, und eignet sich auch für warme, geschützte Mauern oder Baumstämme in warmen Gebieten gemäßigter Klimazonen, wo sie jedoch meist im Jugendstadium bleibt. Empfindlich gegenüber Zugluft und kaltem Wind. Wenn man die Triebe entspitzt, verzweigt die Pflanze sich stärker.
China, Taiwan, Japan.
☼ ◑ ● 5 °C ✎

**'Minima'**: langsamwüchsige Sorte mit dünnen Trieben und nur etwa 1 cm langen Blättern. **'Quercifolia'**: Blätter gelappt. **'Variegata'**: Blätter mit weißem oder cremefarbenem Rand.

## Hoya
### (Asclepiadaceae)

Diese Pflanzen werden wegen ihrer ungewöhnlichen, wachsartigen Blüten kultiviert. Die Gattung umfasst ungefähr 90 Arten, darunter viele Kletterpflanzen. Zu ihr gehören immergrüne Sträucher und dickfleischige Pflanzen mit fünflappigen, in Büscheln in den Blattachseln stehenden Blüten. Jede Blüte besitzt eine fünflappige Nebenkrone, die aus Auswüchsen der Staubblattbasen gebildet wird. Die Frucht ist eine mehr oder weniger zylindrische, hornartige Balgfrucht, die Samen mit Haarschöpfen enthält.

Die Pflanzen gedeihen am besten in durchlässigen Böden, die nicht austrocknen dürfen. Sie lieben viel Licht, direktes starkes Sonnenlicht kann aber Verbrennungen auf den Blättern hervorrufen. Die leicht windenden Triebe benötigen eine Kletterhilfe wie Draht oder Gitterwerk. Die Vermehrung erfolgt durch Stecklinge aus halb reifem Material.

### ✓ *H. carnosa*
WACHSBLUME
Langsamwüchsige Kletterpflanze, deren Triebe 6 m oder höher klettern. Blätter dick, elliptisch bis umgekehrt eiförmig, unbehaart, 5 bis 10 cm lang. Blüten duftend, sternförmig, 1,5 cm groß, mit weißen bis blass rosafarbenen, leicht zurückgeschlagenen Lappen, die oberseits dicht mit Papillen besetzt sind; Nebenkrone weiß mit rotem Zentrum. Die Blüten sind zu hängenden, runden Dolden vereinigt und erscheinen über viele Monate vom Frühling bis zum Herbst.
Australasien.
◑ 5 °C ✎

## Jasminum
### (Oleaceae)

JASMIN

Jasmin ist eine sehr beliebte Zierpflanze, die wegen ihrer stark duftenden Blüten gern kultiviert wird. Die Gattung wurde auf S. 94 vorgestellt.

### *J. angulare*
Immergrüne Kletterpflanze. Blätter dunkelgrün, mit 3 ovalen bis lanzettlichen Blättchen. Blüten duftend, weiß, zu 3 bis 7 in Büscheln, die zu hübschen, weißen Trugdolden vereinigt sind. Blütezeit Spätsommer bis Frühherbst. Diese attraktive Pflanze eignet sich sehr gut für den Wintergarten. Sie kann in warm-gemäßigten Klimazonen auch im Freiland kultiviert werden, wenn man einen warmen, geschützten Standort wählt und für Winterschutz sorgt.
Südafrika.
☼ 0 °C ✎

### ✓ *J. grandiflorum*
Immergrüne, klimmende Art. Blätter mit 7 oder 9 Blättchen. Blüten duftend, weiß, manchmal rot getönt, 3 bis 4 cm groß, mit 5 oder 6 Zipfeln, in Büscheln bis zu 50, Blütezeit Sommer bis Herbst. Diese hübsche Art wird manchmal mit *J. officinale* verwechselt, besitzt aber größere Blüten. Sie gedeiht in gemäßigten Klimazonen an sehr warmen, geschützten Standorten im Freiland und eignet sich gut für das Mittelmeerklima. Dieser Jasmin war der erste, der von den Arabern nach Südeuropa eingeführt wurde. Sie nutzten ihn zur Parfümgewinnung, heute ist die Umgebung von Grasse in Südfrankreich der Schwerpunkt für diesen Anbau.
Südwestarabien, Nordostafrika.
☼ 7 °C ✎

### *J. laurifolium* f. *nitidum*
### (*J. nitidum*)
Auch diese Art ist immergrün und besitzt windende Triebe, die eine Höhe von 3 m erreichen können. Blätter schmal elliptisch, glänzend hellgrün. Blüten sternförmig, in lockeren Trugdolden an den Zweigenden, duftend. Kelch behaart, mit scharf zugespitzten, ausgebreiteten Lappen. Krone weiß, in der Knospe manchmal rosa getönt, mit bis zu 2 cm langer Röhre und 8 bis 11 schmalen Lappen, ungefähr 3 cm breit. Blütezeit Sommer.
Vermutlich in Indien entstandene Form.
☼ 7 °C ✎

### *J. mesneyi* und *J. officinale*
Diese beiden Arten sind auf S. 95 beschrieben worden.

✓ **J. polyanthum** ♀
Immergrüne Art, deren Triebe bis 3 m, in günstigen Lagen sogar bis 8 m hoch winden. Blätter mit 5 oder 7 lanzettlichen Blättchen. Blüten in großen Büscheln, duftend, weiß, außen besonders in der Knospe rosa oder rot getönt, 1 bis 2 cm groß, mit 5 Lappen und gut 2 cm langer Kronröhre, Blütezeit Spätfrühling bis Frühherbst. Hübscher, reich blühender Jasmin, der in kühlgemäßigten Gebieten an warmen, geschützten Mauern gedeiht und in frostfreien Gärten an Bögen und Pergolen gehalten werden kann. Häufiger im Wintergarten an Mauern kultiviert, außerdem als Zimmerpflanze verwendet, die man stark schneiden muss, damit sie nicht zu groß wird.
Südchina.
☼ 0 °C ✂F

**J. rex**
Wüchsige Art mit dünnen, bis 3 m hoch kletternden Trieben. Blätter breit oval, lang zugespitzt. Blüten zu 2 oder 3 an überhängenden Stielen in den Blattachseln, ohne Duft, Blütezeit Sommer, in warmen Gebieten ganzjährig. Kelch mit 6 schmalen Lappen, doppelt so lang wie die Krone. Krone mit 6 bis 9 Lappen, ungefähr 5 cm breit.
Thailand, Kambodscha.
☼ 18 °C ✂

✓ **J. sambac**
ARABISCHER JASMIN
Immergrüner Jasmin mit bis zu 3 m hoch kletternden Trieben. Blätter länglich bis oval. Blüten duftend, in Büscheln an den Triebspitzen und in den obersten Blattachseln, Blüte-zeit Spätfrühling. Kelchlappen winzig klein. Krone weiß, 3 bis 5 cm breit, mit 5 bis 9 länglichen bis rundlichen Lappen.
Indien.
☼ ☽ 15 °C ✂F

**'Grand Duke of Tuscany'** ('Grand Duke', 'Flore Pleno'): Blüten gefüllt.

### Mandevilla
### *(Apocynaceae)*

DIPLADENIE

Beliebte Kletterpflanze für den Wintergarten mit hübschen, bei manchen Arten duftenden Blüten und recht langer Blühperiode. Die Pflanzen bilden Wurzelknollen, sind immergrün und tragen windende, Milchsaft führende Triebe. Die trichterförmigen Blüten weisen 5 ausgebreitete Lappen auf, die Staubblätter finden sich im Schlund. Balgfrucht aus zwei zylindrischen Teilen bestehend.

*Mandevilla* liebt nährstoffreiche, humose Böden und benötigt während der Wachstumsperiode viel Wasser. Im Winter kann man sie fast trocken halten. Die Vermehrung erfolgt durch Stecklinge. Wegen der tief reichenden Wurzeln ist Umpflanzen schwierig.

✓ **M. × amabilis** ♀
(*M. × amoena*, *Dipladenia × amabilis*)
Triebe bis 4 m hoch. Blätter länglich, runzlig. Blüten rosarot, zur Mitte hin dunkler, mit gelbem Schlund und rundlichen, fein zugespitzten Lappen, 9 bis 13 cm breit. Blütezeit Sommer. In Kultur entstanden.
☼ ☽ 7 °C ✂F

Mandevilla laxa

**'Alice du Pont'**: Blüten kleiner, hellrosa, in größeren Büscheln. Blüht viele Monate lang.

✓ **M. laxa**
(*M. suaveolens*)
Triebe bis 4 m oder höher. Blätter länglich, lang zugespitzt, mit herzförmigem Grund. Blüten stark duftend, bis 5 cm groß, weiß bis cremefarben, Röhre innen flaumhaarig, Lappen breit, rundlich, oft mit gekräuseltem Rand. Die Blüten stehen zu 5 bis 15 in Büscheln und öffnen sich im Sommer. Diese Art ist etwas weniger kälteempfindlich als die anderen und wächst in gemäßigten Klimazonen an sehr warmen, geschützten Standorten im Freiland, wenn man für Winterschutz sorgt.
Argentinien.
☽ 2 °C ✂F

✓ **M. splendens**
(*Dipladenia splendens*)
Strauch mit bis zu 6 m hoch windenden Trieben. Blätter breit elliptisch, zugespitzt, flaumhaarig, bis 20 cm lang. Blüten rosarot mit ausgebrei-teten Lappen und bis 3 cm langer Röhre, schließlich bis 10 cm breit, zu 3 bis 5 in Trauben. Blütezeit Frühjahr bis Sommer. Die Blüten werden mit zunehmendem Alter immer dunkler.
Südostbrasilien.
☼ ☽ 7 °C ✂F

### Monstera
### *(Araceae)*

Zu dieser Gattung gehören etwa 22 immergrüne Arten, die überwiegend wegen ihrer dekorativen Blätter kultiviert werden. Die dicken Triebe bilden oft Luftwurzeln, und die Blätter (Jugend- wie Altersblätter) sind groß und durchlöchert. Der Spadix (Blütenstandskolben) trägt zwittrige Blüten und ist kürzer als die weiße oder cremefarbene Spatha (Hochblatt). Fruchtstand eine Ähre weißer Beeren, die essbar sind und meist süß schmecken. Vermehrung aus Samen oder durch Stecklinge.

✓ **M. deliciosa** ♀
FENSTERBLATT, MONSTERA
Bis 20 m hoch kletternd. Blätter dick und ledrig, 25 bis 90 cm lang, breit oval, fiederteilig oder fiederschnittig, mit gebogenen, länglichen und gestutzten Lappen, ältere Blätter oft durchlöchert. Spatha bis 20 cm oder länger, Spadix 10 bis 18 cm lang. Blütezeit Sommer. Die Früchte duften nach Ananas. Gedeiht am besten im Halbschatten in einem feuchten, aber durchlässigen, humosen Boden. Erträgt als Zimmer- oder Wintergartenpflanze wenig Licht und recht geringe

Luftfeuchtigkeit, wird dann aber nicht so groß wie in tropischen Gebieten im Freiland. Mexiko bis Panama.

☽ ● 15 °C ⚘

**'Variegata'**: ⚱ Blätter weiß panaschiert.

## Pandorea
### *(Bignoniaceae)*

Eine Gattung mit sechs Arten immergrüner, windender Kletterpflanzen aus Australasien, die wegen ihrer schönen Blätter und Blüten kultiviert werden. Die röhrenförmige Blütenkrone endet in 5 ausgebreiteten, rundlichen Lappen. Unter Glas wachsen die Pflanzen gut in Töpfen. In sehr geschützten, warmen Lagen kann man auch versuchen, sie im Freiland zu halten, wenn man für Winterschutz sorgt. Vermehrung aus Samen oder durch Stecklinge.

### *P. jasminoides*
*(Bignonia jasminoides, Tecoma jasminoides)*
Triebe holzig, bis 5 m hoch. Blätter mit 5 bis 9 schmal ovalen bis lanzettlichen, zugespitzten, 2,5 bis 6 cm langen Blättchen. Blüten weiß, im Schlund tiefrosa, 3 bis 5 cm lang, zu 4 bis 8 in Büscheln. Blütezeit Frühjahr bis Herbst.
Nordostaustralien.

☼ 5 °C ⚘

**'Alba'**: Blüten weiß mit gelbem Schlund. **'Rosea Superba'**: ⚱ Blüten groß, rosa mit dunklerem Schlund. **'Variegata'**: Blätter cremefarben panaschiert.

### *P. pandorana*
Triebe bis 6 m hoch. Blätter mit meist 13 ovalen bis lanzettli-

Pandorea jasminoides

chen Blättchen. Blüten duftend, 1 bis 2 cm lang, cremegelb mit roter oder violetter Zeichnung im Schlund, in vielblütigen Büscheln. Blütezeit Winter bis Frühjahr.
Australien, Neuguinea, Pazifische Inseln.

☼ 5 °C ⚘

**'Alba'**: Blüten innen und außen weiß. **'Rosea'**: Blüten blassrosa.

## Passiflora
### *(Passifloraceae)*

PASSIONSBLUME

Passionsblumen sind wegen ihrer exotischen Blüten und der dekorativen, manchmal auch essbaren Früchte beliebt und werden oft kultiviert. Die Gattung umfasst ungefähr 350 Arten, die vor allem aus Mittel- und Südamerika stammen, einige aber auch aus den Tropen der Alten Welt. Die meisten Passionsblumen sind holzige Kletterpflanzen. In Kultur trifft man am häufigsten *P. caerulea* an, die Blaue Passionsblume *(siehe S. 98)*. Die im Handel erhältlichen Passionsfrüchte stammen meist von *P. edulis*, der Purpurgranadilla.

Die wunderschönen Blüten der Passionsblumen sind recht kompliziert aufgebaut. Sie tragen einen röhrenförmigen Kelch mit 5 Kelchblättern, die meist den 5 Kronblättern ähneln. Innerhalb der Kronblätter findet sich ein Kranz von Filamenten, die einen oder mehrere Kreise bilden, meist auffällig gefärbt sind und in ihrer Gesamtheit als Neben- oder Strahlenkrone (Korona) bezeichnet werden. Auf einer verlängerten, säulenartigen Struktur (Gynophor) in der Mitte der Blüte finden sich 5 auffällige Staubblätter, der Fruchtknoten und 3 Narben. Die meisten Passionsblumen tragen Nektardrüsen an den Blattstielen. Die kletternden Arten besitzen Ranken, die sich um jeden geeigneten Halt schlingen. Der Name Passionsblume beruht auf der Ähnlichkeit, die nach Südamerika gereiste spanische Priester zwischen den Blütenteilen und dem Leidensweg Christi sahen.

Die 10 Kelch- und Kronblätter symbolisieren die 10 Apostel, die Nebenkrone die Dornenkrone, die 5 Staubblätter die 5 Wunden und die 3 Narben (Stigmen) die 3 Nägel.

Meist muss man Passionsblumen nur schneiden, damit sie nicht zu groß werden, am besten im Frühling oder während des aktiven Wachstums. Die Vermehrung ist aus Samen oder durch Stecklinge aus halb reifem Material möglich.

Nur einige wenige Arten können in gemäßigten Klimazonen im Freiland kultiviert werden, aber keine ist vollständig winterhart. Passionsblumen brauchen sonnige, geschützte Süd- oder Westlagen an einer Mauer oder einem hohen Zaun. In gemäßigten Klimazonen im Freiland wachsende Arten wurden auf S. 98 und S. 138 vorgestellt.

### ✓ *P. × allardii*
Hybride zwischen *P. caerulea* 'Constance Elliott' und *P. quadrangularis*. Triebe wüchsig, bis 5 m hoch, im Querschnitt quadratisch. Blätter dreilappig, mit 4 Drüsen am Stiel. Blüten duftend, 7 bis 11 cm groß. Blütezeit Frühjahr bis Herbst, in den Tropen fast ganzjährig. Kelchblätter weiß mit malvenfarbenem Rand, Kronblätter malvenfarben-rosa. Nebenkrone veilchenfarben, zur Mitte hin mit weißen und rotvioletten Streifen; Filamente in 3 bis 5 Kreisen. Früchte ungefähr 6 cm lang, orange, ohne Samen. Diese hübsche Hybride eignet sich für gemäßigte Klimazonen, in denen es nur selten friert.
In Kultur entstanden.

☼ 5 °C ⚘

### ✓ *P. amethystina*
(siehe S. 138)

### ✓ *P. antioquiensis* ♀
(*Tacsonia vanvolxemii*)
Triebe dünn, bis 5 m hoch, mit feinen braunen Haaren. Blätter ungeteilt und lanzettlich oder tief dreilappig, am Stiel mit bis zu 8 Drüsen. Blüten hängend, 10 bis 14 cm groß, im Spätsommer und Herbst geöffnet. Kelch- und Kronblätter rosarot. Nebenkrone purpurviolett, Filamente in 3 Kreisen und mit 2 mm sehr klein. Früchte goldgelb, bananenförmig, essbar. Diese sehr hübsche Art wird in gemäßigten Klimazonen meist unter Glas kultiviert, gedeiht in milden Gegenden aber auch im Freiland. Sie erträgt sogar leichten Frost, wenn ihre Wurzeln davor geschützt sind, trägt aber in gemäßigtem Klima nur selten Früchte.
Kolumbien.
☼ 0 °C ✄f

### *P. caerulea* (siehe S. 98)

### ✓ *P. coccinea*
Triebe gefurcht, mit feinen braunen Haaren, jung etwas purpurfarben. Blätter länglich, mit herzförmigem Grund und gezähntem oder gekräuseltem Rand, am Stiel mit 2 Drüsen oder ohne Drüsen. Blüten bis 12 cm groß, im Sommer und Herbst geöffnet. Kelch- und Kronblätter scharlachrot. Nebenkrone purpurviolett und weiß; Filamente 1 cm lang, in 3 Kreisen. Früchte essbar, gelb oder orange, mit Flecken und 6 Streifen.
Guyana, Surinam, Venezuela, Brasilien, Bolivien, Peru.
☼ 15 °C ✄

### ✓ *P. edulis*
PURPURGRANADILLA
Triebe wüchsig, vierkantig, bis 8 m oder noch höher. Blätter immergrün, dreilappig, jung oft ungeteilt, mit 2 Drüsen am Stiel. Blüten 5 bis 8 cm groß, ganzjährig geöffnet. Kelchblätter außen grün und innen weiß, Kronblätter innen und außen weiß. Nebenkrone weiß, in der Mitte violett; Filamente nach oben hin gekräuselt. Blütezeit Sommer bis Frühherbst. Früchte eiförmig, 4 bis 6 cm lang, gelb oder leicht violett. Diese attraktive Pflanze kann man auch in gemäßigten Klimazonen ziehen, wenn man sie vor Frost schützt, sie erträgt kurzzeitig Temperaturen von 5 bis 11 °C. Am häufigsten zur Fruchtgewinnung kultivierte Passionsblumenart, der Fruchtansatz ist aber nur in tropischen Gebieten gut. Die Früchte werden verzehrt und zur Herstellung von Maracujasaft genutzt.
Brasilien, Paraguay, Nordargentinien.
☼ 10 °C ✄

✓ '**Crackerjack**': Früchte sehr groß und zahlreich, dunkel purpurviolett bis schwarz. '**Flavicarpa**': Früchte gelb, Blüten größer. '**Perfecta**': Früchte sehr groß.

### *P. incarnata* (siehe S. 138)

### ✓ *P. quadrangularis* ♀
RIESENGRANADILLA
Triebe wüchsig, bis 15 m oder höher, im Querschnitt quadratisch, geflügelt. Blätter oval, am Stiel mit 4 oder 6 Drüsen. Blüten bis 12 cm groß, im Sommer und Frühherbst geöffnet. Kelchblätter außen grün oder rötlich, innen blassrot oder tiefrot, Kronblätter blassrot bis

Passiflora quadrangularis

tiefrot. Nebenkrone mit purpurfarbenen und weißen Streifen; Filamente in 5 Kreisen, 6 cm lang, nach oben hin gewellt. Früchte länglich bis eiförmig, bis 30 cm lang, grün oder orange. Diese prachtvolle Art bildet die größten Blüten und Früchte der Gattung.
Mittelamerika, Antillen und Bahamas.
☼ 10 °C ✄

### ✓ *P. vitifolia*
(*P. sanguinea*)
Triebe wüchsig, von rostbraunen Haaren bedeckt. Blätter dreilappig, mit 2 Drüsen oben am Stiel und manchmal 2 oder

3 in der Mitte. Blüten 10 bis 20 cm groß, duftend, vom Frühjahr bis zum Frühherbst. Kelch- und Kronblätter hellrot. Nebenkrone rot bis gelb; Filamente in 3 Reihen, 1 bis 2 cm lang. Früchte eiförmig, etwa 6 cm lang, flaumhaarig, grünlich gelb gescheckt, essbar. Diese sehr reich blühende Art ist in voller Blüte besonders hübsch und eignet sich hervorragend für den Wintergarten.
Südliches Mittelamerika, nordwestliches Südamerika.
☼ 16 °C ✄

### Philodendron
### (*Araceae*)

Im tropischen Amerika beheimatete Gattung mit rund 500 immergrünen, ausdauernden Arten, von denen viele wegen ihrer dekorativen Blätter als Wintergarten- und Zimmerpflanzen kultiviert werden. Die dicken Triebe tragen auffällige Blattnarben und Luftwurzeln. Blattstiele mit Scheide. Jugend- und Altersblätter sehen meist unterschiedlich aus, sie sind ungeteilt oder auf unterschiedliche Weise einge-

Passiflora vitifolia

schnitten. Die Blütenstände stehen in den Blattachseln. Eine fleischige Spatha (Hochblatt) umgibt den meist weißen Spadix (Blütenstandskolben), an dem männliche und weibliche Blüten in benachbarten Kreisen angeordnet sind. Beerenfrüchte weiß, orange oder rot. Die kletternden Arten gedeihen am besten im Halbschatten in humosen Böden und benötigen regelmäßige Düngergaben. Ein Schnitt ist nur erforderlich, wenn die Pflanzen zu groß werden, und ist jederzeit möglich. Die Vermehrung erfolgt durch Stecklinge oder Ableger, seltener aus Samen.

### ✓ P. bipennifolium
Blätter 30 bis 80 cm lang, oval bis pfeilförmig mit 5 bis 7 ausgebreiteten Lappen, zum Stiel hin zurückgeschlagen. Blattstiele etwas kürzer als die Spreiten. Spatha etwa 1 cm lang, grünlich cremefarben. Südostbrasilien.
☽ ☀ 15 °C ❦

### ✓ P. erubescens ♀
Junge Triebe rot oder violett. Blätter bis 40 cm lang, zum Stiel hin zurückgeschlagen, ledrig, oberseits dunkelgrün und oft kupferfarben getönt, unterseits bräunlich violett, oval bis dreieckig mit kurzen Basallappen. Blattstiele so lang wie die Spreiten, nach oben hin abgeflacht, leicht violett. Spatha ungefähr 15 cm lang, außen tiefviolett, innen purpurrot, duftend.
Kolumbien.
☽ ☀ 15 °C ❦

'Burgundy': ♀ Blätter burgunderrot. 'Red Emerald': robuster; Triebe, Blattstiele und Adern der Blatt-

unterseiten rötlich purpurn. 'Imperial Red': Blätter dunkelpurpurn bis rot.

### ✓ P. melanochrysum
Blätter bis 100 mal 30 cm groß, schmal lanzettlich oder schmal oval, zugespitzt, Basallappen überlappend oder mit schmaler Lücke, samtig schwarzgrün oder olivgrün mit helleren Adern, auf unterschiedliche Weise zum Stiel hin zurückgeschlagen. Blattstiele recht schuppig. Jugendblätter kleiner, oval bis herzförmig, Basallappen manchmal verwachsen. Spatha ungefähr 20 cm lang, mit grüner Röhre und weißem Saum. Diese hübsche Art kann einen anderen Grünton einbringen.
Kolumbien.
☽ ☀ 15 °C ❦

### ✓ P. scandens ♀
(Pothos scandens)
Triebe bis 4 m oder höher kletternd, oberer Teil schließlich herabhängend und blühend. Blätter herzförmig, zum Stiel hin zurückgeschlagen, Jugendblätter 10 bis 15 cm, Altersblätter bis 30 cm lang. Blattstiele kürzer als die Spreiten, oberseits mit Rinne. Spatha bis 20 cm lang, grün mit weißlichem Saum. Raschwüchsig, wohl die am häufigsten kultivierte Art; oft als Zimmerpflanze verwendet, die pflegeleicht ist und wenig Licht benötigt. Wird manchmal als P. cordatum angeboten, doch dieser Name bezeichnet eine andere Art.
Mexiko, Antillen und Bahamas bis Südostbrasilien.
☽ 15 °C ❦

forma micans: Blätter oberseits bräunlich und unterseits rot bis rötlich braun, untere leicht überlappend. ssp. oxycardium: Jugendblät-

ter zunächst braun überlaufen. ssp. scandens: Jugendblätter oberseits metallisch oder samtig schimmernd. forma scandens: Blätter oberseits grün, unterseits grün oder purpurrot. 'Lemon Lime': Blätter gelbgrün. 'Variegatum': Blätter tiefgrün mit graugrüner und weißer Panaschierung.

*Kap-Bleiwurz* (Plumbago auriculata)

## Plumbago
### (Plumbaginaceae)

BLEIWURZ

Diese Gattung umfasst zehn Arten, von denen nur P. auriculata wegen ihrer zahlreichen blauen Blütenähren verbreitet kultiviert wird. Ein starker Schnitt wird am besten im Spätwinter oder im Frühjahr ausgeführt. Man kann die Pflanzen aber auch nach der Blüte schneiden, damit sie nicht sparrig werden. Die Vermehrung erfolgt meist durch Ausläufer, Teilung der Wurzeln oder Stecklinge. P. auriculata ist selbststeril und bildet nur selten Samen.

### ✓ P. auriculata ♀
(P. capensis)
KAP-BLEIWURZ
Immergrüner Strauch mit leicht kletternden, dünnen, bis 6 m

hohen Trieben. Blätter bis 7 cm lang, länglich bis löffelförmig. Blüten mit röhrenförmigem, fünflappigem, drüsig behaartem Kelch und blassblauer, fünflappiger, 2,5 cm großer Krone, deren schmale Röhre 4 cm lang ist. Die Blüten sind zu vielblütigen, endständigen Ähren vereinigt und vom Frühjahr bis zum Herbst geöffnet. Südafrika.
☀ ☽ 7 °C ❦

var. alba: Blüten weiß. ✓ 'Royal Cape': Blüten tiefblau.

## Pyrostegia
### (Bignoniaceae)

Zu dieser Gattung immergrüner Pflanzen gehört die beliebte P. venusta mit ihren prächtigen, röhrenförmigen, zweilippigen, orangefarbenen Blüten. Die Pflanzen klettern mit ihren windenden Trieben, die 6 bis 8 Rippen besitzen, und auch mit Hilfe von Ranken. Blätter mit 2 Blättchen und meist einer endständigen Ranke oder aber mit 3 Blättchen. Blüten mit vorstehenden Staubblättern. Die Vermehrung erfolgt durch

Stecklinge aus halb reifem Material, die 2 oder 3 Knotenabschnitte lang sein sollten.

### ✓ P. venusta
(P. ignea)
FEUERRANKE

Triebe bis 25 m hoch, in Gärten meist aber niedriger. Blätter mit ovalen bis schmal ovalen Blättchen. Blüten hellorange, röhrenförmig, gebogen, 3,5 bis 7 cm lang, zweilippig, obere Lippe zweilappig und untere dreilappig, Lappen flaumhaarig. Blüten in dichten, 15 bis 20 cm langen, endständigen Rispen, vom Herbst bis zum Frühjahr geöffnet. Diese raschwüchsige Art eignet sich sehr gut für Spaliere und Wände in Wintergärten und gedeiht am besten in leicht sauren Böden.
Brasilien, Paraguay, Bolivien, Argentinien.
☼ 13 °C ✀

## Solandra
### (Solanaceae)

GOLDKELCH

Ungefähr acht Arten hochwüchsiger, immergrüner klet-

Feuerranke (Pyrostegia venusta)

ternder Sträucher mit riesigen Blüten. Sie benötigen viel Platz, damit sie gut zur Geltung kommen. Blätter ungeteilt, ganzrandig und meist ledrig. Blüten breit trichterförmig, mit 5 nach einiger Zeit zurückgeschlagenen Lappen, an den Triebspitzen. Es sind sehr schöne Wintergartenpflanzen, wenn sie genug Platz haben. Die Blühperiode wird durch eine Trockenphase ausgelöst, und die Pflanzen blühen nicht gut, wenn sie kontinuierlich gegossen werden. Die Vermehrung erfolgt aus Samen oder durch Stecklinge aus krautigem Material.

### ✓ S. grandiflora
Triebe bis 6 m oder höher klimmend. Blätter elliptisch bis umgekehrt eiförmig, bis 17 cm lang. Blüten nachts duftend, einzeln, bis 23 cm lang, Kronröhre ebenso lang wie der Kelch, zunächst weiß und später gelb, manchmal auch rosa und innen dünn purpurn gestreift, Lappen am Rand wellig. Blütezeit Herbst bis Frühjahr.
Jamaika, Puerto Rico, Kleine Antillen.
☼ ☾ 10 °C ✀

### S. longiflora
(S. macrantha)
Triebe bis 2 m hoch. Blätter elliptisch bis länglich. Blüten bis 30 cm lang, die schmale Kronröhre viel länger als der Kelch. Blüten nachts duftend, zunächst weiß mit 4 dünnen, violetten Streifen im Schlund, später gelb und mit zunehmendem Alter immer dunkler. Blütezeit Winter.
Jamaika, Kuba, Hispaniola.
☼ ☾ 10 °C ✀

### ✓ S. maxima
(S. hartwegii)
Triebe bis 6 m oder höher. Blätter elliptisch, unbehaart. Blüten duftend, kräftig gelb, mit zunehmendem Alter dunkler, innen mit 5 dünnen, dunkel purpurfarbenen Streifen, 15 bis 22 cm lang, plötzlich zu einer schmalen Röhre verschmälert; Lappen zurückgefaltet, sodass der gekräuselte Saum oft nicht zu sehen ist. Wohl die schönste Art, in Baumschulen oft als S. guttata angeboten.
Mexiko, Mittelamerika, Kolumbien, Venezuela.
☼ ☾ 10 °C ✀

## Solanum
### (Solanaceae)

NACHTSCHATTEN

Zu dieser großen Gattung gehören etwa 1400 Arten, darunter relativ wenige Kletterpflanzen. Die nachfolgend vorgestellten Arten werden wegen ihrer schönen, oft sehr zahlreichen Blüten kultiviert. Blüten mit fünflappiger Krone und kurzer Röhre. Die Staubbeutel der 5 Staubblätter sind um den Griffel herum kegelartig zu-

Solandra maxima

sammengeneigt. Vermehrung aus Samen oder durch Stecklinge. Für Gärten gemäßigter Klimazonen geeignete Arten wurden auf S. 52 und S. 100 beschrieben.

### ✓ S. seaforthianum
Triebe verholzt, dünn, bis 6 m hoch. Blätter breit elliptisch, ungeteilt oder fiederteilig mit 3 bis 5 oder mehr Lappen. Blüten sternförmig, flach bis glockenförmig, blassblau, manchmal aber auch weiß, rosa oder violett, ungefähr 2 cm groß, in überhängenden Büscheln. Blütezeit Sommer.
Südamerika.
☼ ☾ 5 °C ✀F

### S. wendlandii
Unterscheidet sich von S. seaforthianum vor allem durch die hakenförmigen Stacheln an den Trieben. Untere Blätter zudem meist gefiedert, mit 9 bis 13 Blättchen. Blüten 4,5 bis 6 cm groß, fliederfarben-blau und kaum gelappt, aber mit gekräuseltem Rand, in großen, endständigen Trugdolden. Blütezeit Spätsommer bis Herbst. Diese sehr dekorative Kletterpflanze eignet sich gut für den Wintergarten. Sie muss oft

stark zurückgeschnitten werden, damit sie nicht zu groß wird und neue Triebe bildet, die später Blüten tragen.
Costa Rica.
☼ ☾ 10 °C ⊻ᶠ

### Stephanotis
### (Asclepiadaceae)

Windende, immergrüne Sträucher. Blüten wachsartig, mit zylindrischer, an der Basis oft bauchig erweiterter Kronröhre, die mit 5 ausgebreiteten Lappen endet. Schlund mit 5 Schuppen. Die fleischigen Balgfrüchte enthalten zahlreiche abgeflachte Samen, die jeweils ein Haarbüschel tragen. Diese langsam wachsenden Pflanzen lieben sauren Boden. Man schneidet am besten im Winter vor dem Austrieb. Die Vermehrung erfolgt aus Samen, die aber nicht immer gebildet werden, durch Ableger oder Stecklinge aus halb reifem Material. Letztere bewurzeln sich nicht leicht und sollten daher mit einem Bewurzelungshormon behandelt werden.

#### ✓ S. floribunda ♚
KRANZSCHLINGE
Triebe bis 5 m hoch. Blätter elliptisch, dick und ledrig, 5 bis 15 cm lang. Blüten stark duftend, wachsartig, weiß oder elfenbeinfarben; Kronröhre 4 bis 6 cm lang mit eiförmigen bis länglichen Lappen. Die Blüten sind zu end- und achselständigen Büscheln vereinigt und erscheinen vom Frühjahr bis zum Herbst. Früchte breit zylindrisch, ungefähr 15 cm lang, oft 2 Jahre haltend. Gute Wintergartenpflanze, deren

Blüten an den Pflanzen und auch als Schnittblumen lange halten. Meist zwei Hauptblütezeiten, außerhalb dieser mit einigen sich sporadisch öffnenden Blüten. Gern in Brautsträußen und zur Dekoration verwendet.
Madagaskar.
☾ 13 °C ⊻ᶠ

### Tecomaria
### (Bignoniaceae)

Zu dieser Gattung gehört nur eine Art – ein kletternder, immergrüner Strauch, der wegen seiner farbenprächtigen Blüten und der dekorativen, gefiederten Blätter sehr beliebt ist. Die Vermehrung erfolgt aus Samen, durch Schösslinge, Stecklinge aus halb reifem Material oder Luftableger.

#### ✓ T. capensis ♚
(Tecoma capensis)
KAP-BIGNONIE
Triebe bis 8 m hoch windend. Blätter mit 5 bis 9 gezähnten Blättchen. Blüten röhrenförmig, gekrümmt, orangerot bis scharlachrot, ungefähr 5 cm

Stephanotis floribunda

*Kap-Bignonie* (Tecomaria capensis)

lang, mit 5 abgerundeten Lappen und vorstehenden Staubblättern, in sechs- bis achtzähligen endständigen Trauben, Blütezeit Frühjahr bis Herbst. Diese Art eignet sich gut für den Wintergarten und gedeiht in gemäßigten Klimazonen am besten an heißen, vollsonnigen Standorten an windgeschützten Südmauern.
Südafrika.
☼ 10 °C ⊻ᶠ

'Aurea': Blüten goldgelb.

### Thunbergia
### (Acanthaceae)

Zu dieser Gattung gehören etwa 100 einjährige oder mehrjährige Kräuter und Sträucher, darunter zahlreiche Kletter-

pflanzen. Blätter ungeteilt, Blüten einzeln in den Blattachseln oder zu endständigen Trauben vereinigt. Der kleine Kelch ist von Hochblättern bedeckt, und die gebogene Kronröhre besitzt 5 abgerundete Lappen. 4 Staubblätter. Die Vermehrung erfolgt aus Samen, durch Stecklinge oder durch Ableger.

#### T. alata (siehe S. 140)

#### T. fragrans
Raschwüchsige, immergrüne, ausdauernde Art mit verholzten Trieben. Blätter breit dreieckig bis länglich, mit herz- bis pfeilförmigem Grund. Blüten einzeln in den Blattachseln, lang gestielt. Krone weiß, ungefähr 5 cm breit, mit kurzer

Röhre und ausgebreiteten Lappen. Blütezeit Sommer bis Herbst.

Indien, Sri Lanka, Australasien.

☼ 5 °C ⚘ꜰ

### ✓ *T. grandiflora* ♀

Immergrüner Strauch, dessen Triebe bis 6 m hoch winden. Blätter elliptisch, rauhaarig. Blüten einzeln oder in Trauben. Krone blau-malvenfarben, mit bis zu 5 cm langer Röhre und 5 etwas ungleichen Lappen, obere 2 Lappen aufrecht, untere 3 Lappen ausgebreitet, ungefähr 7,5 cm groß, meist zu 8 bis 10 in überhängenden Trauben. Blüht sporadisch das ganze Jahr über, vor allem aber im Sommer und Herbst. Eine der schönsten tropischen Kletterpflanzen, aber sehr wüchsig und daher nur für sehr große Wintergärten geeignet.

Nordindien.

☼ ◑ 10 °C ⚘ꜰ

✓ **'Alba'**: Blüten meist größer, weiß mit gelbem Schlund.

### *T. gregorii* (siehe S. 140)

### *T. laurifolia*

Immergrüner, nur 2 bis 3 m hoher Kletterstrauch. Blätter länglich, bis 15 cm. Blüten in achselständigen Trauben. Oberer Teil der Krone blauviolett, Kronenröhre weiß. Blüht bereits als Jungpflanze. Bevorzugt helle, luftige Standorte, jedoch keine pralle Sonne. Blüht auch bei jährlichem Rückschnitt zuverlässig. Vermehrung durch Stecklinge möglich, die viel Wärme (um 25 °C) brauchen.

Myanmar, Thailand, Malaysia.

☼ ◑ 15 °C ⚘ꜰ

Thunbergia grandiflora

### ✓ *T. mysorensis*

Immergrüne Art mit verholzten, bis 6 m hoch windenden Trieben. Blätter schmal elliptisch. Blüten in hängenden, bis 45 cm langen Trauben, die einzelnen Blüten aber aufrecht und mit 2 grünlich violetten Hochblättern. Krone bis 5 cm lang, mit gelber Röhre und 5 ungleichen, zurückgeschlagenen, meist rotbraunen und manchmal gefleckten Lappen. Blütezeit Frühjahr bis Herbst. Diese ungewöhnliche, dekorative Pflanze ist eine interessante Neuheit für große, wärmere Wintergärten.

Indien.

☼ 15 °C ⚘ꜰ

SCHNITT: ⚘ *gleich nach der Blütezeit* ⚘ꜰ *im Frühjahr* ⚘ᴡ *im Winter* ⚘ *nicht regelmäßig erforderlich*

# REGISTER

**Fett** gedruckte Seitenzahlen beziehen sich auf Angaben im Pflanzenverzeichnis, *kursiv* gesetzte Seitenzahlen auf Abbildungen.

## BEZUGSHINWEIS

Seltenere Kletterpflanzen, die nicht zum gängigen Sortiment von Gärtnereien oder Baumschulen gehören, werden von Spezialbetrieben angeboten, die in Gartenzeitschriften inserieren und oft auf Anfrage Kataloge oder Lieferlisten versenden. Eine wichtige Hilfe bietet der »PPP Index, Pflanzeneinkaufsführer für Europa« mit CD-ROM aus dem Verlag Eugen Ulmer, der unter *(http://www.flora.de/daten/ ppp/ppp.html)* auch im Internet zu finden ist und in seiner neuesten Ausgabe Bezugsquellen aus vielen europäischen Ländern enthält.